Sabine Hoffmann

Hasso – Mein Mallorca-Abenteuer

Hopemanport

Ungekürzte Ausgabe
August 2003
1. Auflage August 2003
Hopemanport S.L.
Umschlagkonzept, Gestaltung, Layout und Satz:
solo & soler
Druck: Books on Demand, Norderstedt

Printed in Germany - ISBN 3-8330-1113-0

Sabine Hoffmann

Hasso
Mein Mallorca-Abenteuer

Tatsachenroman

Hopemanport

Für meine Tochter Sina.

Einleitung

Vielleicht werden Sie diese Geschichte nicht glauben und sie für frei erfunden halten. Tun Sie das ruhig, es stört mich nicht im Geringsten. Ich habe sie geschrieben, um mich von der quälenden Last der unglaublichen Ereignisse zu befreien, die ich auf Mallorca erlebt habe.

Wie jeder, der aus dem Ausland nach Mallorca kommt, um sich sein Leben neu zu gestalten oder aufzubauen, habe ich viele Erfahrungen gemacht, von denen ich vorher nicht einmal geträumt hätte – unter Ihnen leider auch viele negative. Nie hätte ich gedacht, dass mich wohlhabende Menschen derartig enttäuschen und ausnutzen könnten.

Sonne, Strand und Meer – das sind die Gedanken der meisten Menschen, die sie mit dieser Insel verbinden. Mallorca: Der Name wirkt wie ein Zauberwort. Und tatsächlich, dieses von fast allen Städten Europas in nur kurzer Zeit erreichbare Paradies, zieht immer mehr Menschen an, Urlauber und auch Aussteiger. Manche können es sich leisten, eine Finca oder Villa zu kaufen, um dann hier mit dem notwendigen Kapital im Rücken ihren Lebensabend zu verbringen. Andere kommen und versuchen, hier zu leben und zu arbeiten – viele gehen aber auch wieder.

Die Insel Mallorca bietet alles, was das Herz begehrt: Mediterranes Klima, wunderschöne Landschaften und viele Sehenswürdigkeiten, die ein Genuss sind, sie zu erleben. Feine Sandstrände, Gebiete mit versteckten, idyllischen Dörfern und hohe Berge wirken auf den Besucher neben einem typisch mallorquinischen Flair besonders anziehend. Und in der Tat, ich finde es dort wunderschön.

Auch für fast einhunderttausend Deutsche ist Mallorca inzwischen zu einer Heimat geworden, und es ist kein Ende dieses Trends abzusehen. Es scheint, als sei die Wanderung der Menschen vom Norden in den Süden unaufhaltsam. Sicher, das hängt auch damit zusammen, dass diese Insel mit einer einzigartigen Großstadt mit über fünfhunderttausend Einwohnern aufwarten kann. Palma de Mallorca bietet dabei eine gute Infrastruktur sowie ein gutes, vielseitiges kulinarisches und kulturelles Angebot – auch wenn es auf manchen Gebieten noch einiges zu wünschen übrig lässt.

Für Menschen mit nur begrenzten finanziellen Möglichkeiten, die hier leben möchten, kann der Traum von einem unbeschwerten Leben jedoch schnell zu einem Alptraum werden.

Mein Roman handelt von meiner Familie, die durch eine Idee und falsche Versprechungen eines sehr erfolgreichen deutschen Geschäftsmannes nach Mallorca gelockt wurde und dort eine abenteuerliche und sehr traurige Geschichte erlebte – beinahe unglaublich.

Ich habe diesen Roman geschrieben, nachdem ich auf Mallorca sieben Jahre lang einer Art Wahnsinn ausgesetzt war, verursacht durch den dort allseits bekannten

Arbeitgeber Hasso Schützendorf. Bis zu dessen Tode im Februar 2003 kämpfte ich um mein Recht gegen ihn und zuletzt gegen seine Ehefrau, die Alleinerbin.

Vor allem für meine Tochter habe ich dieses Buch geschrieben, welches aus dem Wunsch heraus entstanden ist, auf diesem Wege meine Erlebnisse zu verarbeiten. Aber ich möchte auch die Menschen warnen, sämtliche Brücken hinter sich abbrechen zu wollen, um hier im Süden das vermeintliche Paradies zu suchen. Es ist zugleich auch jenen Aussteigern gewidmet, die hier bereits leben und vielleicht in manchen Situationen den Mut verlieren könnten. Ihnen möchte ich Mut machen, weiter zu kämpfen, solange man eine reelle Chance hat. Sie sollten allerdings wissen, dass diese Chance nur sehr klein ist.

In diesem Buch geht es besonders um die allen bekannte Kluft zwischen Arm und Reich und die sich häufig daraus ergebenden Probleme. Welche Einstellungen bzw. welchen Charakter haben z.B. reiche Menschen gegenüber armen Menschen, und vor allem jenen gegenüber, die sich in einer finanziellen Notlage befinden? Wozu sind Menschen fähig, wenn Sie wissen, dass andere auf irgendeine Weise von ihnen abhängig sind? Und wie schwierig ist es, wenn man sich einmal in einem solchen Netz von Abhängigkeiten verfangen hat, und nicht weiß, wie man dort wieder heraus kommen soll?

Dies kann für die Psyche und somit für das ganze Leben unvorstellbare Folgen haben, denen man sich nicht ohne Weiteres entziehen kann. So erging es auch mir.

Kapitel 1

Warum bist du nach Mallorca gezogen?

»Das ist eine lange Geschichte.« Dies war und ist auch heute meine Antwort, wenn mir diese Frage gestellt wird. Und man fragte und fragt mich oft danach. Und so begann das Unglück:

Es war im Jahr 1995. Gemeinsam mit Andreas, meinem damaligen Verlobten, lebte ich viele Jahre in einem kleinen Ort bei Dortmund. Andreas arbeitete in einer Kunststoff verarbeitenden Firma als Schlosser. Er hatte eine sichere, gute Position und stets ein ausgezeichnetes Verhältnis zu seinem Arbeitgeber. Sein Chef war für uns ein Mensch, der bei wirklich jedem Problem, welches bei uns auftrat, stets zur Stelle war. Natürlich war er auch eine Autoritätsperson, dennoch behandelte er Andreas manchmal wie einen eigenen Sohn.

In unserem Ort kannte ihn jeder, da er mit seinem Unternehmen ein erfolgreicher und wohlhabender Geschäftsmann war. Er war Eigentümer vieler Immobilien, unter anderen gehörte ihm auch ein großes Clubheim für Tennisspieler mit einem großem Saal, das sich direkt neben seiner Firma befand. Dort wurden regelmäßig Feste, Hochzeiten, Geburtstagsfeiern oder Vereinsjubiläen veranstaltet.

Es war genau der richtige Nebenjob, den er uns eines Tages anbot, da wir uns in dieser Branche gut auskannten. So konnten wir uns auf diese Weise an den Wochenenden so manches gutes Geld nebenbei verdienen, und lernten dadurch auch viele Menschen aus dem Ort kennen, die uns mochten und schätzten.

Finanzielle Sorgen waren für Andreas und mich in dieser Zeit kein Thema, aber es gab ein schwer wiegendes Problem, das geradezu schicksalhaft war. Mein Verlobter war stark drogenabhängig. Immer wieder griff er zu allen möglichen Rauschmitteln, die er bekommen konnte. Dies hinderte ihn allerdings – das muß zu seinen Gunsten gesagt werden – nicht daran, trotzdem täglich fleißig seiner Arbeit nachzugehen. Niemand im Ort, auch der Chef nicht, wusste oder ahnte dies – nur Andreas Familie, die auch dort lebte, wusste Bescheid. Allerdings stand ich mit dem Problem dennoch sehr allein gelassen da, denn weder von Andreas Eltern noch von seinen Geschwistern konnte ich irgend eine Hilfe erwarten. Sie akzeptierten mich aus irgendwelchen Gründen nie als seine gleichwertige Partnerin.

Das Zusammenleben mit Andreas war daher nicht einfach. Wir hatten zwar einen großen Bekanntenkreis, doch dies waren überwiegend Leute, die wie er Drogen konsumierten. Ich war die Einzige, die in diesem Kreis von dieser Sucht frei war. Ich konnte diese Menschen nicht ausstehen, und hätte ich Andreas damals nicht so geliebt, ich hätte ihn schon zu dem damaligen Zeitpunkt längst verlassen. Mein Wunsch war daher stets nur der eine: Andreas drogenfrei zu sehen. Er rutschte aber mit der Zeit immer mehr ab, und eines Tages erreichte er den tiefsten Punkt seiner Drogenkarriere. Durch seinen Drogenkonsum geschwächt und vollkommen am Ende, bat er mich eines Tages, ihm zu helfen und für ihn einen Therapieplatz zu suchen.

So kam es, dass wir in diesem Augenblick unserem Chef gegenüber Farbe bekennen mussten. In einem Gespräch mit ihm äusserte er aber überraschenderweise voller Verständnis, als er zu Andreas sagte: »Mach' dir keine Sorgen, deinen Arbeitsplatz wirst du nicht verlieren. Werde erst einmal wieder gesund.«

Wir hatten seinerseits nicht mit so viel Mitgefühl und dieser sozialen Einstellung gerechnet – vor allem nicht bei einem Menschen, der so reich und mächtig war.

Andreas bekam in Süddeutschland einen Therapieplatz, und für lange Zeit war ein Besuch bei ihm oder eine Begegnung ausserhalb der Klinik nicht erlaubt. So lebte ich in unserer kleinen Wohnung allein, und was mit Andreas los war, sprach sich im Ort schnell herum. Doch erfreulicherweise brachten alle Leute sehr viel Verständnis für ihn und unsere Lage auf. Man sagte mir oft: »Wir freuen uns, wenn Andreas wieder gesund zurück kommt!«

Unser Chef brauchte meine Arbeitskraft in dieser Zeit häufig, um seine Gäste im Clubheim zu bewirten. Traurig war allerdings nach wie vor, dass die Familie meines Verlobten mich noch immer nicht akzeptierte. Dies wurde mir zum Beispiel einmal durch eine Äußerung seines Vaters verdeutlicht: »Du bringst meinen Sohn auf krumme Wege!« Ich hatte den Eindruck, dass Andreas Eltern einfach nicht wollten, dass ihr Sohn sein eigenes Leben mit mir verbringen wollte.

Eines Tages dann bekam ich von Andreas einen Anruf aus Süddeutschland, wo er ›in Kur‹ weilte, und er kündigte mir für den nächsten Tag seine Heimkehr an. Mit großer Freude erwartete ich ihn, und es war herrlich, ihn wieder zu Hause zu haben – und diesmal ganz ohne Drogen! In seiner Firma wurde er sehr freundlich begrüsst, ganz besonders vom Inhaber, der ihm einen guten Neuanfang wünschte.

Für uns begann ein ganz neues Zusammenleben. Wir verbrachten sehr viel Zeit allein, da wir den alten Bekanntenkreis bewusst vermieden. Alle Leute im Ort, die uns näher kannten, zogen vor Andreas den Hut, da er es geschafft hatte, sich von seiner starken Drogensucht zu befreien, und an den Wochenenden arbeiteten wir immer öfter im Clubheim für seinen Chef, dessen Verhältnis zu Andreas immer besser und intensiver, d.h. herzlicher, wurde.

Nach einiger Zeit beschlossen wir schließlich, zu heiraten. Ich glaubte fest daran, dass Andreas von nun an drogenfrei bleiben würde. Unsere Hochzeit wurde zwar nur im kleinen Kreis gefeiert, aber von den meisten Leuten aus dem Dorf bekamen wir viele Geschenke und die besten Wünsche mit auf den Weg. Der Chef beglückwünschte und schenkte uns sogar einen kleinen Geldbetrag, was wir besonders zu schätzen wussten, da dies unserer Kenntnis nach sonst nicht seine Art gegenüber Angestellten war.

Wir konnten somit frohen Mutes und voller Hoffnung für die Zukunft sein. Die

Situation: Ein gesicherter Job und eine gute Ehe! Andreas Familie war allerdings mit unserer Eheschließung nicht ganz einverstanden, aber sie mussten es dulden. Unsere Hochzeitsreise ging in den sonnigen Süden und wir waren sehr glücklich, und zwar so sehr, dass wir beschlossen, ein Kind in die Welt zu setzen.

Und im darauf folgenden Sommer war es tatsächlich so weit. Eine gesunde und süße Tochter erblickte das Licht der Welt. Wir tauften Sie »Sina«, und überall im Dorf war die Freude groß. Sina war unser ganzer Stolz. Dadurch hatte mein Mann noch mehr Kraft, Drogen zu meiden und blühte mit seiner Aufgabe als Vater richtig auf. Den Kontakt zu seiner Familie hatten wir leider ganz abbrechen müssen, da wir feststellen mussten, dass wir so mehr Frieden hatten.

Aber, ein Kind braucht Platz. Also mussten wir uns bald um eine größere Wohnung bemühen, da es in unser alten Wohnung kein separates Kinderzimmer gab. Das war aber nicht einfach, denn die Mietpreise stiegen immer höher und höher, während dagegen unsere Einkünfte sanken, da wir unseren Nebenjob im Clubheim wegen des Kindes aufgeben mussten.

Meine Familie wohnte leider zu weit fort, um helfen zu können und Andreas Familie lebte abgeschottet für sich. Einer fremden Person wollten wir unsere Tochter aber auch noch nicht anvertrauen. Daher versuchte Andreas nun durch Überstunden unsere Haushaltskasse aufzubessern. Wir lebten ziemlich zurückgezogen, waren also sozusagen eine Einheit zu dritt, und unsere Tochter machte uns sehr viel Freude mit ihrer lebhaften Art. Sie war gesund und schön. Letzteres wurde mir immer wieder von vielen Leuten beim täglichen Spaziergang bestätigt.

Bald wurde Sina zwei Jahre alt, und es eilte immer mehr, eine größere Wohnung zu bekommen. Und wie so oft, wenn wir in Not waren, kam uns Andreas Chef zu Hilfe. Direkt neben seiner Firma besaß er ein großes Mietshaus und bot uns dort eine schöne Wohnung an, die gerade frei geworden war. Sie hatte einen Garten und Balkon und wir bekamen sie zu einem – für die damaligen Verhältnisse – preiswerten Mietzins. Wieder einmal waren wir ihm sehr dankbar und zogen ein wenig später bereits in die neue Wohnung ein.

Schnell gewöhnten wir uns an die neue Umgebung. Ich ging weiterhin meiner Tätigkeit als Mutter und Hausfrau nach, besuchte einmal die Woche eine Mutter-Kind Gruppe, um neue Kontakte zu knüpfen und verbrachte sehr viel Zeit mit Sina, da Andreas jetzt immer häufiger sehr spät Feierabend hatte. Gerne wäre ich wieder zumindest halbtags arbeiten gegangen, doch die Warteliste für Sinas Kindergartenplatz war sehr lang, so dass es nicht ging. Also beschlossen wir, wieder am Wochenende in dem Clubheim zu arbeiten, um unsere monatlichen Einnahmen zu erhöhen. Denn zum Glück bot uns eine Bekannte an, sich in dieser Zeit um Sina zu kümmern, was auch gut funktionierte. Fast jedes Wochenende waren wir für verschiedene Feierlichkeiten aktiv. Unser Service war gut und wir bekamen stets die entsprechende Anerkennung von unserem Chef und seinen Gästen.

An einem dieser Abende hatte er plötzlich eine Idee, die für unsere Familie verhängnisvoll werden sollte, und der wir uns schicksalhaft ergaben...

Kapitel 2

Die Idee

Der Chef machte folgenden Vorschlag: »Mensch, wie wäre es, wenn ich auf meiner ›Hausinsel‹ Mallorca eine Gaststätte eröffnen würde und ihr sie für mich leitet?«

Diesen Moment werde ich nie vergessen. Als dieser Gedanke in unser Leben trat, war es um uns geschehen.

Mallorca! Zuerst sagten wir noch nichts. Doch dann zu Hause, nach Feierabend, ging es los. Ich fragte aufgeregt meinen Mann: »Andreas, kannst du dir vorstellen, wir drei auf Mallorca!?« Unsere Gedanken kreisten um Sonne, Strand und Meer. Wir waren noch nie auf Mallorca gewesen. Also besorgten wir uns schon am nächsten Tag Bücher und sämtliches Informationsmaterial über die Insel, alles was wir bekommen konnten. Der Gedanke, den Job, den wir gerade in Deutschland ausführten, auch bei herrlichem Sonnenschein verrichten zu können, für Touristen, die Jahr für Jahr dort ihren Urlaub verbringen – dieser Gedanke war faszinierend! Unsere Familie wäre zusammen, das Kind könnte zweisprachig aufwachsen, wir malten uns schon alles in den tollsten Farben aus.

Andreas ging ein paar Tage später ins Büro zu seinem Chef und sprach ihn auf dieses Thema an: »Sie hatten doch letztens die Idee mit Mallorca. Möchten Sie das ehrlich verwirklichen? Wir wären dabei.« »Ja, natürlich,« erwiderte der Chef, »Ich habe mir zwischenzeitlich auch schon ein paar Gedanken gemacht. Meine Zeit ist allerdings sehr knapp. Wie wäre es also, wenn ihr euch für mich um eine passende Immobilie bemüht? Ich stelle mir ein Bistro mit Kleinigkeiten zum Verzehr vor. Gute Lage und mit entsprechendem Umsatz.«

Andreas willigte ein und verblieb nun mit ihm, dass wir die Umsetzung dieser Idee konkret in Angriff nehmen und ihn über den jeweiligen Stand immer informieren würden.

Es war September. Der Startschuss für Mallorca war gefallen. Dieses gemeinsame Vorhaben schien für unsere Zukunft die ideale Lösung zu sein. Was hielt uns schon in dem allzeit verregneten Deutschland? Für uns zählte nur unsere kleine Familie. Wir überlegten: Wie findet man von Deutschland aus auf Mallorca ein passendes Lokal? Zunächst besorgten wir uns Zeitschriften für Auslandsimmobilien und Gewerbeobjekte. Wir schrieben auch verschiedene Immobilienmakler an. Täglich kamen neue Adressen und Angebote hinzu, und Andreas holte sich die Information bei seinem Chef, wie hoch der maximale Kaufpreis, beziehungsweise, wenn es sich um ein Mietobjekt handelte, die maximale Traspasso-Summe sein durfte. Soviel hatten wir schon gelernt: Traspasso ist in Spanien die Ablösesumme für das Inventar und das Recht auf Betrieb des Lokals. Unser Chef gab uns alle erforderlichen Informationen und auch sein Einverständnis, die Korrespondenz in seinem Namen zu führen. Jeden Tag führten wir diverse Telefonate, nahmen zu vielen Brauereien in Deutschland und auf Mallorca Kontakt auf. Es war gar nicht einfach, sich ohne Vorkenntnisse von Grund auf sachkundig zu machen. Gedanklich waren wir schon immer mehr auf der Insel, ich hatte schon das Gefühl dort zu leben. Täglich blätterte ich Kataloge aus den Reisebüros durch und sagte zu Andreas: »Ach wäre es schön, wenn alles klappt!«

Es vergingen zwei Monate und unsere Telefonrechnung aus dem Vormonat wies eine beträchtliche Höhe auf. Es wurde an der Zeit, sich mit unserem Investor zusammenzusetzen und zu besprechen, wie es eigentlich mit den Kosten, die uns entstanden, aussieht, wie zum Beispiel Kosten für das Telefon, Fax, Porto und bevorstehende Flüge nach Mallorca. Beruhigend bekamen wir von ihm die Zusage: »Da macht euch mal keine Sorgen, notiert euch alles und ich werde es dann wieder ausgleichen. Ich weiß, der Umzug muss finanziert werden und eine Starthilfe werdet ihr natürlich auch erhalten!«

Ein Mann, ein Wort, dachten wir uns. Wir vertrauten ihm – schließlich kannten wir ihn schon viele Jahre als ehrenwerten Geschäftsmann. Und wir? Wir waren ganz im Rausch. Im Rausch, auf dem Weg ins südliche Paradies alle Brücken hinter uns abzubrechen. Und wir hatten nicht den geringsten Zweifel daran, unser Ziel zu erreichen, um dort glücklich zu werden.

Oftmals gab mein Mann seinem Chef zwischen Tür und Angel einen Kurzbericht durch, worauf dieser dann erwiderte: »Klasse, wie ihr euch engagiert!« Alle die uns kannten, beneideten uns um unser Vorhaben. Zunächst um das Glück, jemanden gefunden zu haben, der uns so etwas ermöglicht, und außerdem um unseren Mut, den wir in ihren Augen hatten.

Schon zu diesem Zeitpunkt kündigten unsere Bekannten an, uns auf Mallorca zu besuchen. Verständlich, denn wer möchte nicht bei freier Unterkunft einen Urlaub auf Mallorca verbringen.

Wieder zwei Monate später war es dann endlich soweit. Wir flogen zum ersten Mal nach Mallorca, allerdings nur für ein kurzes Wochenende. Wir waren voller Hoffnungen. Durch intensive Vorarbeit hatten wir einen Termin für die Besichtigung eines Lokals vereinbart. Für diesen Zweck packten wir auch eine Kamera ein, um unserem Investor später Fotos vorlegen zu können. Leicht würde es sicherlich nicht werden, ein geeignetes Objekt zu finden, dachten wir. Wir suchten nämlich ein Lokal mit einer Wohnung im gleichen Haus, da unsere Tochter noch sehr klein war.

Am frühen Morgen landeten wir – Andreas, Sina und ich – auf der viel versprechenden Insel Mallorca. Wir fuhren mit einem Taxi zu unserem Hotel, welches uns von einer Mitarbeiterin einer deutschen Brauerei empfohlen wurde. Ich verliebte mich vom ersten Moment an in die Insel. Das Klima, die südländische Mentalität, der Geruch der vielen Pinienbäume – einfach alles sprach mein Herz an. Es war Februar, und man saß hier bei herrlichem Sonnenschein in den Straßencafés.

Das zu besichtigende Objekt befand sich an der Playa de Palma, in zweiter Linie zum Meer, in einer Querstraße zur Strandpromenade. Playa de Palma beginnt neun Kilometer südöstlich der Hauptstadt Palma de Mallorca und zieht sich über fünf Kilometer hinweg. Dort findet man auch die berühmten Balnearios (Strandhäuschen), von vielen auch Ballermänner genannt. Das Lokal gefiel uns und wir dachten, es müsse traumhaft sein, hier zu leben. Das Wochenende verging viel zu schnell und schon stand der Rückflug an.

In Deutschland angekommen, legte Andreas sofort sämtliche Informationen und Fotos seinem Chef auf dem Tisch. Dieser versprach, sie sich in Ruhe anzuschauen. Ständig pflegten wir Kontakt zu verschiedenen Brauereien. Ein Mitarbeiter einer Brauerei sagte uns ein paar Tage später in einem Telefonat, wir sollten besser die Finger von diesem Lokal lassen, die Vorbesitzer hätten über Jahre hinweg aufgrund der Lärmbelästigung Schwierigkeiten mit den Nachbarn, und die Lage des Lokals wäre auch nicht gerade ideal. Dies teilten wir unserem Chef mit und arbeiteten weiter daran, etwas Geeignetes zu finden.

Es war schon seltsam; wenn man ein solches Projekt wie wir vor hatte, und in nächster Zukunft auswandern würde, verliert man den alltäglichen Drang, sein Heim zu ordnen. Oftmals kam mir auch der Gedanke, ob es nicht doch ein gewaltiges Risiko ist, seinen Wohnsitz in Deutschland endgültig aufzugeben. Aber finanziell hätten wir es auf Dauer ohnehin nicht geschafft, unsere Wohnung weiter zu halten. Uns beruhigend dachten wir daher: ›Wenn alles schief geht, haben wir ja den Chef im Rücken. Er würde uns bestimmt nicht hängen lassen!‹

Die Zeit bis zum Saisonbeginn auf Mallorca rückte immer näher, und bis zum Mai wollten wir endlich alles geregelt haben. Fast täglich bekamen wir Post und Anrufe von Immobilienmaklern. Es wurden unwahrscheinlich viele Objekte zum Kauf angeboten, doch meistens war nichts Passendes dabei. Unser Investor entschloss sich außerdem, das Objekt privat zu erwerben, um sich die hohen Maklergebühren zu sparen. Das machte es noch schwieriger.

An einem Wochenende flog mein Mann allein nach Mallorca, zwar nur für einen Tag, aber zur Information und zum Filmen des Objektes reichte die Zeit. Aber auch dieses angebotene Lokal war nicht das Richtige. Unser Chef drängte und meinte: »Wenn ihr nun etwas findet, muss der Umzug ganz schnell gehen.« Gut! Das sahen wir ein. Also verkauften wir vorab schon einmal überflüssige Möbel, wie zum Beispiel unser komplettes Esszimmer aus Kiefernholz und auch die Schlafzimmermöbel. Mir war ganz unwohl bei dieser Aktion, doch wir mussten es ja tun, sonst wäre es zeitlich später sicherlich zu knapp geworden. Kurz darauf flogen wir mit unserer Tochter für eine Woche nach Mallorca, um ein Objekt zu besichtigen, doch leider hatten wir bei unserer Suche wieder keinen Erfolg. Trotzdem verliebte ich mich immer mehr in das Urlaubsland, studierte Bücher und war fasziniert von der Insel, auf die ich bald schon übersiedeln würde. Dieser Wunsch wuchs immer stärker in mir und war für mich bereits eine unumstößliche Tatsache.

Endlich bekamen wir von der Brauerei ein Objekt angeboten, dass uns ideal erschien. Es befand sich in Paguera, einem überwiegend bei deutschen Touristen bekannten Ort an der Südwestküste, der sowohl im Sommer als auch im Winter von Langzeiturlaubern gut besucht und wegen seiner Strände und zentralen Lage sehr beliebt ist. Dort gab es ein Lokal mit einer darüber liegenden Wohnung, welches zum Verkauf stand. Die Lage stimmte und alles schien sehr viel versprechend. Also informierten wir unseren Investor, und dieses Mal schaltete er sich erstmals selber in die Verhandlungen ein. Auch für ihn klang alles, was er hörte, sehr interessant. Er telefonierte mit dem Verwalter der Liegenschaft und mit der Eigentümerin. Es wurde über den Verkaufspreis verhandelt und alle wichtigen Punkte geklärt. Auch ich telefonierte mit dem Verwalter, um zu fragen wie unsere Chancen stünden. Ich bekam von ihm zur Antwort: »Machen Sie sich keine Sorgen, Sie werden hier bald die Sonne genießen können!«

Ich war jetzt sehr aufgeregt und Andreas wurde nun zu einem Gespräch ins Büro zu seinem Chef gebeten. Er meinte voller Tatendrang: »Bei diesem Objekt müssen wir sofort handeln. Ich werde so schnell wie möglich für uns beide einen Flug organisieren. Komm doch bitte in zwei Tagen wieder zu mir!« Mein Mann und ich waren voller Erwartungen und Spannung, dass es nun endlich bald los ging.

Am nächsten Tag bekamen wir einen Anruf – es war der langersehnte Anruf der Leiterin des städtischen Kindergartens. »Wir haben einen freien Platz für ihre Tochter!« sagte sie. Ich überlegte einen Moment. Es war jetzt wieder ein schicksalhafter Augenblick der eine Entscheidung von mir verlangte. In Anbetracht der Sachlage mit Mallorca gab ich jedoch zur Antwort: »Den können Sie jetzt anderweitig vergeben, wir werden in nächster Zukunft von hier fortziehen.«

Alles sah nach Aufbruch aus, wir lebten in einer aufregenden Zeit. Andreas ging täglich seiner Arbeit nach und wollte dann sofort nahtlos auf Mallorca und nicht mehr in Deutschland für seinen Chef tätig sein.

Nun aber kam aber der Tag, den ich niemals vergessen werde. Es war an einem Mittwoch. Andreas hatte um vier Uhr Feierabend und wollte direkt im Anschluss zu seinem Chef ins Büro gehen, um den Abflugtermin zu erfahren. Es wurde ja auch Zeit, dass es voran ging. Wir hatten mittlerweile mehrere tausend Euro, jede Menge Zeit und Energie in diese Sache investiert. Auch der Umzug war – soweit es ging – schon vorbereitet.

An diesem Tag stand wie immer das Mittagessen auf dem gedeckten Tisch und ich erwartete nervös meinen Mann. Plötzlich kam er in die Küche, legte wie gewohnt seine Arbeitstasche auf die Bank und ich fragte ungeduldig: »Also, nun sag schon, wann fliegst du mit deinem Chef?« »Gar nicht!« erwiderte er fast tonlos. Wie erstarrt hörte ich ihn, wie aus der Ferne, weiter sagen: »Es war ein drei Minuten langes Gespräch. Der Chef sagte nur, er habe es sich anders überlegt. Er möchte diese Idee nicht mehr verwirklichen. Es sei alles ein zu großes Risiko für ihn.« Als mein Mann ihn gefragt hatte ob er uns die entstandenen Kosten ersetzt, hatte er zur Antwort bekommen: »Nein, dazu sehe ich keinen Anlass.«

Ich stand in der Küche und ich wusste nicht wie mir geschah. Eine Welt brach zusammen. Ich brach in Tränen aus. Unser Chef, der Ehren- und Geschäftsmann hatte sich als Charakterschwein entpuppt. Geld verdirbt eben doch den Menschen, dachte ich. »Wie konnten wir nur so dumm gewesen sein?« stöhnte ich. Was für unseren Chef offenbar nur eine Spielerei auf der Grundlage seiner Millionen war, war für uns jedoch bitterer Ernst und vor allem eine Frage der Zukunft. Über zehn Jahre kannten wir ihn nun, immer stand er auf unserer Seite, und jetzt das! Es war schier unglaublich! Warum hatten wir nicht von Anfang an auf einem Vertrag mit ihm bestanden?

Mein Mann sollte am nächsten Tag wieder ganz normal in der Firma arbeiten, als sei nichts geschehen. Uns hatte aber Panik gepackt. Wir waren verzweifelt. Kein Mallorca? Aus der Traum? Unsere Möbel waren zum Teil verkauft, teilweise hatten wir die Sachen bereits in Umzugskartons gepackt, der Kindergartenplatz war abgesagt und inzwischen neu vergeben, und wir hatten einen finanziellen Verlust, der mittlerweile eine fünfstellige Zahl ausmachte! Dieses alles wäre vielleicht noch zu verkraften gewesen, aber das Schlimmste war die menschliche Enttäuschung. Natürlich wog es schwer, dass wir nun, genauer betrachtet, vor dem Nichts standen. Seit über einem halben Jahr lebten wir in unseren Gedanken schon auf Mallorca. Auf der Sonneninsel, im vermeintlichen Paradies!

Andreas wollte so weiter machen wie bisher. Ich dagegen, ich wusste nicht so recht, was wir machen sollten. Aber eines wusste ich ganz genau: Ich wollte mit meiner Familie nach Mallorca ziehen und konnte Andreas Chef nicht verzeihen. Ich bat meinen Mann aus meinem Zorn und aus der Enttäuschung heraus, nie wieder für diesen Halsabschneider, wie ich ihn nun nannte, zu arbeiten. »Wir finden schon einen anderen Weg, um nach Mallorca zu kommen.« sagte ich zu ihm.

Schließlich entschied sich auch Andreas – in diesem Punkt waren wir uns einig – , nicht mehr für diesen gewissenlosen Menschen zu arbeiten. Er ging am nächsten Morgen zu seinem Hausarzt und meldete sich krank. Nachdem der Arzt nämlich erfahren hatte was passiert war, – er kannte den Chef gut und wusste natürlich auch von Andreas Drogenkrankheit – schrieb er ihn bis auf weiteres arbeitsunfähig. Er hatte tatsächlich ernsthafte Bedenken, dass mein Mann durch dieses Ereignis hinsichtlich seiner früheren Drogensucht rückfällig werden könnte und wollte ihm zuerst einmal Ruhe zur psychischen Regeneration verordnen.

Eigentlich wussten alle im Dorf von unserem gemeinsamen Plänen mit dem Investor, doch die Reaktion nach diesem Vorfall war noch abzuwarten. Am nächsten Tag nahm ich unsere Tochter Sina an die Hand, um Andreas Chef im Büro aufzusuchen. Da überfiel mich plötzlich der ganze Schmerz über die menschliche Enttäuschung. Mit Tränen in den Augen sprach ich zu ihm. Doch weder ein Zugeständnis für unsere geplante Zukunft auf Mallorca, noch der Ausgleich für die finanziellen Verluste waren bei ihm heraus zu holen. Er blieb eiskalt und stand nicht zu seinem Wort.

Schnell sprach sich alles im Dorf herum. Aber sehr zu unserem Leidwesen, ergriffen viele Personen nicht etwa für uns Partei, sondern hielten zum grossen Firmeninhaber. Teilweise grüßten sie uns sogar nicht mehr. Wir wussten warum. Fast alle Mitbewohner dieses kleinen Ortes waren auf irgend eine Weise direkt oder indirekt von ihm abhängig. Andreas reichte einige Tage später seine Kündigung ein, und sein Chef akzeptierte sie auch sofort.

Fest entschlossen wollten wir einen anderen Weg finden, um unseren Traum, nach Mallorca zu ziehen, zu verwirklichen.

Kapitel 3

Das Zeitungsinserat

Es war alles sehr traurig. Nur weil ein Investor damals eine Idee hatte und uns diese zu Kopfe gestiegen ist, war uns plötzlich der Boden unserer Existenz weggebrochen. Alles was wir uns aufgebaut hatten, wurde in wenigen Sekunden durch die Laune eines skrupellosen und egoistischen Geschäftemachers zerstört. Wir hatten unser Vertrauen dem falschen Menschen geschenkt. Natürlich war auch unsere Leichtgläubigkeit mit daran Schuld. So einen Fehler wollten wir nicht noch einmal begehen. Wir hatten daraus gelernt. Zumindest glaubten wir das damals.

Wir trauerten unseren Möbeln nach und immer wieder dachten wir: »Wie konnten wir nur so dumm und voreilig handeln?« Aber alle Selbstvorwürfe nutzten nun nichts. Wir mussten so schnell wie möglich etwas Neues aufbauen. Der Wunsch, nach Mallorca zu kommen stand natürlich nach wie vor an erster Stelle. Trotzdem bemühten wir uns daneben, – und dies bundesweit – um einen neuen Arbeitsplatz für Andreas. Auf sämtliche Stellenangebote, wie zum Beispiel auch auf Hauspersonalgesuche, schrieben wir Bewerbungen. Mein Mann bewarb sich in anderen Firmen als Schlosser in der Kunststoffbranche. Leider waren dort jedoch die Verdienstmöglichkeiten, vor allem, wenn man neu beginnt, zu gering, um eine Familie zu ernähren.

Wir lebten also zunächst in den Tag hinein. Immer wieder aufs Neue riefen wir uns den erlittenen Vertrauensbruch in Erinnerung und was wir nicht alles unternommen hatten, um ein passendes Objekt auf Mallorca zu finden. Unsere Wohnung war mittlerweile überhaupt nicht mehr gemütlich, da schließlich schon einige Möbel fehlten. Trotz alledem hatten mein Mann und ich uns gern und ich war vor allem glücklich, dass er angesichts dieser Schwierigkeiten keine Drogen zu sich nahm. Und unsere Tochter Sina machte uns jeden Tag viel Freude. Sie hatten wir die ganze vergangene Zeit bereits auf Spanien vorbereitet. Immer wieder vertrösteten wir sie: »Wir ziehen bald in ein anderes Land und da kannst du jeden Tag am Strand und im großen Meer spielen.« Öfter fragte sie in ihrer kindlichen Sprache: »Mama, wann ziehen wir denn endlich nach ›Spananien‹?« Mit diesem Ausdruck brachte sie uns immer wieder neu zum Lachen.

Als wir auf unsere Bewerbungen nur Absagen bekamen, hatte ich den Gedanken in einer bekannten deutschen Wochenzeitung auf Mallorca ein Inserat unter den Stellengesuchen aufzugeben. Per Telefon und Bezahlung per Scheck gaben wir sodann folgenden Text auf: ›Deutsches Ehepaar sucht Anstellung im Haushalt mit Wohnmöglichkeit, Angebote unter Telefon … !‹ Wir hatten zwar keine große Hoffnung auf Erfolg, wollten aber nichts unversucht lassen und die Resonanz abwarten. Einige Anrufe bekamen wir zwar, aber leider nur solche Angebote, die für uns nicht passend waren. Zum Beispiel wurde uns eine Anstellung im Haushalt geboten, aber der Arbeitsbeginn sollte erst in einem Jahr sein. Oder es waren Angebote ohne Wohnmöglichkeit. Einige hatten Interesse, aber Kinder waren nicht erwünscht. Einfach war es also nicht, auf Mallorca einen Job zu finden, aber wir wollten die Hoffnung nicht aufgeben und ließen das Inserat über einen Zeitraum von vier Wochen laufen.

Mittlerweile war es Sommer geworden und sehr heiß. Täglich verfolgten wir Informationssendungen im Fernsehen über Mallorca. Man berichtete über schöne Ereignisse aber auch über manche Probleme auf der Insel.

Am 13. August feierten wir Sinas vierten Geburtstag, diesmal aber einmal ganz anders. Andreas, Sina und ich verbrachten den ganzen Tag in einem Erlebnispark. Einen Tag später, zur Mittagszeit, läutete plötzlich unser Telefon und ich meldete mich. Eine ältere Männerstimme sprach zu mir: »Guten Tag, hier ist Hasso, von Mallorca. Kennen Sie mich?«

Ich war überrascht.

»Nein, tut mir leid, ich habe schon viel von der Insel gehört, aber Sie sind mir unbekannt.« erwiderte ich.

Ein wenig enttäuscht meinte er: »Dann wird es aber Zeit, dass wir uns kennen lernen. Ich suche ein Hausmeisterehepaar.«

Wie elektrisiert fragte ich ihn: »Ist denn auch eine Wohnung vorhanden?«

»Natürlich, und Sie können sich sogar eine aussuchen. Und mit Kind ist auch kein Problem.« erwiderte er spontan.

Er bot uns sogleich weiterhin an: »Sie können sich bei mir vorstellen kommen, vielleicht können Sie für eine Woche bleiben. Sie haben bei mir freies Wohnen und einen Wagen stelle ich Ihnen auch zur Verfügung! Sollten wir vertraglich zusammen kommen, ersetze ich Ihnen die Flugkosten.«

Ich notierte mir seine Anschrift und Telefonnummer und verblieb mit ihm so, dass wir uns melden und Bescheid geben würden. Mein Mann hatte das ganze Gespräch verfolgt und wir konnten es fast nicht glauben. Sollten wir nun, nach der großen Enttäuschung mit Andreas früherem Chef tatsächlich und endlich einmal Glück haben? Dieses Mal wollten wir aber keinen Fehler machen und versprachen uns: Keine Entscheidung ohne einen schriftlichen Vertrag. Mit dem Vorstellungstermin konnten wir – außer den Flugkosten – ja nichts verlieren. Wir reservierten uns also einen Flug nach Mallorca und telefonierten noch einmal mit Hasso. Wir sagten ihm, dass wir einverstanden wären und gaben unsere Ankunftszeit durch. Er war sehr erfreut und teilte uns die Adresse mit, wo wir uns direkt nach der Ankunft auf Mallorca einen Wagen abholen sollten.

Schon vier Tage später saßen wir alle drei im Flugzeug nach Palma de Mallorca. Wir waren sehr gespannt darauf, was uns nun erwartete. Ein wenig wussten wir natürlich inzwischen über diesen Menschen namens Hasso, denn vor dem Abflug hatten wir uns bei verschiedenen Personen, die wir noch aus unseren früheren Suchaktionen auf der Insel kannten, erkundigt. Die meisten Leute kannten Hasso Schützendorf, so war sein vollständiger Name. Wir bekamen stets zur Antwort: »Es soll einer der reichsten Männer der Insel sein! Einen gesicherten Arbeitsplatz hättet ihr auf jeden Fall bei ihm.« Ein anderer meinte: »Er soll ein wenig verrückt sein und sein Personal wie seine Leibeigenen behandeln, aber gut und pünktlich den Lohn bezahlen.«

Wir landeten schliesslich auf der Insel und ich atmete tief durch. War es vielleicht vor Glück, wieder auf Mallorca zu sein, oder vor Spannung, was uns nun hier erwartete. Mit dem Taxi fuhren wir zu der angegebenen Anschrift, um uns den versprochenen Wagen abzuholen. Wir erreichten den Ort Can Pastilla, der in unmittelbarer Nähe des Flughafens liegt. Dort gab es ein hohes Gebäude, auf dem mit großen Buchstaben »HASSO« leuchtete, sein Büro. Es war eine Autovermietung, in welcher auch zum Teil deutsches Personal beschäftigt war. Wir wurden schon erwartet. In diesem sehr großen Raum, standen mehrere Schreibtische, und als wir dort eintraten, erhob sich ein deutschsprachiger Mann von seinem Stuhl. Er stellte sich als Frank vor. Sehr freundlich sagte er: »Ah, Sie sind also das neue Hausmeisterehepaar? Hasso teilte mir Ihre Ankunft für heute mit und Ihr Mietwagen wird in etwa einer Stunde bereit stehen! Vielleicht gehen Sie in der Zwischenzeit noch einenKaffee trinken!«

Wir ließen unser Gepäck während der Wartezeit dort im Büro stehen und machten uns auf den Weg, ein Lokal zu suchen, in dem man eine Kleinigkeit essen konnte. Unterwegs zogen wir unsere Jacken aus, denn die benötigte man nicht, nicht um diese Zeit. Einige wenige Meter weiter, sagte uns ein Restaurant zu. Dort suchten wir uns ein sonniges Plätzchen. Der spanische Kellner sprach deutsch, schließlich befanden wir uns in einem überwiegend von Deutschen frequentierten Touristenort und wir bestellten. Wir beobachteten viele Spaziergänger, die sich offensichtlich auf dem Weg zum Strand befanden. Sehr leicht bekleidet, mit einer Luftmatratze unter dem Arm geklemmt, schlenderten sie an uns vorbei. Während des Essens, in der Sonne, lauschten wir der typisch spanischen Hintergrundmusik. Urlaubsstimmung pur! Ich wäre am liebsten noch geblieben, um dies alles ein wenig länger zu genießen, aber wir mussten ja zu unserem Vorstellungstermin, zu Hasso Schützendorf.

Als wir zur Autovermietung kamen, war der Wagen schon startklar. Er war frisch gewaschen und voll getankt. Ich dachte: ›Was für ein guter Service!‹ Frank sagte sodann: »Hier sind die Unterlagen für den Wagen und die genaue Wegbeschreibung, wie Sie zu Hasso gelangen. Der Wagen ist für diese Woche kostenfrei.« Dankend verabschiedeten wir uns und machten uns auf dem Weg.

Hassos Anwesen lag in einem kleinen Dorf, nicht weit von Palma entfernt, Namens Son Sardina. Wir fuhren direkt auf die Autobahn und dann die ›Via cintura‹ entlang, so hieß die Umgehungsstraße, die bis weit in den Südwesten der Insel führte. Auf dieser nahmen wir auf der Höhe von Palma die Abfahrt nach ›Sóller‹.

Da fiel mir ein, dass Sóller eine wunderschöne Hafenstadt im Nordwesten der Insel ist. Dort befindet sich auch der höchste Berg Mallorcas, namens »Puig Major«. Ich sagte zu meiner Tochter: »Hier in Spanien, wird jedes doppelte »L« in einem Wort, als »J«, ausgesprochen. Die meisten Touristen wissen das aber nicht und sagen: ›Ich war auf Mallorca und habe in Sóller eine Paella gegessen.‹« Ich sprach die Namen betont falsch aus und Sina musste lachen. Die Wegbeschreibung die wir im Büro erhalten hatten, war sehr genau und schon bald sahen wir das Hinweisschild »Son Sardina«. Aufgeregt und voller Neugierde erreichten wir den kleinen Ort und fanden auch bald die Straße, in der Hasso wohnte.

Sein Grundstück musste riesengroß sein, denn wir fuhren einen weiten Weg entlang, vorbei an einer sehr langen und hohen Mauer. Sie war bewachsen mit einer wunderschönen lilafarbenen Rankpflanze. Schliesslich erreichten wir die Einfahrt, wo wir einbogen und an der Seite parkten. Vor uns befand sich ein großes braunes Tor. Rechts daneben, eine kleine Tür mit der Klingel und einer Überwachungskamera. Wir drückten den Knopf und hörten kurz darauf eine Stimme: »Ja bitte?« »Wir sind das deutsche Ehepaar, und haben einen Termin für heute!« sagte Andreas. »Einen, Moment bitte!« antwortete die Stimme mit ausländischem Akzent.

Kurz darauf ließ uns ein recht kleiner, junger Mann mit einem dunklem Teint und bekleidet mit einem ihm viel zu großen Arbeitsanzug, hinein. Auf seiner Stirn standen kleine Schweißperlen und seine Fingernägel waren schwarz vor Dreck. Er bat Andreas, unseren Wagen in den Innenhof zu fahren. Währenddessen traute ich meinen Blicken nicht. Rechts von mir auf einem Baum, sprang, angebunden an einer roten Leine, ein kleines graues Äffchen herum. Überall auf dem gepflasterten Steinboden, saßen bunte Pfaue, die einen eigenartigen Laut von sich gaben, der durch die ganze Gegend schallte. Links befand sich ein sehr großes, weißes Haus, mit mehreren Türen und Fenstern. Die Fassade war weiß gestrichen, aber man sah, dass dies schon lange her gewesen sein musste. Wir sollten nun dem gedrungenen, dunklen Mann folgen. Über einen Garagenhof hinweg, durch einen Torbogen, der ebenfalls mit einer wunderschön blühenden Rankpflanze geschmückt war, kamen wir zu einer Tür. Dort führte er uns durch. Wir gelangten in einen Raum, in dem Brutkästen, Tiefkühltruhen, Futterreserven und gackernde Hühner untergebracht waren. Alles war ziemlich verdreckt. Am Ende stand eine weitere Tür einen Spalt auf, die wieder ins Freie führte. Als wir dort heraus kamen, glaubten wir, das Paradies vor uns zu haben. Wir standen plötzlich in einem riesigen Garten, dessen Ende wir kaum erblicken konnten. In der Mitte verlief ein Steinweg, gesäumt von wunderschönen Palmen und hohen Gummibäumen. Das Grün des Rasens war dunkel und frisch und ließ auf gute Pflege schließen, und es liefen auf ihm Gänse, Hühner und anderes Federvieh frei herum.

Plötzlich hörten wir ein Geräusch. Es klang wie das Gebrüll eines Raubtieres, vielleicht war es ein Löwe? Wir schauten uns fragend und leicht verunsichert an. Durch ein kleines Tor hindurch ging es dann weiter. Nun standen wir vor einer Steintreppe, die nach oben zum eigentlichen Eingang des Herrenhauses führte. Wir schauten hinauf und am Ende erblickten wir eine ältere, schlanke Gestalt. Sie war bekleidet mit einer kurzen, braunen Sommerhose und einem weißen Hemd. Das musste Hasso sein. Seine Augen schauten neugierig auf uns herab. Er rief mit einer tiefen Stimme, sofort vertraulich: »Gut, gut, dann kommt mal hoch zu mir!«

Er war sofort per du mit uns. Oben auf einer Terrasse angekommen, wurde uns auf Korbstühlen Platz und ein Getränk angeboten. Ein paar Meter weiter war ein großer Swimmingpool, in dessen Wasser sich die Sonne spiegelte. Direkt vor Hasso lagen auf dem Tisch griffbereit zwei Handys, ein Haustelefon und ein Haufen Papiere. Ständig klingelte einer der Apparate. Zu Beginn schon, führte diese anscheinend wichtige Person ein längeres Gespräch in spanischer Sprache. Wir verstanden kein Wort. Ich betrachtete diesen so gefragten Menschen. Sein Alter war um die siebzig Jahre. Außer seiner leichten Sommerkleidung trug er sehr auffallenden Schmuck. An seinem linken Arm zierte ihn eine mit brillanten besetzte, goldene Herrenuhr und am Ringfinger trug er einen dazu passenden, protzigen Ring. Während seiner Gespräche schlug er ein Bein über das andere und man konnte einfache Birkenstockschlappen und weiße Strümpfe erkennen. Seine Augen waren stahlblau und darüber wuchsen wild und üppig dicke, borstige Augenbrauen.

Er beendete sein Gespräch sehr laut mit den Worten: »Grácias, Amigo mío! Hasta luego!« Ich glaubte, es hieß: Danke, mein Freund, bis bald! Aber genau wusste ich es damals noch nicht. Hasso begutachtete uns kurz und sagte spontan: »Ja, von mir aus könnt Ihr für mich arbeiten! Bleibt erst einmal die Woche hier. Wohnen werdet ihr in der Wohnung, die sich am anderen Ende des Hauses befindet. Da könnt ihr dann später auch einziehen.« Er klang sehr freundlich, aber auch eindeutig befehlsgewohnt. Es war früher Nachmittag und er trank bereits puren Whisky und vor jedem Schluck, den er nahm, sagte er: »Prost auf die Liebe!«

Er wollte weder etwas über uns noch unsere Vergangenheit wissen, noch irgendwelche vertragliche Dinge besprechen, er redete nur über sich. Während der ganzen Zeit saß auch eine Frau mit an dem Tisch. Er stellte sie uns dann nach einer Weile so ganz nebenbei vor. »Das ist übrigens meine Frau Anna, sie ist Kolumbianerin.« Sie war recht jung, kleinwüchsig und einfach gekleidet. Ihre dunklen braunen Haare waren hinter ihre Ohren gelegt. Ihre Lippen hatte sie mit einem leichten Rot geschminkt und ihre Augenbrauen waren fast weggezupft. Sie lächelte uns freundlich aber distanziert an und saß die ganze Zeit stillschweigend am Tisch, wenn nicht gerade Hasso einen Wunsch äußerte, wie zum Beispiel: »Bringst du mir bitte mein Spray!« Dies benutzte er ständig während der Unterhaltung. Es war wohl so etwas wie ein Asthmaspray. Er öffnete die kleine Flasche und sprühte es in seinen Mund bis tief in den Rachen. Voller Begeisterung fing Hasso nun an aufzuzählen, welche Tiere er sich auf seinem Anwesen hielt. »Ich habe mehrere Löwen, Tiger, Affen, Pumas, zwei Straußenvögel, Pfaue, Hühner, Gänse, Tauben, Auerhähne, Hunde und im Haus eine vier Meter lange Würgeschlange.« Er sprach dann, zu meiner Tochter gewandt: »Hast Du auch so viele Tiere zu Hause, Schina? Oder, wie heißt Eure Tochter?« Ich antwortete lächelnd: »Sina, mit S am Anfang!« Unsere Tochter schüttelte verschüchtert ihren Kopf.

Uns blieb bei allen diesen Eindrücken schier der Atem weg. Nun war es klar, warum dieser Mann auf der Insel so bekannt war. Denn wer hält sich schon in seinem Garten einen eigenen Privatzoo?

Bevor er uns verabschiedete und wir in die Wohnung geführt werden sollten, sagte er sichtlich gut gelaunt: »Seht euch in Ruhe die Insel an und ich melde mich dann, um alles weitere zu besprechen!« Er verabschiedete sich sodann und schlurfte mit seinem leichten Buckel in sein Haus.

Man führte uns zu einer Wohnung, die außerhalb des Herrenhauses lag. Und dann betraten wir unser vielleicht zukünftiges Heim. Dieses gefiel uns von der Raumaufteilung sehr gut, es war groß genug, jedoch der Zustand der Einrichtung und alles andere ließ sehr zu wünschen übrig. Die Wände waren mit einer uralten Stofftapete bezogen, der Teppichboden und auch die sanitären Anlagen im Badezimmer waren wahrscheinlich schon ein halbes Jahrhundert alt und offensichtlich noch nie erneuert worden. Der Wohnraum hatte zumindest einen Vorteil, dort befand sich nämlich ein offener Kamin. Von den Fenstern der Küche aus schaute man auf eine riesengroße Wiese mit Mandelbäumen. Zwei Straußenvögel liefen dort frei herum und lauerten ganz neugierig zu uns herüber, ein witziger Anblick. Wir setzten uns zuerst einmal hin, um alle diese faszinierenden Eindrücke zu verarbeiten. Auf einem solchen Anwesen, mit so vielen, teilweise exotischen Tieren und das alles bei herrlichem Sonnenschein auf Mallorca, konnten wir uns sehr gut vorstellen, zu arbeiten. Aber noch war alles offen.

Wir begannen damit, soweit es ging, uns die Wohnung für diese eine Woche herzurichten. Uns blieb nichts anderes übrig, als Hassos Entscheidung abzuwarten – und das nutzten wir in vollen Zügen aus. Nach einem kurzen Schläfchen fuhren wir mit dem Auto los, um die wunderschöne Insel zu entdecken.

Der Ort Son Sardina, in dem das Anwesen von Hasso lag, war ein urgemütliches, typisch mallorquinisches Dorf. Dort gab es zwei oder drei Bars, eine Bäckerei, auf spanisch ›Panaderia‹, eine Apotheke, auf spanisch ›Farmácia‹ und ein Lebensmittelgeschäft, ›Supermercado‹ genannt. Auf mich machten die Spanier einen gemütlichen Eindruck. Sie strahlten Ruhe und Gelassenheit aus. Nicht umsonst heißt es in Spanien immer, ›mañana‹ oder ›tranquilo‹, übersetzt ›morgen‹ oder ›ruhig‹. Trotz der Ungewissheit, was aus unserer Zukunft werden würde, erlebten wir einen schönen Nachmittag.

Am nächsten Tag meldete sich Hasso noch nicht bei uns. Sicherlich war er eine sehr gefragte Person, denn von unserem Wohnzimmerfenster aus konnten wir den Innenhof überblicken und den ständigen Besuch bei ihm beobachten. Da sahen wir plötzlich eine kleine Spanierin, die gerade die Wäsche aufhängen wollte. Sie war wohl auch für Hasso tätig. Den kleinen Mann, der uns zu Beginn die Türe öffnete, fragten wir etwas später, ob er uns einmal durch den Garten führen könnte. Er hieß ›Jose‹ und war der Bruder von Hassos Frau Anna, also ebenfalls Kolumbianer. Er sprach kaum ein Wort Deutsch, so mussten wir uns mehr oder weniger durch Handzeichen mit ihm verständigen, was auch einigermassen gelang. Zu Beginn des Rundganges liefen wir über einen Steinweg, der zwischen Palmen und Gummibäumen verlief. Strahlend blauer Himmel und Sonnenschein verschönerten das Ambiente und diesen Spaziergang. Die Spanierin spritzte gerade mit einem langen Wasserschlauch diesen Weg ab und entfernte dort den Hühnerkot. Sie war mit einer schwarzen, langen Hose und einem T-Shirt bekleidet, darüber hatte sie eine karierte Schürze, die sehr verschmutzt war, umgebunden. Wir überquerten rechts des Weges die grüne Wiese und standen vor dem ersten Raubtierkäfig. Es folgten zehn weitere. Dort lebten Löwen, Tiger, Pumas und auch drei kleine Äffchen. Wir waren begeistert. Besonders unsere Tochter hatte Spaß an den vielen exotischen Tieren. Was mir allerdings auffiel war, dass die Raubtiere nicht gerade artgerecht gehalten wurden. Sie bekamen in den Käfigen teilweise nicht einen Sonnenstrahl ab, und außerdem mussten sie sich alle auf extrem engem Raum bewegen. Nur ein Löwe hatte es ein wenig besser: Er lag in der Sonne, in einem großen vergitterten Rondell aus Eisen. Aber dieses Tier zu beobachten machte mir Angst, denn das Rondell war nicht gerade sehr hoch und nach oben hin nicht geschlossen. Allein bei dem Gedanken, dass der Löwe mit einem Sprung dort hinausspringen könnte, wurde mir ganz flau im Magen und ich bat Jose, doch schnell weiterzugehen.

Überall liefen dazwischen Gänse und Hühner herum. Am Ende des Gartens befand sich ein eingezäunter Tennisplatz. Auf dem Rückweg, sah man an der rechten Seite einen Taubenschlag und davor, im Rasen eingebaut, ein rundes, flaches, mit Wasser gefülltes Steinbecken. Dort trank und badete offensichtlich das gesamte Federvieh.

Wir gingen an Zitronen- und Apfelsinenbäumen vorbei und überall wucherten die schönsten exotischen Pflanzen. Durch die fremden und verzaubernden Laute der Pfaue fühlte ich mich bei all dem schönen Anblick wie in einem Paradiesgarten. Am Ende des Rundganges passierten wir noch einen großen Käfig, in dem ein Schimpanse aufgeregt hin und her hüpfte. Er trug den Namen ›Pancho‹, und es war lustig, ihn zu beobachten. Ich durfte ihn mit einer frischen Apfelsine nur mit größter Vorsicht füttern, denn es hieß, er sei gefährlich. Wir bedankten uns beim Abschied bei Jose für seine freundliche Führung und gingen wieder in die Wohnung zurück.

Am nächsten Morgen klopfte es an unserer Tür. »Hallo, hallo!« sagte Hasso freundlich. »Könntet Ihr bitte morgen früh um zehn Uhr zu mir in meine andere Villa kommen, um alles zu besprechen?« Er bat uns noch, die Tageszeitung mitzubringen, erklärte uns den Weg dorthin und war dann auch schon wieder verschwunden. Wir waren froh über den Termin, denn wir wollten endlich wissen, ob wir mit dieser Stelle eine gesicherte Zukunft in Aussicht hatten. Am nächsten Tag also fuhren wir, wie vereinbart, pünktlich los. Hassos zweite Villa lag kurz hinter Valldemossa, einem Dorf in einem grünen Hochtal, im Nordwesten der Insel gelegen, berühmt durch den zeitweiligen Aufenthalt Frederic Chopins in einem dort gelegenen alten Kloster. Allein die Fahrt dort hin war einfach traumhaft. Die kurvenreiche Straße verlief durch eine Berglandschaft mit der schönsten Bilderbuchaussicht. Die meiste Zeit dieser Strecke fuhren wir bergauf. Plötzlich musste Andreas bremsen, da ein kleines Schäfchen die Strasse überquerte. Er stellte den Motor aus, und man hörte das Bimmeln einer kleinen Glocke, welche es um den Hals trug. Links auf einem Berg, zwischen verschiedenen Grünpflanzen, erblickten wir drei Maulesel und noch weitere Schafe, deren Glocken um ihre Hälse nun ein ganzes Orchester bildeten. Die Fahrt ging nach einer kurzen Besinnungspause weiter. An vielen besonders schönen Aussichtspunkten parkten mehrere Reisebusse, schließlich wollten die Mallorcaurlauber ebenfalls die schöne Aussicht geniessen.

Als wir an seinem zweiten Anwesen ankamen, blieb uns wieder vor Staunen fast der Atem weg. So ein Traumhaus in allerbester Lage hatten wir noch nie gesehen. Es lag auf der Anhöhe an einem Berghang, von dem man weit auf das offene Meer hinaus sehen konnte. Eine phantastische Stille und reine klare Luft umgab uns. Nach dem Läuten öffnete sich automatisch vor uns ein großes, eisernes Tor. Wir gingen ein Stück bergab, vorbei an einem roten Rolls Royce und standen nun vor Hassos Ehefrau. Sie begrüßte uns freundlich aber nach wie vor distanziert und führte uns in eine Traumvilla mit feinster Luxusausstattung. Wir folgten ihr bis zur Sonnenterrasse. Dort saß Hasso nur mit einem weißen Morgenmantel bekleidet und trank schon wieder Whisky pur.

»So, Ihr habt mich also hier ohne Probleme gefunden und möchtet gerne für mich arbeiten.« begrüsste er uns nett. Andreas erwiderte höflich: »Ja, uns sagt hier zwar alles zu, nur da gäbe es schon noch einiges zu besprechen.« Währenddessen beobachtete unsere Tochter einen kleinen Puma. Er lag angeleint auf der Terrasse. Ich hatte einmal gelesen, wenn ein Puma zur Welt kommt, ist das Fell grau und mit kleinen, schwarzen Flecken besetzt. Später dann wird es ganz grau. Dieser war schon fast grau. Hasso nannte den Namen. Er hieß ›Deandra‹ und wurde von seinem Personal großgezogen. »Ich habe dem Puma diesen Namen gegeben, weil die

damalige Frau von Michael Douglas so hieß. Ich kenne beide persönlich. Sie haben direkt hier in der Nähe ein Domizil.« erklärte er uns. Auch für mich war dieser Puma mehr als interessant. Andere hatten einen Hund an der Leine, Hasso eben ein Raubtier. Nun begannen wir Hasso zu erklären, dass es unbedingt notwendig wäre, einen Arbeitsvertrag zu machen, bevor wir unseren Wohnsitz in Deutschland aufgeben und nach Mallorca ziehen würden. »Das ist kein Problem,« sagte er, »Wir werden einen Vertrag aufsetzen und ihr könnt diesen unterschrieben für eure Sicherheit mitnehmen.« Er fuhr nach einer kurzen Atempause fort: »In erster Linie soll euer Aufgabengebiet sein, mein kolumbianisches Personal zu beaufsichtigen. Es muss mal endlich jemand hier für Grund und Ordnung sorgen.« Und sogleich fing er an, auf alle Kolumbianer zu schimpfen: »Dieses Volk ist einfach nicht für voll zu nehmen! Sie sind alle im Zelt geboren ! Sie sind unzuverlässig und dumm!« Kurz danach beruhigte er sich wieder. Uns war das ein wenig unangenehm, da seine kolumbianische Frau mit uns gemeinsam an dem Tisch saß und vielleicht auch verstand, was er sagte. Sie aber verhielt sich regungslos und lächelte wissend vor sich hin.

Die von Hasso genannten Vertragsbedingungen waren für uns mehr als zufriedenstellend. Nach der Probezeit wurde uns ein Vertrag über zehn Jahre in Aussicht gestellt, und eigentlich beinhaltete der Vertrag alles, was wir uns wünschten. Wir besprachen noch den Werdegang bis zu unserem Arbeitsbeginn, denn dieser sollte erst in zwei Wochen nach unserer endgültigen Übersiedlung nach Mallorca sein, da Andreas unsere Wohnung komplett renovieren wollte. »Für euren Umzug nach Mallorca« sagte Hasso, »besorgt ihr euch am besten einen alten Lastwagen. Ich habe hier die Möglichkeit, diesen später mit Gewinn zu verkaufen. Die Reisekosten werdet ihr dann auch von mir erstattet bekommen.« Zufrieden und uns in allen wesentlichen Punkten einig, verabschiedeten wir uns von dem Ehepaar Schützendorf und fuhren in unsere zukünftige Wohnung in der anderen Villa.

Andreas und ich waren begeistert. Wir konnten unser Glück noch gar nicht fassen. Mallorca! Wir hatten eine Arbeit auf Mallorca! Kurz vor unserem Heimflug unterschrieben wir noch gemeinsam mit Hasso in doppelter Ausführung den Arbeitsvertrag. Zufrieden und mit neuer Kraft landeten wir in Deutschland. Nun hieß es, alles gut zu organisieren. Es dauerte nicht mehr lange, und der Traum vom Leben auf Mallorca sollte Wirklichkeit werden. Natürlich ließen wir den Arbeitsvertrag von erfahrenen Personen überprüfen, aber es war alles in Ordnung. Nur wenn ich heute darüber nachdenke wie wir damals handelten – enthusiastisch und ungebremst, wie in einem Sog, ganz Gefangene unserer Träume – dann wird mir im Nachhinein ganz schlecht. Unsere Geldreserven waren mittlerweile aufgebraucht, und wir bekamen eine größere Summe von meinem Onkel geliehen, die wir ihm nach unserem ersten Gehalt auf Mallorca wieder zurückgeben sollten. Andreas kaufte einen alten, gebrauchten, sehr preiswerten Lastwagen für die Fahrt nach Mallorca. Ich stellte mir allerdings bange die Frage:»Oh je, ob der die weite Strecke auch überstehen wird?« Eigentlich blieb unser Vorhaben trotz der Verträge ein großes Risiko, denn Verträge können bekanntlich gebrochen werden. Doch der Wunsch, auf Mallorca zu leben, war größer als alle Bedenken. Immer wieder machte ich mir allerdings Gedanken über unseren neuen Arbeitgeber Hasso Schützendorf. Eigentlich machte er auf mich zwar auf den ersten Blick einen ganz normalen Eindruck, auch wenn sein Lebenswandel mir ein wenig eigenartig, um nicht zu sagen verrückt erschien. Aber das musste sich ja nicht unbedingt auf uns negativ auswirken.

Kapitel 4

Ein neuer Anfang auf Mallorca.

Es war September, als wir alles, was wir besaßen, ordentlich verpackt hatten und sämtliche Möbel, bis hin zum letzten Karton, auf den Lastwagen luden. Selbst der kleinste Raum wurde ausgenutzt, und zum Schluss war wirklich alles bis auf den letzten Kubikzentimeter mit allen möglichen Sachen zugestopft. Der Platz reichte gerade aus, denn wir hatten uns auch schon sämtliches Material besorgt, das wir zum Renovieren für die neue Wohnung brauchten. Mit einem letzten Blick und ein paar allerletzten Gedanken an die vergangene, aufregende Zeit hier in der alten Heimat, schlugen wir die Haustüre der nunmehr leeren Wohnung hinter uns zu. Ein Lebensabschnitt lag hinter und ein neuer vor uns. Ein ganz klein wenig Wehmut erfasste mich dennoch, als ich zum Abschied zurücksah.

Nun begann die lange Fahrt zur Trauminsel Mallorca und in eine ungewisse Zukunft! Die genaue Reiseroute, die Tickets für die Fähre von Barcelona nach Mallorca und genügend Proviant für die Strecke hatten wir uns vorher besorgt. Vor uns lagen immerhin rund 1500 Kilometer Autofahrt und dann noch acht Stunden mit dem Schiff für die Überfahrt von Barcelona nach Mallorca. Andreas fuhr, ich

saß ganz rechts und in der Mitte angeschnallt in einem Kindersitz, unsere Tochter Sina. Sie war sehr aufgeregt und sagte mit ihrer kindlichen Stimme: »Jetzt ziehen wir endlich nach ›Spananien‹!«. ›Ja ja‹ dachte ich nur und lächelte. Wenn dies mal alles richtig ist, was wir da machten. Ich zog aber nicht nur einfach nach Mallorca, nein, es zog mich mit geradezu unwiderstehlichem Drang dort hin!

Während der ganzen Fahrt kreisten meine Gedanken über unser Vorhaben. Es war schon seltsam, wie schnell und auf welche Art und Weise sich plötzlich das Leben verändern konnte. Diesen Schritt zu wagen, wurde bei uns durch folgende Umstände ausgelöst: Das zerstörte Verhältnis zu Andreas Familie, die frühere Drogensucht meines Mannes und letztendlich die gescheiterte Idee unseres früheren Chefs und die dadurch bedingte Enttäuschung, die uns nahezu an den Rand der Pleite geführt hatte. Man soll aber nie die Hoffnung aufgeben. Für mich zählte vor allem unsere kleine Familie, die es nach besten Kräften zusammenzuhalten galt.

Viele Stunden fuhr Andreas an einem Stück durch, und wir kamen dem Süden immer näher. In Frankreich machten wir für eine Nacht einen Stopp, dann ging es weiter. Sollte es eine Reise ohne Pannen werden? Nein und zack, da war es schon passiert. Wir hörten einen Knall und verloren an Geschwindigkeit. Ein Reifen war geplatzt! Langsam weiterfahrend erreichten wir jedoch eine nahegelegene Werkstatt,

und schnell wurde der Schaden behoben, so dass die Fahrt unmittelbar weitergehen konnte.

Es war schon ein Abenteuer, vor allem für Sina. Nach vielen, langen Stunden kamen wir schliesslich erschöpft am Hafen von Barcelona an. Nun hieß es einchecken und warten auf die Fähre nach Palma de Mallorca, die über Nacht fuhr. Aber auch das Warten hatte schließlich ein Ende. Der Aufenthalt auf dem Schiff war erholsam, da wir eine Schlafkabine gebucht hatten, sofort einschliefen und es einigermassen erholt recht früh am nächsten Morgen, verließen. Der Weg zu Hassos Anwesen war uns mittlerweile bekannt, und so bogen wir schließlich in die Straße ein und fuhren bis direkt vor die Einfahrt. Mir war ganz seltsam zumute. Nun gab es kein zurück mehr. Der kleine Kolumbianer Jose öffnete uns das Tor und Andreas parkte vor unserer neuen Wohnung. Nun kam Hasso auf uns zu und hieß uns herzlich Willkommen. Er schlug vor, alles sofort zu entladen, damit der Lastwagen anschliessend nebenan auf seinem Nachbargrundstück, das ihm auch gehörte, bis zum Verkauf abgestellt werden konnte.

Als das Auspacken erledigt war herrschte Chaos in der Wohnung. Alle alten Möbel, die vorher dort standen, trugen wir hinaus, stellten sie draussen ab, und dann musste alles renoviert werden. Dafür hatten wir, wie mit Hasso vereinbart, zwei Wochen Zeit. Natürlich fielen wir schon am ersten Abend völlig erschöpft in unsere Betten, aber nach der ersten Woche sah alles schon ganz anders aus. Während der Renovierung kamen wir aus dem Staunen nicht mehr heraus. Derartig vermoderte Wände und Bodenbeläge hatten wir noch nie zuvor gesehen. Das Badezimmer war zwar recht groß, nur – dort konnten wir nicht viel renovieren. Mir gefiel es nicht. Es hatte dunkelgrüne Fliesen, und an mehreren Stellen befanden sich darauf weiße, unerklärliche Flecken. Einmal stand ich vor dem Spiegel, es war sehr ruhig im Bad und ich hörte ein seltsames Geräusch. Ich schaute nach oben und schrie vor Schreck laut auf. Andreas stürzte in den Raum und sah es auch: Oben an der Wand entlang krabbelte ein Tier. Es sah so ähnlich aus wie ein Salamander. Nur war es ganz hellgrün. Es war ein sogenannter spanischer ›Gecko‹. Diese Tiere wurden von den Einheimischen jedoch sehr geliebt: »Sie sind ganz wertvoll. Sie vernichten die lästigen Mücken und anderes Ungeziefer.« sagten sie mir später. Da waren mir die Mücken lieber! Diese konnte ich mit einer Fliegenklatsche plattschlagen! Blitzschnell verschwand der Gecko in einer Ritze, als wir ihm näher kamen. Ich begann anschließend damit, jede kleinste Öffnung in diesem Badezimmer mit Klebeband zu verschließen. Nie wieder wollte ich ein solches Tier in meiner Wohnung haben. Andreas lachte über mich und meinte dazu: »Wenn du dich dafür entschieden hast im Süden zu leben, musst du auch diese Tiere akzeptieren!« Sicherlich hatte er recht. Es war zwar sehr viel Arbeit, alles neu zu gestalten, aber es lohnte sich. Als die ersten Räume nach ein paar Tagen fertig und eingeräumt waren, kam Hasso uns besuchen. Er betrat die Wohnung, begutachtete unsere Arbeit und sagte anerkennend: »Sehr schön. Da habt ihr viel geleistet. Man erkennt die Wohnung ja gar nicht mehr wieder! Ich werde euch die Kosten ersetzen.«

Eine Woche später, an einem Samstag, war es dann geschafft. Endlich waren wir fertig! Nun konnten wir uns, bis auf ein paar Kleinigkeiten, wie zu Hause fühlen. Wir schlossen auch unseren Fernseher an und konnten, über eine Satellitenanlage, alle deutschen Programme sehen. Am meisten interessierten wir uns natürlich für die Wettervorhersage in Deutschland. Wenn es dort hieß: »In den nächsten Tagen steht Deutschland unter einem Tiefdruckgebiet, das viel Regen und kalte Luft mit sich bringt«, konnten wir nur lachen, denn auf Mallorca schien die Sonne und es herrschte eine angenehme Temperatur!

Einen Tag vor unserem offiziellen Arbeitsbeginn, an einem Sonntag, wollten wir uns Ruhe gönnen. Ausgeschlafen saßen wir an dem gedeckten Frühstückstisch, als es plötzlich an der Tür klopfte. Hassos kolumbianische Ehefrau stand dort und sagte in gebrochenen deutsch: »Hasso möchte, dass ihr sofort in sein Büro nach Can Pastilla fahrt, um dort zu arbeiten! Es müssen die Mietwagen vom Flughafen abgeholt werden.« Mir blieb fast der Bissen im Munde stecken. Andreas widersprach erregt: »Heute ist aber Sonntag!« »Tut mir Leid, aber was Hasso anordnet, das muss getan werden.« sagte sie ungerührt. Normalerweise hätten wir diese Anweisung abgelehnt, doch wir fuhren trotzdem los, denn wir wollten schliesslich unseren neuen Arbeitgeber – vor allem am Anfang unseres Arbeitsverhältnisses – nicht verärgern.

Neun Stunden später waren wir endlich wieder zu Hause. Diese Tätigkeit, den ganzen Tag bei heißem Sonnenschein, und das zusammen mit unserer noch kleinen Tochter, wollten wir nicht noch einmal ausüben und hofften, es würde eine Ausnahme bleiben.

Zwei Wochen nach unserem offiziellen Arbeitsbeginn hatten wir bereits sehr viel auf dem Anwesen kennen gelernt. Mit Hasso hatten wir zunächst weniger zu tun, alle Anweisungen bekamen wir von seiner Frau Anna. Ihr Bruder Jose war ständig mit Andreas unterwegs, und musste ihm seine Arbeit erklären. Ich lernte die spanische Hausangestellte ›Dolores‹ kennen. Sie war eine typische Spanierin aus dem Dorf Son Sardina, verheiratet und hatte drei Kinder. Ihr pechschwarzes, gewelltes, schulterlanges Haar trug sie meistens zu einem Zopf gebunden nach hinten. Ihre Zähne waren dunkel, schief und krumm, welche sie aber mit ihrem herzlichen Lachen und ihren strahlenden dunkelbraunen Augen kompensieren konnte. Ich verbrachte sehr viel Zeit mit ihr. Dann war da noch ›Antonia‹, die kolumbianische Schwägerin von Anna. Sie lebte von ihrem Mann getrennt, zusammen mit ihrem vierjährigen Sohn auch auf Hassos Anwesen. Sie war noch unansehlicher als Dolores. Ganz von ihrem Gebiss abgesehen, war ihre Figur eher männlich, sie hatte kaum weibliche Formen. Ihre Frisur glich der einer alten Frau, und man sah sofort, dass sie aus dem armen, dem unterentwickelten Teil Kolumbiens stammte. So langsam bekamen wir die gesamten Verhältnisse mit und lernten alles und jeden auf diesem einzigartigen, manchmal aber auch seltsam anmutenden Anwesen kennen. Obwohl Dolores kein Wort deutsch und ich kaum spanisch sprach, verständigten wir uns mit Hilfe des Wörterbuches anfangs sehr gut. Sie war bereits zehn Jahre für Hasso tätig und wusste über das, was hier im Hause und auf dem Grundstück geschah, bestens Bescheid. Sie erklärte mir, dass Hasso sich sein ganzes Leben nur mit sehr jungen Frauen abgab. Aus ihrer Sicht waren es allerdings nur Beziehungen, die nicht aus Liebe, sondern allein des Geldes wegen bestanden. Schließlich war Hasso ›Multimillionär‹. Lachend und überzeugend sagte sie stets: »Todos los Alemanes tienen una cabeza quadrada!« Was in unsere Sprache übersetzt hieß: »Die Deutschen haben alle einen quadratischen Kopf. Sie denken nur in Problemen und nehmen alles viel zu genau!«

Trotzdem blieb es mir ein Rätsel, warum Hassos gesamte Wohnung in Son Sardina, in der er sich die meiste Zeit aufhielt, aussah, als besäße er keinen Cent. Unmoderne und uralte Möbel, Teppiche und sonstige Gegenstände zierten das Innere, die Wände hatten dringend einen neuen Anstrich nötig. Dagegen war seine andere Villa gepflegt und vollkommen ausgestattet.

Das gemeinsame Schlafzimmer hatte einen separaten Ankleideraum und ein kleines Bad. Es bestand aus einer Dusche, einem Waschbecken und der Toilette. Jeden Tag musste alles sorgfältig gereinigt werden. Diese etwas verkommenen Räume hier mochte ich nicht. Wollte man nach der Säuberung der Toilette mit Wasser nachspülen, musste man in den offenen Spülkasten greifen und an einem Griff ziehen, da der normale Knopf defekt war. Die Wasserhähne an den Waschbecken waren zwar vergoldet, aber die Farbe war zum grössten Teil bereits abgeblättert, und beim Aufdrehen musste man sehr viel Kraft dafür aufwenden. ›Seltsam, so etwas in dem Haus eines Multimillionärs!‹ dachte ich. Vor mir lag sehr viel Arbeit, um alles in Ordnung zu bringen. Laut Hassos Anordnung sollte Dolores ab jetzt unter meiner Aufsicht und Anweisung tätig sein. Ich mochte sie sehr gut leiden und sie akzeptierte mich auch sofort. Da ich mich aber daneben auch noch um meine Tochter kümmern musste, hatte ich mir die Freiheit ausbedungen, die Zeit selbst einzuteilen. Andreas hingegen musste den ganzen Tag ununterbrochen für Hasso zur Stelle sein und hatte erst abends um zwanzig Uhr Feierabend. Schon nach kurzer Zeit sollte er alleine die Tiere versorgen, die Käfige reinigen, den Rasen mähen und sonstige Arbeiten durchführen. Er verstand sich mit Jose leider nicht sehr gut, denn dieser hatte Schwierigkeiten, unter Aufsicht zu stehen. Er bildete sich ein, höher zu stehen als Andreas und protestierte gegen jede Art von Anordnungen stets mit dem Hinweis: »Ich bin der Bruder von Anna!« Aber Hasso hatte es so bestimmt und alle mussten ihm gehorchen. Ich hatte aufgrund verschiedener Beobachtungen den Eindruck, dass Anna ihren Mann Hasso nicht unbedingt liebte. Für mich schien sie nur eine Bedienstete oder, schärfer noch, Dienerin ihres Mannes zu sein. Zumindest behandelte er sie so. Er kommandierte sie den ganzen Tag herum, beschimpfte und beleidigte sie dabei oft, und Freiheiten hatte sie keine. Trotzdem bot Hasso ihr wahrscheinlich ein besseres Leben als sie es jemals zuvor hatte. Sie kam aus dem armen Land Kolumbien und einem Teil ihrer Familie ging es nun durch diese Ehe mit Hasso wesentlich besser. Sie konnte in dieser Verbindung, ohne Liebe geben und empfangen zu müssen, all den Reichtum und die Annehmlichkeiten genießen, die mit diesem Leben verbunden waren und konnte die Hoffnung haben, eines Tages alles ihr Eigen nennen zu dürfen. Sie musste nur durchhalten, denn Hassos Gesundheitszustand war altersbedingt nicht mehr der beste.

Antonia, Annas Schwägerin, war dennoch ein ganz besonders armes Mädchen. Sie hatte zwar zu Essen und ein Dach über dem Kopf, doch was sie dafür alles leisten musste, war erschreckend. Sie musste all die Drecksarbeit verrichten, die eigentlich ausschließlich für Männer bestimmt war, angefangen vom Umgraben schwerer und trockener Erde, bis hin zum Abschmirgeln des Autolackes von Unfallfahrzeugen. Letzteres tat sie in der Werkstatt, die sich auch auf Hassos Anwesen befand. Dort wurden nämlich sämtliche Unfallwagen aus seiner Autovermietung repariert.

In unserem Leben war nun jeder neue Tag voller Überraschungen. Aber eigentlich hatten wir uns unsere Arbeit als Hausmeisterehepaar etwas anders vorgestellt. Schon nach wenigen Tagen z.B. bekam ich die Aufgabe, zwei Hühner zu fangen und diese küchenfertig vorzubereiten. Dies bedeutete, sie zu rupfen und die Innereien zu entfernen. Es war mir unmöglich. Ich liebe Tiere im Allgemeinen, um so weniger konnte ich die Tiere im Besonderen, die ich quasi ›persönlich‹ vom Garten her kannte, töten, und so bat ich Dolores, diesen Auftrag für mich zu erledigen. Sie hatte kein Problem damit.

Was wir auf Hassos Anwesen erlebten, war wirklich eine Welt für sich. Immer mehr wurde uns bewusst, was für eine Macht Hasso über die Kolumbianer ausübte. Ab und zu sprachen sie ihn daher achtungsvoll mit ›Don‹ an, was so viel wie ›Meister oder hoher Herr‹ bedeutet. Alle folgten Hasso auf Schritt und Tritt und gehorchten ihm aufs Wort. Doch uns gegenüber verhielt er sich – zunächst noch – recht normal.

Wenn ich zwischen meinen Verpflichtungen ein wenig Zeit hatte, besuchte ich die Tiere im Garten. Es machte mir Freude, zu beobachten, wie Andreas sie fütterte. Gemeinsam mit Sina brach Andreas jeden Abend einige alte, getrocknete Stangenbrote in Stücke und weichte sie über Nacht, verteilt auf mehrere Eimer, im Wasser auf, um so das Futter für die Gänse und Hühner zuzubereiten. Zusätzlich bekam das ganze Federvieh ein spezielles Körnerfutter und frischen Mais. Diese Nahrungsmittel waren über unserer Wohnung auf einem Dachboden gelagert, wo alles ziemlich verwahrlost aussah und auch zugleich viele alte Skulpturen und Gemälde abgestellt waren – angeblich die Reste eines guten Bekannten von Hasso, der dort einmal sein Atelier gehabt haben sollte. Nicht selten liefen uns, wenn wir das Futter holten, dicke fette Ratten über die Füße, aber wir gewöhnten uns auch an dieses Detail des Lebens auf dem Lande.

Das Futter der Affen bestand großteils aus Früchten und Gemüse. Ab und zu bekamen sie auch rohe Eier. Für die Raubtiere musste Andreas jeden Abend mehrere Kilos Fleisch aus der Tiefkühltruhe holen. Natürlich wurden durch das Blut, das aus diesen Beuteln beim Auftauen tropfte, wiederum die Ratten angezogen, und so mussten regelmäßig Rattenfallen aufgestellt werden, in denen sich hin und wieder auch eine von ihnen verfing, die wir dann auch zu entsorgen hatten. Wir lebten eigentlich überwiegend auf dem Anwesen – von Mallorca, der Trauminsel, sahen wir so gut wie gar nichts, denn viel Freizeit blieb uns nicht. Jeder Tag war voll gepackt mit Arbeit, und auch die Sonn- und Feiertage mussten wir oft genug dafür opfern.

Fünf Wochen waren inzwischen seit unserem ersten Tag vergangen, als Andreas plötzlich die Anweisung bekam, den ganzen Tag auf dem Nachbargrundstück zu arbeiten, auf dem auch unser Lastwagen zusammen mit über eintausend Autos stand. Andreas sollte zusammen mit Antonia aus den Tanks der dort stehenden Mietwagen das restliche Benzin absaugen, eine Aufgabe, die eigentlich nicht zu den vereinbarten Hausmeistertätigkeiten zählte. Infolgedessen war Andreas auch ziemlich verstimmt. Jose sollte stattdessen seine Arbeit machen und wieder alles im Garten erledigen. Wir vermuteten, dass Anna hinter dieser Anordnung steckte, denn ihr war es bereits schon die ganze Zeit ein Dorn im Auge, dass ihr Bruder nicht mehr, sondern mein Mann das Sagen hatte.

Unseren ersten Lohn erhielten wir zwar pünktlich und korrekt, doch es standen noch die Erstattung der angefallenen Renovierungs- und Reisekosten und der Erlös aus dem Verkauf des Lastwagens aus, für dessen Kauf wir uns damals das Geld von unserem Onkel leihen mussten. Wir baten also Hasso daher um ein Gespräch und dies fand schließlich nach Feierabend statt. Wir kamen zusammen mit Anna,

Hasso und dessen Privatsekretärin namens Brigitte, eine große, schlanke und gut aussehende Frau, die auch perfekt spanisch sprach. Brigitte erledigte sämtlichen Papierkram für Hasso und er erzählte dabei allen, sie wäre seine Tochter. Vielleicht war sie das für ihn nach zwanzig Jahren Arbeitsverhältnis auch wirklich, jedenfalls verstand er sich ausgezeichnet mit ihr. Wie immer trank er auch an diesem Abend Whisky und beim Zuprosten sagte er: »Prost auf die Liebe.« Dann kam das Gespräch auf die Erstattung unserer Kosten, womit Hasso allerdings gar nicht einverstanden war. Er sagte hart: »Ich gebe euch das Geld noch nicht. Was ist, wenn ich in zwei Monaten mit euch unzufrieden bin?«

Das war ungeheuerlich. ›Toll‹ dachte ich mir, ›und in zwei Monaten will er wieder abwarten?‹ Ich bat ihn, wenigstens zu versuchen den Lastwagen zu verkaufen, so wie er es uns damals beim Einstellungsgespräch auch versprochen hatte, und erklärte ihm, dass wir die Schulden bei meinen Onkel dringend ausgleichen müssten. Das schien er zu verstehen. Widerwillig verlangte er den Fahrzeugbrief und befahl Brigitte, eine entsprechende Überweisung an meinen Onkel auszustellen. Es war jedoch nicht der vollständige Betrag, den wir ihm schuldig waren. Aber besser als Nichts war das allemal. Wir waren gespannt darauf, wie sich nun alles weiter entwickeln würde.

Am darauffolgenden Tag erlebten wir etwas, das unserer Meinung nach geradezu menschenverachtend war. Antonia verrichtete ihre Arbeit zwar wie immer, aber für Hasso heute nicht zufriedenstellend. Er bekam einen Wutanfall und ordnete hysterisch an, Andreas sollte den erkrankten Puma ›Deandra‹ in Antonias Wohnung bringen. »Er braucht Wärme!« sagte er wütend, »Antonia kann mit ihrem Sohn in die Wohnung einziehen, die eine Etage über euch liegt!« Andreas traute seinen Ohren kaum. »Aber Sie wissen doch, dass in der Wohnung keine Heizung und nicht mal Warmwasser vorhanden ist!« gab er zu Bedenken und fuhr unbeirrt und mutig fort: »Dort mit einem Kind zu leben ist doch unzumutbar, so kühl, wie die Nächte schon sind.« Hasso jedoch erwiderte barsch und unbarmherzig: »Der Puma ist mir aber wichtiger als dieses kolumbianische Pack!«

So war das also. ›Das kann doch nicht wahr sein.‹ dachten wir, war dies der wahre Charakter unseres neuen Arbeitgebers, der sich uns nun offenbarte? Antonia packte heulend ihre Sachen und zog in die besagte Wohnung um, damit nun der Puma in ihrer früheren Wohnung leben konnte. Wir boten ihr an, das warme Wasser aus unserer Wohnung zu benutzen, allerdings ohne dass Hasso davon etwas merken durfte. Sie konnte einem Leid tun, sie war stets der größte Prügelknabe, sogar ihr kleiner Sohn wurde von Hasso schlecht behandelt. Er nannte ihn nur abwertend ›Affe‹.

Mit der Zeit fing Hasso aber auch an, Andreas zu schikanieren. Er gab ihm zum Beispiel den Befehl, an der gesamten Mauer entlang der Strasse, das Unkraut zu entfernen, eine sehr harte Arbeit, da es schon einen halben Meter hoch gewachsen, und außerdem die Erde steinhart war. Als Andreas dann schliesslich zur Hälfte mit seiner Arbeit fertig war, kam Hasso herbei und brüllte: »Du Idiot! Wer hat denn diese Arbeit angeordnet? Das Unkraut wird doch von der Stadt entfernt!« Es war für uns unfassbar. Entweder war er verrückt, oder sein täglicher Whiskykonsum stieg ihm zu Kopfe und zerstörte seine letzten noch funktionierenden Gehirnzellen. Wir mussten sehr viel Ärger hinunterschlucken, obgleich er sich mir gegenüber meistens ganz normal verhielt. Aber es störte mich, wie er meinem Mann behandelte. Seine Entgleisungen mussten doch einen Grund haben? Aber welchen? Vielleicht war es doch der Alkohol? Oder war es sein Charakter?

Ich erinnerte mich an ein Erlebnis, das sich ein paar Tage zuvor ereignet hatte. In Hassos Haus befanden sich zwei Wohnzimmer und in einem von ihnen stand auf dem Kaminsims ein rosafarbener Marmorbehälter mit einem Deckel darauf. Rechts und links daneben brannten zu jeder Zeit Kerzen. Erloschen sie, was ab und zu schon einmal vorkam, tobte Hasso vor Wut. Über dem Behälter an der Wand hing die Fotografie eines älteren Herrn. Zusammen mit Dolores wollte ich dort einmal gründlich abstauben, als sie plötzlich ausrief: »Atención!« »Warum?« hinterfragte ich erschreckt. Sie erklärte mir, dass dies die Urne mit der Asche seiner Mutter sei. Ich hob den Deckel ab und sah ein versiegeltes Metallgefäß. Dolores lachte über meine Reaktion. Sie sagte lachend: »Hasso está un poco loco!« zu Deutsch: Hasso ist ein bisschen verrückt. Obwohl er – seinen späteren Schilderungen nach – von Geburt an den Hass seiner Mutter auf sich gezogen haben soll, bewahrte er ihre letzten Reste in seiner Wohnung auf. Und dies war ihm überaus wichtig. Für mich war es unverständlich. Vielleicht war sein Verhalten gegenüber seinen Mitmenschen darauf zurückzuführen, dass er niemals zuvor wirklich geliebt wurde? Angeblich, so hatte er mir einmal erzählt, soll seine Mutter ihn als Baby im tiefsten Winter auf den Balkon gelegt haben, um sich seiner zu entledigen. Der Vater soll es jedoch gefunden, in den Backofen gelegt und so seinen Sohn gerettet haben. Sein Name könnte aus dem Wort ›Hass‹ abgeleitet sein, ging mir manchmal durch den Kopf…

Meine wichtigste Aufgabe war übrigens, dafür zu sorgen, dass immer genug Whiskyflaschen im Eisfach lagen. Er trank ein bis zwei Flaschen am Tag, befand sich aber irgendwie trotzdem nicht im Rauschzustand – wenn man von seinem exzentrischen Verhalten ab und zu einmal absah. Aber trotz seines Reichtums war er in meinen Augen ein armer, kranker Mann.

Einmal wollte er zusammen mit Anna für drei Tage fort fahren. Andreas bekam für diese Zeit leider wieder Arbeiten auf dem großen Parkplatz aufgetragen und Jose sollte sich um die Tiere und den Garten kümmern. Er war über diese Entscheidung sehr glücklich, ganz im Gegensatz zu Andreas. Als Hasso fort war, kehrte ein wenig Ruhe ein. Unsere Mittagsruhe war täglich von dreizehn bis fünfzehn Uhr. Pünktlich hatte ich dann immer unser Essen auf dem Tisch. Wir erledigten zusätzlich noch die Einkäufe für Hasso, was zu Beginn sehr schwierig war. Wir mussten in den Großmärkten erst einmal umdenken. Alle Produktbeschreibungen waren in spanischer Sprache und wir benötigten sehr viel Zeit, um das Richtige einzukaufen.

Aber die hatte man auf Mallorca auch, denn die Geschäftszeiten waren täglich bis spät in die Abendstunden. Unsere Tochter blieb jedes Mal gerne an den langen Fischtheken stehen, welche für uns besonders interessant waren. Noch frischer als hier konnte man den Fisch nicht bekommen, denn ob Krabben, Hummer oder andere mir meist unbekannte Meerestiere, zuckten hin und wieder noch und ich hatte den Eindruck ihre Augen bettelten mich an: »Rette mich!«

Das gesamte Tierfutter und vieles mehr musste stets in ausreichender Menge im Haus vorhanden sein. Hasso hatte jeden Tag seinen geregelten Ablauf. Morgens schlief er sehr lange aus, ging dann in einen Pavillon, der hinter dem Haus lag, um zu frühstücken. Von dort aus hatte man eine herrliche Fernsicht bis hin zu den Bergen nach Sóller. Anschließend spielte er regelmässig mit Anna Tennis. Dolores meinte dazu: »Anna ist viel jünger und spielt besser als er. Sie lässt Hasso aber immer gewinnen, weil er sonst wieder sauer wird!« Danach erwartete er in der Regel Gäste, mit denen er meistens über Geschäfte sprach, und je nach Abschluss, spendierte er eine runde Whisky und man hörte wieder seinen Lieblingsspruch: »Prost auf die Liebe!«

Ich musste auch das Mittagessen für ihn öfter vorbereiten. Er verlangte von mir, frische Petersilie zu hacken, Knoblauch und Zwiebeln zu schälen und zu zerkleinern. Dann musste ich oft eine aus seinem Garten frisch gepflückte Zitrone auspressen und noch verschiedene andere Dinge machen. Er bestand stets darauf, dass er selbst kochte und die Speisen herrichtete. Währenddessen sang er aus voller Brust irgendwelche Opernlieder; dies aber auch nur, wenn er gut gelaunt war. Ich hätte von seinem Essen wahrscheinlich eine Allergie bekommen, da Hasso Toiletten hasste! Er verschwand oft während des Kochens kurz in den Garten, wenn er ein dringendes Bedürfnis verspürte, erledigte es, kam zurück und ohne danach seine Hände zu waschen, fasste er die Zutaten des Mittagessens an und kochte weiter! Selbst nachts benutzte er nicht die Toilette. Dafür mussten wir täglich spezielle Trinkwasserkartons sammeln und sie an sein Bett stellen. Diese dann täglich zu entleeren war ekelhaft, zumal er diese Behälter mehrmals benutzen wollte!

Oder zum Beispiel gab es hin und wieder Hühnersuppe und Hasso trennte mit seinen schmutzigen Fingern das Fleisch von den Knochen. Sein Telefon klingelte und er wurde verlangt. Er lutschte jeden fettigen Finger einzeln ab, nahm danach den Hörer in die Hand und sprach. Wir mussten dann anschließend überall das Fett entfernen. Hasso bestand auch stets darauf, die Kochtöpfe direkt auf den gedeckten Tisch zu stellen und dann daraus auf die Teller zu schöpfen. Irgendwie, hatte ich den Eindruck, herrschte bei ihm keine Esskultur. Nach der Mahlzeit hielt er täglich seinen Mittagsschlaf. Während dieser Zeit hatte auf dem ganzen Anwesen absolute Ruhe zu herrschen. Selbst die Kinder durften vor seinem Schlafzimmer nicht spielen.

Die drei Tage, an denen wir nun alleine waren, vergingen sehr schnell und friedlich. Am Tag der Rückkehr fuhr Hasso mit seinem roten Rolls Royce auf den Hof. Ich ging zu ihm und begrüßte ihn freundlich. Ich konnte es kaum fassen, denn er schrie sofort los: »Wo ist Andreas?« Ich erwiderte bestürzt: »Der ist doch laut ihrer Anweisung auf dem großen Parkplatz.« Er brüllte weiter: »Dieser Idiot! Er soll sofort zu mir kommen. Jose hat mir erzählt, dass er viel zu langsam ist und alles falsch macht!« Sehr schlecht gelaunt ging er ins Haus. Ich nahm aufgeregt und leicht verängstigt meine Tochter und rannte über die Straße zum Parkplatz. Andreas stand dort gerade zusammen mit Antonia an einem Wagen und diskutierte mit ihr. Ich erzählte ihm alles, und da platzte ihm der Kragen. Er warf wütend sein Werkzeug auf den Boden und schrie: »Hiermit kündige ich! Ich schufte jeden Tag wie ein Besessener und lasse mich nicht weiter zum Idioten machen!« »Andreas,« rief ich eindringlich, »Beruhige dich erst einmal. Wir können uns das nicht leisten!« Er sagte nun etwas ruhiger, aber zutiefst enttäuscht: »Dieser Jose, der steckt mit Anna unter einer Decke! Die wollen nur erreichen, dass wir wieder verschwinden.« Andreas blieb hart, ging in unsere Wohnung und weigerte sich, weiterzuarbeiten. Er wollte auch nicht mit Hasso sprechen. Ich teilte dies Hasso mit, doch er ging nur schimpfend die Treppe hinauf, um seine Mittagsruhe zu halten. Andreas und ich saßen nun in unserer Wohnung und grübelten darüber nach, wie es weitergehen sollte. Er war der Auffassung: »Wenn ich jetzt weiter arbeite, dann glaubt Hasso, er könne immer so mit mir umgehen. Dann bin ich endgültig sein Sklave, wie die anderen hier. Ich halte es für das Beste, ganz schnell eine Möglichkeit zu finden, hier wieder zu verschwinden.« »Wie bitte? Wie soll denn das gehen?« fragte ich und bat ihn eindringlich: »Versuche doch erst einmal mit Hasso zu reden!« »Nein, das kann und will ich nicht!« erwiderte er unversöhnlich.

Am späten Nachmittag kam Anna zu uns in die Wohnung und sagte mit hämischem und zugleich triumphierendem Lächeln: »Hasso will, dass Andreas sofort wieder seine Arbeit macht, sonst könnt ihr beide eure Sachen packen und gehen!« Wir wurden somit massiv unter Druck gesetzt. Jetzt hatten wir die Wahl: Entweder wir gehorchten oder wir würden unseren Job verlieren. Ich sah keinen anderen Ausweg als zunächst nachzugeben und flehte Andreas an: »Bitte, arbeite weiter!« Aber er blieb stur. Eine Stunde später erschien Jose und sagte, ich solle zu Hasso kommen. Ich ging und betrat sein Wohnzimmer. Dort saßen mehrere Leute, unter anderen auch Brigitte. Hasso fragte ungeduldig: »Und? Arbeitet Andreas wieder?« »Nein, er ist unglücklich über die Art und Weise, wie Sie ihn behandeln.« antwortete ich leise. Darauf hin wurde Hasso sehr wütend, schrie mich an und verlangte sofort die Anschrift von meinem Onkel. Er wollte, dass Brigitte umgehend das von ihm bezahlte Geld von ihm zurückfordere. Anstatt ihm die Anschrift zu nennen, rannte ich einfach davon.

Völlig verzweifelt erzählte ich es Andreas. »Siehst du, ich habe Recht, lass uns so schnell wie möglich einen Weg finden, hier abzuhauen!« meinte er. Fünf Minuten später kam Anna zu uns und verlangte umgehend unsere Autoschlüssel. Bei einer Weigerung wollte Hasso sofort die Polizei rufen. Also gaben wir ihr, was sie verlangte. Hasso wusste nun, dass Andreas immer noch nicht seine Arbeit aufnehmen wollte. Damit er uns nicht noch mehr unter Druck setzen konnte, gab ich ihm schließlich die Anschrift meines Onkels. Am nächsten Morgen traten wir beide unsere Arbeit nicht an, doch Hasso ließ uns in Ruhe. Niemand fragte nach uns. Es herrschte eine seltsame Stimmung. Etwas später kam Anna zu uns und gab uns stillschweigend die Autoschlüssel zurück. Vielleicht hatte Hasso seinen Fehler eingesehen, oder es war ihm gleichgültig, welche Entscheidung wir nun trafen. Aber welche Möglichkeiten hatten wir? Wir waren im Augenblick von Hasso abhängig, da unsere Unterkunft direkt mit diesem Job zusammenhing. Wir waren in einem fremden Land und ohne Geld in Reserve nach Deutschland zurück kehren...?

Wir waren gar nicht mehr richtig bei Sinnen. Hatten wir es nötig, uns so behandeln zu lassen? Nein. Unsere Entscheidung fiel spontan. Wir mussten hier verschwinden. Dolores hatte einige Bekannte, diese kauften unsere schönen Wohnzimmermöbel. Von diesem Geld bestellten wir unverzüglich eine Möbelspedition und ließen unser gesamtes Hab und Gut abholen. Dies geschah am darauf folgenden Tag in der Mittagszeit, als Hasso schlief, damit er davon nichts mitbekam. Wir packten auch bereits unsere Reisetaschen, um damit am Abend zu verschwinden. Alles klappte wie am Schnürchen und am Abend verließen wir dann das Anwesen. Unsere Möbel wurden eingelagert. Antonia und Dolores waren sehr traurig über unseren Entschluss, Hasso zu verlassen. Jose hielt sich mit seinen Gefühlen zurück. Er konnte von dieser Entscheidung nur profitieren. Ich aber war sehr verwirrt und stellte in die leere Wohnung eine Friedhofskerze. Daneben legte ich einen Zettel, auf dem ich ein Kreuz malte, mit der Inschrift. ›Hier ruht der arme Mensch ›Hasso‹, der sein ganzes Leben nicht geliebt wurde!‹ Denn bei all seinem Verhalten tat er mir aus unerfindlichen Gründen unendlich leid.

Wir waren nunmehr in einer kleinen Pension untergebracht. Wie aber sollte es weitergehen? Gut, sagte ich mir, Hasso hatte zwar viel Macht, jetzt wusste er aber auch andererseits, dass er uns so nicht behandeln konnte. Er ahnte wahrscheinlich auch nicht, wie schlecht es uns tatsächlich wirtschaftlich ging. Ich sagte ironisch zu Andreas: »Ist es nicht schön hier? Wir auf Mallorca, da arbeiten zu können, wo andere Urlaub machen!« Es war alles gar nicht lustig, denn schließlich hatten wir eine Tochter und fühlten uns sehr verantwortungslos. Also rief ich einige Tage später bei Hasso an. Er meldete sich und sagte zu meiner Überraschung übertrieben freundlich: »Hallo, hallo! Wie geht es euch denn?« Er tat so als wäre nichts vorgefallen. »Haben Sie meinen Zettel gefunden? « fragte ich. Lachend antwortete er: »Ja, ich habe mich köstlich amüsiert. Warum habt ihr nicht gesagt, dass Ihr fortgeht? Wir hätten doch miteinander reden können.« Ich meinte daraufhin ziemlich ungehalten: »Wir möchten, dass Sie uns unsere Kosten erstatten, damit wir wieder nach Deutschland können.« Daraufhin schlug er uns vor: »Kommt morgen vorbei, dann können wir miteinander reden!« Ich willigte ein und erzählte es Andreas. Wir hatten uns immer noch gern und er blieb standhaft, trotz dieser extremen psychischen Belastung, keine Drogen zu nehmen.

Am nächsten Tag nahmen wir den Termin bei Hasso wahr. Er saß natürlich wieder wie üblich entspannt auf der Terrasse und trank genüsslich seinen Whisky. Überraschender Weise begrüßte er uns jetzt mehr als freundlich. »Warum seid ihr so plötzlich verschwunden? Warum habt ihr nicht mit mir in Ruhe gesprochen?« »Sie wollten es doch nicht!« antwortete ich knapp und fuhr dann aber mutig fort: »Wie behandelten Sie uns denn? Ihre Versprechungen haben Sie auch nicht eingehalten! Wir haben dagegen unsere Arbeit sehr genau genommen und sehr viel in kurzer Zeit geleistet.« Hasso erwiderte versöhnlich gestimmt: »Ich weiß, mein Haus war noch niemals zuvor so ordentlich, und ich bitte euch hier und jetzt: Kommt wieder zurück! Ich bezahle euch auch noch die rückständigen Kosten und den Umzug!« »Wie bitte? Sind das nicht wieder leere Versprechungen?« meinte Andreas skeptisch. Hasso legte uns tatsächlich das Geld für die Kosten des Hotels auf dem Tisch. Wir dachten einen Moment nach. Was für eine Wahl hatten wir? Schon unserer Tochter zu Liebe, mussten wir wieder zurück! Am nächsten Tag bereits holten wir in Can Pastilla wieder unseren Mietwagen ab und kehrten in Hassos Villa zurück. Allerdings dachten wir uns, dass es dennoch besser wäre, von nun an in den Zeitungen nach einem anderen Job zu suchen, schon allein, um uns aus der Abhängigkeit zu befreien.

Kapitel 5

Zurück in den Wahnsinn

Wir wurden als wir ankamen trotz aller Differenzen in der Vergangenheit richtig herzlich begrüßt. Hasso umarmte uns und sagte schmunzelnd mit erhobenem Zeigefinger: »Dieses Mal macht ihr aber nicht den Fehler und verlasst mich so einfach!« Wir betraten unsere frühere Wohnung. Unsere Überraschung war groß. Dort brannte lichterloh ein Feuer im Kamin, und auf dem Marmorboden lag ein wunderschöner Teppich. Wir glaubten in diesem Augenblick wirklich, Hasso hätte es ehrlich gemeint. Als wären wir nie fort gewesen, besuchten wir zuerst einmal die Tiere. Zwei Tage später kam die Möbelspedition und brachte unsere Sachen. Anstandslos übernahm Hasso die Rechnung des Transportes und der Lagerung. Dann sagte er: »Anna und ich wollen zwei Tage nach Valldemossa. Ihr könnt euch etwas ausruhen und vielleicht nur hier und da einmal nach dem Rechten sehen.«

An diesem Nachmittag waren wir ganz alleine auf dem Anwesen. Antonia fuhr mit Hasso und Anna in die andere Villa. Dolores hatte frei und Jose war für ein paar Monate nach Kolumbien gereist, worüber sich Andreas natürlich besonders freute. An diesem Tag wollten wir nicht fortfahren, sondern uns ein wenig Ruhe gönnen. Nach dem Mittagsschlaf gingen wir alle gemeinsam die Tiere füttern. Es war kaum zu glauben, doch dieser Tag brachte schon wieder eine Überraschung: Die drei kleinen Äffchen, die sonst immer im Käfig waren, liefen frei und munter auf der Wiese herum. »Oh Schreck!« dachten wir beide sofort. »Bleibt hier stehen!« meinte Andreas zu uns, »Ich versuche sie wieder in den Käfig zu locken.« Wir rührten uns nicht, denn ich wusste, dass die Affen auch gefährlich werden konnten. Zum Glück gelang es Andreas. Wie konnte so etwas passieren? Da entdeckten wir plötzlich, dass vor dem Käfig eine Brechstange lag und das Schloss aufgebrochen war. Uns wurde klar, es musste ein Eindringling, möglicherweise ein Einbrecher dort gewesen sein und die Tiere herausgelassen haben. Wir verwahrten die Stange und das defekte Schloss, um es später Hasso zu zeigen. Am nächsten Tag erschien Dolores pünktlich zur Arbeit. Wir umarmten uns und auch sie freute sich, dass wir wieder zurück waren. Gemeinsam verrichteten wir die übliche Arbeit. Ich fragte sie dennoch neugierig: »Wie war denn die Reaktion, als Hasso die verlassene Wohnung mit der Kerze vorfand?« Sie lachte daraufhin und antwortete: »Der war richtig wütend!«

Am darauf folgenden Tag kam Hasso mit Anna wieder zurück. Er war recht ruhig, und eine Stunde später sollten wir zu ihm in sein Wohnzimmer kommen. Es hatte sich schon wieder etwas ereignet. Ganz niedergeschlagen saß er auf seinem Sessel und meinte: »Stellt Euch vor, ich bin bestohlen wurden! Oben in meinem Schlafzimmer stand der Tresor offen und es fehlen mir mehrere Tausend Euro!« Er klang vollkommen erschüttert und schien am Boden zerstört. Für ihn war es ein

Rätsel, denn der Tresor musste mit einem dazugehörigen Schlüssel geöffnet worden sein, es waren keine Spuren von Gewalt zu erkennen. Außerdem war er paradoxerweise nicht ganz geleert worden, da der Schmuck und auch noch weiteres Geld zurückgelassen wurde. Darauf hin erzählten wir ihm den Vorfall mit den Affen. Er schloss daraus, dass irgend jemand wohl die Affen zur Ablenkung aus dem Käfig gelassen haben muß, um in Ruhe an den Tresor zu kommen. Gleichzeitig stand für ihn jedoch zweifelsfrei fest: »Dies kann nur jemand getan haben, der genau wusste, wo sich der Schlüssel zum Tresor befand.« Ich entgegnete sofort: »Wir wussten noch nicht einmal wo der Tresor ist!« »Nein, nein,« sagte er abwinkend und mit erstaunlich ruhiger Stimme zu uns, »Ihr werdet ja nicht so dumm sein und direkt am ersten Tag nach eurer Ankunft so etwas tun! Für mich kommen nur folgende Personen in Frage: Meine Frau Anna, Dolores, Antonia oder Brigitte – Jose scheidet aus, der ist zur Zeit in Kolumbien!« Alle Anwesenden schauten sich fragend an. Er beschloss, die Polizei einzuschalten, um Fingerabdrücke machen zu lassen. Andreas und ich verließen bedrückt den Raum und atmeten tief durch. ›Oh, oh‹ dachten wir, ›das kann ja heiter werden!‹ Wir wussten genau, egal was nun passieren würde. Wenn wir jetzt wieder abhauen würden, wäre es endgültig vorbei! Vielleicht würde er uns sogar noch verdächtigen. Wir fühlten uns nun wie Gefangene in einem Netz!

Als ich am nächsten Morgen das Frühstück vorbereitete, kam Hasso die Treppe hinunter und ordnete barsch an: »Dolores darf ab sofort mein Haus nicht mehr betreten! Sie soll nur noch auf dem Grundstück arbeiten. Ich habe die ganze Nacht über den Vorfall nachgedacht. Nur sie kann es gewesen sein! Sie ist eine Zigeunerin und die machen so etwas!« Ich versuchte für sie Partei zu ergreifen und sagte zu ihm: »Dolores ist schon zehn Jahre hier, ich kann mir nicht vorstellen, dass sie dazu fähig ist!« »Doch, doch. Du kennst sie zu wenig!« meinte er stur. Also musste Dolores das Haus verlassen. Sie reagierte allerdings sehr gelassen und lachte darüber.

Von nun sollte ich die ganze Arbeit im Haushalt allein machen. Das war nicht gut, denn es war viel zu viel Arbeit für eine einzelne Person. Etwas später kam die Polizei ins Haus und wir mussten uns alle Fingerabdrücke abnehmen lassen. Es war irgendwie lächerlich und entwürdigend zugleich, doch wir waren gespannt auf das Ergebnis der Ermittlungen. Hasso indes war nach diesem Ereignis unwahrscheinlich nett und freundlich zu uns. Er lobte Andreas und mich bei jeder passenden Gelegenheit. Trotzdem fiel mir auf, dass er immer eine Person brauchte, die er niedermachen konnte, und wie meistens, war es Dolores. Aber auch zu seiner Frau und Antonia war er oft sehr unfreundlich. Was war jetzt anders als vorher? Ob er meinen Mann und mich jetzt zukünftig nett behandeln würde? Ich machte mir so meine Gedanken.

Am nächsten Tag kam Hasso zu uns ins Apartment und sagte erstaunlicherweise richtig herzlich: »Euch fehlen doch noch die Wohnzimmermöbel! Ihr könnt in ein Möbelhaus fahren und euch neue aussuchen, damit ihr es zum Weihnachtsfest schön habt!« Wir freuten uns über dieses unverhoffte Angebot sehr und konnten Hassos Gesinnungswandel immer noch nicht glauben. Aber gesagt, getan! Am gleichen Tag nach der Arbeit, fuhren wir nach Palma in die Stadt und kauften ein. An diesem Abend waren wir richtig glücklich. Endlich – so dachten wir – konnten wir auf Mallorca leben, ohne große Probleme zu haben.

Hier ist zu Weihnachten die ganze Stadt und alle Geschäfte besonders festlich geschmückt. Unsere Tochter strahlte in weihnachtlicher Vorfreude und wir genossen den Einkaufsbummel in vollen Zügen. Es waren nur noch wenige Tage, und der Heilige Abend stand vor der Tür. Die Temperaturen lagen deutlich über den Gefrierpunkt. Nur leicht mit einer Strickjacke bekleidet, fühlten wir den feucht-warmen Wind, der uns um die Nase wehte und genossen dabei, gemütlich von Geschäft zu Geschäft zu schlendern. In einem grossen Einrichtungshaus bestellten wir schließlich eine wunderschöne Sitzecke, einen Tisch und einen dazu passenden Schrank. Zufrieden fielen wir Abends – müde aber glücklich – in unsere Betten. Schon am nächsten Tag wurden die Möbel geliefert. Nun konnte ich die Wohnung weihnachtlich schmücken. Auf Mallorca wurden zwar auch überall Tannenbäume angeboten, allerdings fehlte beim Einkauf eines solchen ein wenig die von Deutschland her gewohnte, festliche Stimmung. Hier trugen wir statt Winterkleidung leichte Sachen und Sonnenbrillen. Soweit verlief alles zufrieden stellend, doch viel Freizeit verblieb uns nicht. Andreas musste den ganzen Tag draußen auf dem Grundstück verbringen. Ich hatte nun alleine den Haushalt von Hasso und Anna zu bewältigen und mich daneben auch noch um unsere Tochter zu kümmern. Aber bei vielen Tätigkeiten konnte Andreas sie auch bei sich haben oder sie spielte mit Antonias Sohn.

Die Temperaturen im Winter auf Mallorca sind tagsüber zwar mild, doch eine Heizung oder einen Kamin braucht man in jedem Fall. Morgens zündete ich für Hasso den Kamin an, räumte sein Wohnzimmer und Schlafzimmer auf, bereitete das Mittagessen vor und musste dann anschließend in unserer Mittagspause meinen eigenen Haushalt führen und unser Essen kochen.

Der Nachmittag verlief meistens etwas ruhiger. Dolores arbeitete zusammen mit Antonia im Garten. Sie rupften Unkraut oder bekamen andere Aufgaben. Sie sollte sich, zu meiner Entlastung, zusätzlich um Hassos Wäsche kümmern, was auch deshalb möglich war, weil der Wasch- und Bügelraum sich nicht im Haus befand. Einmal bekam sie richtigen Ärger, weil sie Hassos Schlafanzüge nicht mit Stärkespray gebügelt hatte.

Ich fragte eines Tages Hasso: »Was hat eigentlich das Ergebnis der Polizei gebracht?« Er ignorierte die Frage und meinte zu dem Thema kategorisch: »Für mich steht es fest! Es war Dolores!«

Kurz vor Weihnachten bekam Hasso sehr viel Besuch. Ich durfte – wie immer – seine Gäste bewirten und fand diese Aufgabe auch sehr abwechslungsreich. Hasso war zu mir nach wie vor besonders freundlich und seinem Besuch stellte er mich als seine ›Haustochter‹ vor.

Anna wurde nach wie vor oft von ihm beleidigt. Es war kaum zu glauben, aber er stellte sie seinen Gästen stets als seine hässliche, aber zuverlässige Ehefrau vor.

Endlich war unser erster Heilig Abend. Und wir befanden uns auf Mallorca! Unser Traum schien in Erfüllung gegangen zu sein. Zusammen mit unserer Tochter verbrachten wir trotz des Ärgers der Vergangenheit ein friedliches Fest. Der Kamin brannte, alles war geschmückt und nach der Bescherung und einem gut und reichlichen Weihnachtsessen schlief Sina glücklich ein. Uns hatte Hasso sogar ein Geschenk überreicht. Es war ein riesengroßer Präsentkorb, gefüllt mit ausgesuchten, erlesenen Delikatessen. Wir waren überrascht und freuten uns darüber. Zwei Tage später baten wir Hasso und Anna, auf ein Gläschen Wein zu uns in die Wohnung. Zuerst erschien Hasso allein, nahm Platz und sagte: »Ich bin so froh, dass ihr wieder hier seid! Alles auf meinem Anwesen ist nun sauber. Aber wisst ihr was ich vermute? Das Geld aus meinem Tresor, könnte auch Anna geklaut haben!« Ich erwiderte voller Überzeugung: »Das glaube ich nicht!« Da kam Anna plötzlich herein und das Gespräch wurde abrupt abgebrochen. Nach dieser Äußerung dachte ich mir: ›Der Mann besteht nur aus Misstrauen und Hass und würde vermutlich platzen, wenn er ihn nicht verteilen könnte!‹ Wir saßen noch eine Weile zusammen und dann verabschiedeten sie sich.

Die Festtage waren nun leider vorbei und es wurde Zeit, unsere Tochter in einem spanischen Kindergarten unterzubringen. Wir fanden auch einen in der Nähe. Anfangs ging sie sehr ungern dorthin. Sie sagte immer: »Mama, ich verstehe da nichts!« Aber sie lebte sich schließlich doch ein. Auf Mallorca wurden solche Einrichtungen, – schon allein wetterbedingt, – ein wenig anders gehandhabt als in Deutschland. Die Kinder spielten fast ausschließlich draußen im Freien. Und in den Innenräumen lief ständig ein Fernseher, was allerdings meiner Meinung nach nicht unbedingt erforderlich war. Andreas und ich wechselten uns regelmäßig ab Sina dorthin zu bringen oder sie abzuholen. Während sie im Kindergarten war, konnten wir in Ruhe unserer Arbeit nachgehen.

Das Arbeitsklima zwischen mir und Hasso blieb gut. Obwohl ich kaum Zeit für persönliche Dinge hatte, fand ich mich mit der Arbeit ab. Kein Tag verlief wie der andere. Es geschahen immer irgendwelche verrückten Dinge.

Einmal wurden zwei neue Raubtiere angeliefert. Es waren zwei Geparden, mit den Namen ›Romeo‹ und ›Julia‹ Uns war schon klar, was kurz danach geschah. Sämtliche Fernsehteams und Zeitungsreporter kamen ins Haus. Hasso wurde mit seinen neuen Raubtieren fotografiert und interviewt. Wir hatten immer wieder den Eindruck, er besorgte sich nur aus dem Grunde die Tiere, um im Rampenlicht der Öffentlichkeit zu stehen, denn tierlieb war er unserer Meinung nach nicht! Dies ergab sich aus seinen verschiedenen Äußerungen und der nicht artgerechten der Tierhaltung. Die Geparden mussten wir zum Beispiel auf den Dachboden bringen, wo sie überhaupt keine Natur hatten, und nicht einmal Sonnenlicht bekamen. Die Hauptsache war, dass Hasso wieder kostenlose Werbung hatte. Allen Raubtieren wurden selbstverständlich die Krallen gezogen. Andreas und ich hatten mit den Tieren unendliches Mitleid und versuchten, ihnen das Leben wenigstenss ange-nehm wie möglich zu machen.

Hasso und Anna, fuhren eines Tages wieder für ein paar Tage fort. Wir bekamen wie immer unsere Aufträge. Dolores durfte während dieser Zeit wieder das Haus betreten. Mit ihr verstanden wir uns so gut, dass wir oft zusammen lachten. Natürlich lachten wir noch mehr, wenn Hasso nicht da war. Unter anderem, sollten wir diesmal den Dachboden entrümpeln. Die Geparden wurden während dieser Zeit von Andreas vom Dachboden in den Garten ausgeführt und beschäftigt. Beim Aufräumen entdeckte ich in einer Ecke plötzlich uralte Knochenreste und fragte Dolores entsetzt: »Was ist denn das?« Sie kannte offenbar den Grund dafür, bekam fast einen Lachkrampf und erklärte mir: »Vor zwei Jahren hatte Hasso hier oben ein Känguru und die Knochen sind die Futterreste von damals. Hasso hatte alles verfüttert, was es nur gab!« Wir fanden auch viele alte Kleider, die laut Dolores, einer seiner geschiedenen Frauen gehörten. Nach der Arbeit sah der Dachboden zumindest sehr ordentlich aus und die Geparden hatten nun auch mehr Platz. Als Andreas die Tiere wieder hochgebracht hatte, bürstete ich erst einmal ihr Fell gründlich durch, was sie sichtlich genossen. Sie sollten trotz Ihrer schlechten Unterkunft wenigstens ein wenig Zuneigung und Pflege bekommen. Dolores und ich schauten bei den Aufräumarbeiten natürlich auch in die Schränke und fanden unter anderem alte Fotos. Dolores kannte sich aus und erklärte mir zu jedem Bild, um welche Personen es sich darauf handelte. Hasso kannte sehr viele junge Frauen. Er hatte zwei Söhne und einen Adoptivsohn. Auf den meisten Fotos sah man ihn mit einer Flasche Whisky.

Während Hassos und Annas Abwesenheit, setzten wir uns des öfteren gemütlich auf dem Hof in die Sonne und dachten: ›Das Anwesen ist eigentlich wunderschön, aber nur, wenn der Eigentümer nicht da ist‹. Dolores erzählte mir so nebenbei, dass Hasso vor unserem Arbeitsverhältnis schon sehr viel deutsches Personal beschäftigt hatte, und alle hätten schon nach relativ kurzer Zeit fluchtartig das Haus verlassen. Einige gewollt und viele auch ungewollt. Sie nannte mir eines Tages auch den Grund, warum in unserem Badezimmer die Fliesen so weiße Flecken hatten. Dort hatte einmal ein Hausmeisterehepaar gewohnt, welches dort vor Wut und Verzweiflung über Hassos ungerechte Behandlung Säure ausgeschüttet hatte. Diese Information weckte wieder alte Ängste in mir und ich hoffte, dass wir keine weiteren Probleme mit Hasso bekommen würden. Als er und Anna dann schließlich zurück kamen, begann der übliche Alltag wieder, und wie so oft ereigneten sich verrückte Dinge. Eines Tages brachte das Pumaweibchen zwei Junge zur Welt, eines davon wurde allerdings von ihr sofort aufgefressen. Um das andere zu retten, sollte Andreas es aus dem Käfig herausholen. Hasso bestimmte, dass ich es für vier Wochen versorgen sollte, und danach wollte er es verkaufen. Ich freute mich über diese neue Aufgabe. Ich taufte den kleinen Puma ›Meikel‹. Es war natürlich eine ganze Menge zusätzlicher Arbeit. Sechsmal am Tag bekam das Katzenbaby die Flasche, also alle vier Stunden. Es bekam weiterhin mit Wasser verdünnte Katzennahrung. Ich fühlte mich stolz, die Ersatzmutter eines Pumas sein zu dürfen. Als die vier Wochen herum waren und ich Meikel weggeben sollte, bat ich Hasso, ihn doch zu behalten, und er war damit sogar überraschenderweise einverstanden.

Mittlerweile war es Anfang März. Wir glaubten nun langsam tatsächlich, hier bei Hasso einen guten Job und eine gesicherte Zukunft gefunden zu haben und hofften, dass es so bliebe. Von der Insel Mallorca selbst sahen wir allerdings nicht sehr viel, nur Sonntags hatten wir ab und zu die Gelegenheit, ein wenig die nähere Umgebung zu erforschen.

Hasso hatte einmal einen Termin für ein Interview bei einem spanischen Fernsehsender. Er sagte zu Andreas: »Bitte pack die Schlange, die Geparden, den Affen und den Puma Deandra und auch Meikel in einen größeren Wagen.« Das war leichter gesagt als getan. Für mich war Hassos Idee einfach unfassbar, aber da wir sehr viel Geduld mit den Tieren hatten, klappte es entgegen meinen anfänglichen Befürchtungen. Hinterher war es allerdings notwendig, den Wagen gründlich zu reinigen, denn einer der Geparden hatte sich während der Fahrt übergeben.

Eines Abends saß Hasso mit mehreren Geschäftsfreunden in seinem Wohnzimmer. Er bat Andreas, die beiden Geparden seinen Gästen vorzuführen und ich musste schnell die Tische abräumen, damit nichts zerbrechen konnte. Hasso war immer sehr stolz, wenn er bewundert wurde. Alle bestaunten seine Tiere. Plötzlich jedoch war Stromausfall, und es wurde stockdunkel im Raum. Die Tiere wurden unruhig und die Gäste bekamen Angst – nur Hasso blieb cool, zündete einige Kerzen an und diskutierte weiter über seine Geschäfte. Seine Gäste waren sichtlich erleichtert, als die beiden Raubtiere wieder fort waren.

Wir bekamen natürlich während unserer Arbeit mit, dass sein Büropersonal ständig wechselte. Kaum war ein neuer Direktor eingestellt, warf Hasso ihn auch schon wieder hinaus, entweder aufgrund des Vorwurfs des Diebstahls beziehungsweise der Veruntreuung, oder weil er der Meinung war, dass dieser Mann nichts taugte. Gerade aus diesen Gründen, die unsere Ängste stets wach hielten, suchten wir, parallel zu unserer Arbeit, ständig nach einer alternativen Anstellung. Es war aber nicht einfach, zumal wir ein Kind hatten.

Anna wurde weiterhin von Hasso schlecht behandelt. Sie hatte wieder einmal ein Problem, ihm verständlich zu machen, dass sie für vier Wochen nach Kolumbien wollte, um ihre Familie zu besuchen. Er wollte aus gesundheitlichen Gründen nicht mitreisen. Immer wenn ihm etwas nicht passte, so auch diesmal, sagte er zu Anna: »Du fliegst nicht nach Kolumbien!« Anna weinte daraufhin, deutlich für ihn sichtbar und verkroch sich schmollend in ihr Zimmer. Einmal sprach ich sie darauf an: »Anna, bist du eigentlich sehr traurig, wenn Hasso dich so behandelt?« Sie entgegnete mir gegenüber aber nur eiskalt: »Es ist mir egal, ich bin noch jung!« Mir war klar, was sie damit meinte.

Dann kam der Tag, an dem Jose wieder zurück kehrte. Andreas hatte berechtigte Bedenken, sein Aufgabengebiet wieder zu verlieren, aber Jose sollte zunächst in der Werkstatt arbeiten. Anna jedoch gefiel diese Anordnung nicht. Sie würde dagegen schon etwas unternehmen.

Unser Lastwagen war immer noch nicht verkauft und das Geld, welches Hasso an meinen Onkel überwiesen hatte, hatte er längst zurückgefordert und auch erhalten. Wir schuldeten ihm also noch die gesamte Summe für den Lastwagen. Hasso meldete ihn eines Tages plötzlich auf seinen Namen an, weil er ihn benötigte, um neue Tiere abholen zu lassen. Es kamen ein kleiner Löwe und zwei große Schimpansen zu ihm und damit auch wieder die Presse. Andreas fühlte sich oft überfordert. Ich hingegen versuchte mich mit der Situation abzufinden. Eines Tages meldete sich ein alter Freund von Andreas. Darüber war ich nicht erfreut, denn ich wusste, es war jemand aus seiner vergangenen Drogenzeit. Andreas beruhigte mich und sagte: »Ich will keine Drogen mehr nehmen!« Für diesen Freund besorgte er ein altes Fahrrad, das er von Hasso geschenkt bekam. Einige Tage später als Hasso und Anna sich zur Mittagsruhe hingelegt hatten und ich nach meiner Pause in das Haus ging, um den Abwasch zu erledigen, sah ich seine beiden Hunde, die dort wie immer herum tollten, mit einem offenen Beutel voller Rattengift spielen. ›Was ist denn das?‹ dachte ich entsetzt! Ich ließ die Arbeit sofort einfach Arbeit sein und fuhr mit den beiden Tieren unverzüglich zum Tierarzt. Zum Glück waren sie nicht vergiftet. Als Hasso zwei Stunden später die Treppe herunter kam, erzählte ich ihm davon. Da war es dann wieder einmal soweit, er brüllte los: »Hol mir sofort Andreas her! Dieser Idiot, nur er kann das Gift verstreut haben!« Natürlich kam Andreas sofort in die Wohnung und wurde von Hasso beschimpft, beleidigt und beschuldigt. Dann, kurz darauf, verschwand Hasso mit Anna nach Valldemossa. Wir waren total schockiert und hatten Angst, dass er uns nun wieder wie früher schikanieren würde, doch am nächsten Tag entschuldigte er sich bei uns, aber wir hatten den Eindruck, dass er irgendwie anders als sonst wirkte.

Etwas später nur rief er uns in das Wohnzimmer und fragte: »Könnten ihr mir diesen Arbeitsvertrag unterschreiben? Er ist ausgestellt für drei Monate.« Ich erwiderte erstaunt: »Wir haben doch bereits einen Vertrag über ein Jahr abgeschlossen.« »Der zählt nicht mehr!« bekam ich zur Antwort, »ich gebe ab sofort nur Arbeitsverträge für drei Monate!« Was blieb uns anderes übrig, als diesen zu unterschreiben? Er hatte uns ja schliesslich in der Hand.

Aber es kam noch schlimmer, denn er meinte ungerührt: »Ab sofort ziehe ich euch jeden Monat eine gewisse Summe von eurem Lohn ab! Ich sehe nicht ein, dass ich euch damals das Hotel und dann auch noch den Umzug bezahlt habe!« Er forderte weiterhin von uns, dass wir ihm über den Gesamtbetrag einen Schuldschein unterschreiben. Auf diese Weise hatte er uns noch mehr in der Hand. Ohne es zu wagen zu widersprechen und gedemütigt verließen wir den Raum.

Sofort am nächsten Tag besorgten wir uns eine Zeitung, um intensiv den Stellenmarkt zu studieren. Aber die Angebote war nicht gerade überwältigend. Uns war bewusst, dass dieser Wandel in Hassos Gedanken nur damit zu tun haben konnte, dass Jose wieder da war und Anna ihren Einfluß geltend gemacht haben musste. Hasso und Anna fuhren am nächsten Tag wieder fort, und wir meldeten uns auf ein Stellenangebot aus der Zeitung. Der Vorstellungstermin fiel aber leider genau auf den Tag, an dem Hasso wieder zurückkam, und wir konnten ihn nicht wahrnehmen. Wir hatten jetzt wirklich das Gefühl, dass wir von unserem Arbeitgeber, Hasso Schützendorf, in totaler Abhängigkeit standen und von ihm wie Leibeigene behandelt wurden, da wir die Brücken nach Deutschland abgebrochen und kein Geld mehr hatten. Und wir waren in einem fremden Land mit Verantwortung für ein kleines Kind!

Zu einer großen Belastung entwickelte sich während dieser Zeit zusätzlich meine Beziehung zu Andreas. Wir verstanden uns nicht mehr. Hin und wieder traf Andreas sich abends mit seinem Freund aus Deutschland, und ich hatte Angst, dass er wieder Drogen zu sich nahm. Doch diesen Gedanken schob ich schließlich weit fort von mir – er lebte doch nun schon acht Jahre drogenfrei! Warum sollte ich ihm nicht vertrauen? Die Tage vergingen mit viel Arbeit. Manchmal war Hasso wieder etwas netter zu Andreas, aber es ihm so richtig rechtmachen konnte man es ihm nie. Eines nachmittags schlug sich unsere Tochter den Kopf an einer Tischkante auf und blutete stark. Wir fuhren sofort mit ihr ins Krankenhaus und die Wunde wurde genäht. Wenige Tage später sollten die Fäden gezogen werden. Andreas fuhr mit Sina in das Krankenhaus. Der Termin fiel jedoch in seine Arbeitszeit und Hasso, der offenbar wieder einen schlechten Tag hatte, sagte geradezu menschenverachtend und unbarmherzig: »Ich werde euch die Zeit dafür vom Gehalt abziehen! Die Fäden hättet ihr auch selber ziehen können!«

Als Andreas an einem sehr heißen Tag – es waren über dreißig Grad Hitze – einen riesengroßen Misthaufen von einer Stelle auf die andere schaufeln musste, beschwerte Hasso sich und ordnete schikanös und boshaft an: »Der Haufen ist zu weit rechts! Sorg dafür, dass er wieder mehr nach links kommt – wie, ist mir egal!« Mittlerweile sahen wir unsere Befürchtungen bestätigt, dass Hasso ein absoluter Herrscher, also ein Diktator schlimmster Ausprägung war – dabei auch noch cholerisch, menschenverachtend und äussert selbstgefällig.

Wenn ich eine Vorstellung vom Teufel in Person hatte– Hasso kam ihr sehr nahe. Nur durch seinen Reichtum war es ihm möglich, dass er sich ungestraft so verhalten konnte. Ja, er entpuppte sich immer stärker als der Teufel in Person – wie sonst sollte man einen Menschen bezeichnen, der sich so verhielt, und der zum Beispiel einmal bei vollem Bewusstsein anordnete: »Sobald einmal ein Tiger oder Löwe aus seinem Käfig ausbrechen sollte, wünsche ich, dass ihr sofort mein gesamtes Federvieh rettet!«?

Jose musste weiterhin in der Werkstatt arbeiten und Anna war darüber so unglücklich, dass sie mit uns kaum ein Wort wechselte, da sie uns die Schuld dafür gab. Dann bekam sie aber endlich die Genehmigung von Hasso, nach Kolumbien zu fliegen, und so verabschiedete sie sich für vier Wochen. Hasso verreiste für eine Woche zu Bekannten und als er wieder zurück kam, lud er sich, wie so oft, Gäste ein und trank dabei wie üblich sehr viel Whisky.

Zwei Wochen später packte er wieder seine Sachen und fuhr mit einem seiner Luxuskarossen nach Valdemossa. Er meinte: »Ich möchte meine Ruhe haben und ein paar Tage allein bleiben!« Am nächsten Morgen erschien wie jeden Tag seine Sekretärin Brigitte, um nach Post und Faxmitteilungen zu sehen. Wir hatten an diesem Sonntag unseren sogenannten ›Freien Tag‹, an dem wir aber dennoch arbeiten mussten, denn die Tiere mussten ja täglich versorgt werden. Plötzlich rannte Brigitte auf uns zu und sagte: »Hasso hat gerade angerufen. Wir müssen sofort nach Valdemossa fahren und ihn abholen!«

Andreas und Brigitte fuhren los. Als sie wieder zurückkamen, bekam ich einen Schrecken. Hasso sah wirklich extrem schlecht aus. Wir stützten ihn und brachten ihn zu seinem Sessel. Schnell bereitete ich ihm eine warme Mahlzeit. Er sagte stöhnend: »Ich bekomme so schlecht Luft!« Brigitte benachrichtigte sofort telefonisch den Arzt. Als er kam und Hasso untersucht hatte, wollte er ihn sofort ins Krankenhaus einweisen, doch er weigerte sich und meinte: »Mir geht es bestimmt bald besser.« So verließ der Arzt achselzuckend das Haus und wir brachten Hasso zu Bett. Da Anna noch in Kolumbien war, bat Brigitte mich darum, auf Hasso zu achten. Was blieb mir anderes übrig, obwohl es Sonntag war und wir eigentlich etwas anderes vorhatten? Andreas und Sina unternahmen also alleine etwas.

Ich setzte mich in den Raum direkt neben Hassos Schlafzimmer. Die Tür ließ ich einen Spalt auf und achtete auf ihn. Er bekam jedoch immer stärkere Hustenanfälle und hatte dabei Schwierigkeiten, Luft zu holen. Ich überprüfte seine Körpertemperatur und verständigte sofort Brigitte. Er hatte hohes Fieber. Brigitte und der Arzt kamen sehr schnell. Dieses Mal, konnte er sich nicht weigern, ins Krankenhaus zu gehen. Die Lage war sehr ernst. Schnell packte ich seine notwendigen Sachen ein, und dann wurde er mit einem Krankenwagen abtransportiert. Ich saß während der Fahrt neben ihm und Brigitte fuhr hinter uns her. Das Ergebnis der vorläufigen Untersuchung lautete: Schwere akute Lungenentzündung.

Zunächst brachte man ihn auf die normale Krankenstation. Es war schon später Nachmittag. Brigitte bat mich: »Kannst du bei ihm bleiben?« Ich wollte nichts Falsches machen und sagte: »Ja, gut!« Hasso bekam es mit und war erfreut, nicht allein sein zu müssen. Ausgerechnet jetzt musste Anna in Kolumbien sein, dachte ich. Bevor wir ins Krankenhaus gefahren sind, hatte Brigitte noch mit Anna telefoniert, um sie zu bitten, sofort ihren Urlaub abzubrechen und zurückzukommen, da ihr Mann sie brauche. Brigitte erzählte mir daraufhin ganz leise, so dass Hasso es nicht verstehen konnte: »Stell Dir vor, Anna fragte mich, ob es wirklich notwendig wäre, dass sie kommen müsse!« Sie fand ihre Reaktion empörend, ich hingegen war über diese Aussage nicht überrascht. Brigitte verabschiedete sich schließlich und ich saß nun alleine bei Hasso. Er konnte kaum sprechen, der Schweiß lief ihm die Stirn hinunter und er bekam immer weniger Luft. Ich alarmierte sofort die Krankenschwester. Sie sah seinen Zustand und wollte ihn sofort auf die Intensivstation bringen lassen. Hasso jedoch weigerte sich entschieden und stöhnte: »Nein, ich bleibe hier!«

Die Krankenschwester kam daraufhin mit einer Bescheinigung des Inhaltes zurück, dass Hasso Schützendorf auf eigene Verantwortung auf der normalen

Pflegestation blieb, welche er unterschreiben sollte. Als das geschehen war, verließ sie wieder den Raum. Nun saß ich allein bei dem Mann, der die Macht hatte über andere Menschen zu herrschen! Er lag hilflos wie ein kleines Kind in seinem Bett und wenn ich mich nicht bereit erklärt hätte, bei ihm zu Wache zu halten, wäre er jetzt sehr einsam gewesen. Ständig drehte und wendete er sich im Bett, und bei jeder Bewegung fielen ihm die Schläuche der Sauerstoffzufuhr aus der Nase. Ich bemühte mich, sie wieder zu herzurichten. Er hing außerdem an einem Tropf. Auch diese Schläuche musste ich im Auge behalten. Plötzlich richtete er sich auf und sagte: »Ich muss zur Toilette!« So schnell ich konnte, rannte ich zur Krankenschwester, doch diese drückte mir nur ein Gefäß dafür in die Hand. Wahrscheinlich war sie eingeschnappt, dass er nicht auf die Intensivstation wollte und sie nun ihre Last mit ihm haben würde. Hasso drängte aber unbedingt zur Toilette gehen zu müssen und ich sollte ihn dabei stützen und begleiten. Es gelang auch mit viel Mühe. Diese Anstrengung gab ihm jedoch den Rest. Er konnte jetzt weder sprechen noch richtig atmen und rang schwer nach Luft. Blitzschnell alarmierte ich wieder die Schwester. Nun gab es nur noch eine Rettung für ihn. Er musste auf die Intensivstation verlegt werden. Mit großen Sauerstoffflaschen wurde er mit seinem Bett über den Flur, bis dort hin geschoben. Ich fragte den Arzt: »Wie steht es um ihn?« Er antwortete: »Nicht gut, sein Kreislauf ist zusammen gebrochen!« Er bat mich vor der Türe auf das Ergebnis der Untersuchungen zu warten. Es war schon spät in der Nacht und ich wartete und wartete. Mir gingen dabei tausend Gedanken durch den Kopf. Ich fragte mich vor allem: ›Was machst du eigentlich hier? Warum hast du ihm geholfen? Wie ungerecht und grausam ist er immer zu Andreas und mir gewesen! Wie eiskalt übte er seine Macht gegenüber anderen hilflosen Menschen aus!‹ Aber irgendwie nutzen mir all diese Gedanken und Erkenntnisse nichts, er tat mir einfach nur leid. Und so wartete ich. Zwei mir endlos erscheinende Stunden vergingen, bis endlich eine Krankenschwester auf mich zu kam. Ich gab mich einfach als seine Tochter aus und fragte sie, ob ich ihn sehen könne. Sein Zustand hatte sich inzwischen stabilisiert und ich betrat das Krankenzimmer. Da lag der große und berühmte Hasso Schützendorf. Er war angeschlossen an viele Apparate, hatte eine grosse Sauerstoffmaske um den Mund und – er war noch einmal mit dem Leben davongekommen! Ich ging zu seinem Bett. Er machte seine Augen auf und ich fragte ihn anteilnehmend: »Alles in Ordnung?« Sehr schwach und leise antwortete er: »Ja.« Wie einsam, klein und hilflos kam er mir jetzt vor. Sein gesamtes Vermögen und seine Macht nutzen ihm jetzt nichts.

Ich empfand in diesem Augenblick soviel Mitleid mit diesem alten Mann, dass ich alle meine Vorbehalte gegen ihn vergaß, seine Hand fest drückte und zu ihm sagte: »Bitte, versprechen Sie mir wieder gesund zu werden?« Und es war kaum zu glauben, er brachte folgende Worte über seine Lippen: »Danke! Fahre jetzt nach Hause und gehe schlafen. «

Völlig übermüdet, fuhr ich mit einem Taxi zurück. Als ich in unsere Wohnung kam, wachte Andreas auf und fragte zynisch: »Lebt er noch?« Ich erzählte ihm alles und er erklärte mich für verrückt: »Wie kannst du nur mit einem solchen Menschen noch Mitleid haben?« Ich erwiderte darauf nur müde: »Als du damals Drogen genommen hattest, hatte ich auch Mitleid mit dir gehabt!«

Eine Woche lag Hasso auf der Intensivstation, und ich besuchte ihn zweimal am Tag. Selbst hier hatte er seltsame Ideen, und was Hasso wollte, darauf bestand er, wurde auch realisiert. Ich sollte ihm zum Beispiel einen Tauchsieder mitbringen. Als ich ihm diesen gab – es war gerade Mittagszeit – benutzte er ihn auch sofort. Er stöhnte: »Die Suppe ist immer viel zu kalt!« Daraufhin hielt er den Tauchsieder in die Suppentasse hinein. Die Suppe darin wurde zwar wärmer, aber am Tauchsieder klebten nun eine Menge verbrannter Sternchennudeln.

Langsam verbesserte sich jedoch sein Zustand und sieben Tage später kehrte Anna endlich aus Kolumbien zurück. Hasso war sehr wütend über sie, weil sie als Entschuldigung vorgab, ihr Flugzeug verpasst zu haben. Trotz seines schwachen Zustandes sagte er zu ihr aufbrausend: »So dumm können doch nur Kolumbianer sein! Wie kann ein normaler Mensch sein Flugzeug verpassen?« Er sagte sodann in Annas Gegenwart zu mir: »Wenn du nicht gewesen wärst, hätte ich es nicht geschafft!« Anna gefiel das natürlich überhaupt nicht und sie ließ es mich mit aller Kälte spüren, dass sie mich jetzt nicht ausstehen konnte.

Am nächsten Tag wurde Hasso wieder auf die normale Pflegestation verlegt und ich besuchte ihn weniger. Nun, da es ihm wieder besser ging, stürzten viele seiner Bekannten und angeblichen Freunde Anteilnahme vortäuschend ins Krankenhaus, um ihm, dem König von Mallorca, ihre Aufwartung zu machen. Und die meisten hatten, wie immer, vor allem irgend ein finanzielles Anliegen. Einige Besucher kannten wir gut und sie sagten zu uns zum Beispiel: »Ganz im Vertrauen, der wäre besser gestorben! Er hätte es nicht anders verdient!« Er besaß in Wahrheit keine wahren Freunde!

Aus dem Krankenhaus bekam Andreas eines Tages per Telefon einen Auftrag, der wie folgt lautete: Er sollte den großen Mercedes Benz bereitstellen, und vorne an dem Wagen, links und rechts der eigens dafür angebrachten Halterungen, die Fahnen mit dem Schützendorfwappen montieren und ihn mit folgenden Dingen beladen: Seinen kleinen privaten Reisekühlschrank, Wäsche, einige Kisten Rotwein, ein spezielles Trinkwasser ohne Kohlensäure, das in den Paketen abgepackt sein musste, und vieles mehr. Andreas sollte direkt vor der Klinik parken um den Wagen zu entladen und vorne einen Zettel sichtbar anbringen: VIP – Very Important Person! So verhielt sich Hasso Schützendorf, kurz nach seinem Aufenthalt auf der Intensivstation!

Es kam der Entlassungstag und wir sorgten vorher dafür, dass auf dem gesamten Anwesen Ordnung herrschte. Zunächst einmal verliefen die Tage ruhig, denn Hasso brauchte sehr viel Ruhe. Die Ärzte hatten ihm von nun an strengstes Alkoholverbot erteilt, da seine Leber bereits sehr angegriffen war.

Wir machten weiterhin unsere Arbeit. Der Puma, den ich immer noch versorgte, bereitete mir sehr viel Freude. Er sah mich sozusagen als seine Mutter an und egal wo ich hinging – er folgte mir. Tagsüber war er auf dem Hof an einem Baum angeleint, und nachts holte ich ihn zu mir in die Wohnung. Inzwischen bekam er nicht mehr die Flasche, sondern rohes Fleisch.

Eines Tages verabschiedeten sich Hasso und Anna wieder einmal, um sich ein paar Wochen in Deutschland zu erholen. Bevor sie abreisten, gab er Andreas die Order, abwechselnd die Luxuswagen, die auf dem Hof standen, zu fahren. Dolores sollte im gesamten Haus die Fenster- und Türrahmen mit Dieselöl streichen. In den Brutkästen befanden sich mittlerweile fast einhundert Gänseeier und ich bekam die Aufgabe, mich nach ihrem Schlüpfen um sie zu kümmern. Zusätzlich sollten wir seinen Weinkeller aufräumen.

Wir glaubten nun, endlich längere Zeit vor Hasso Ruhe zu haben, aber ein anderes Problem hatte sich angebahnt: Zwischen Andreas und mir kriselte es immer mehr. Er hatte sich sehr verändert. Immer öfter bekamen wir Streit und waren uns unschlüssig darüber, was wir zukünftig tun und wie wir uns Hasso gegenüber verhalten sollten. Jetzt hatten wir zwar die Zeit, um uns um einen neuen Job zu bewerben, doch leider gab es keine annehmbaren Angebote.

Ich sagte Andreas immer und immer wieder: »Egal wie ungerecht Hasso ist, wir müssen uns an seine Launen gewöhnen. Wir haben hier doch immerhin ein Dach über den Kopf, und ein Auto. Welche Alternative haben wir denn, wenn wir keine andere Arbeit finden? Wo wollen wir mit Sina hin?« Andreas aber hasste Hasso inzwischen abgrundtief! Er verstand vor allem nicht, dass ich manchmal Mitleid mit Hasso haben konnte. Natürlich, das war sicherlich auch nicht leicht zu verstehen, aber ich betrachtete meine guten Absichten gegenüber Hasso als meine Waffe gegen seine Bosheit. Das Gute, so hoffte und glaubte ich, würde das Böse irgendwann besiegen!

Jedes Mal, wenn Hasso fort war und wichtige Fragen, die ihn betrafen, auftauchten, riefen wir ihn über sein Mobiltelefon an. Inzwischen waren fünfzig Gänseküken geschlüpft und ich wusste nicht mehr, wo ich sie alle unterbringen sollte. Hasso hatte nur Platz für wenige eingeplant und zwar in dem Wohnraum, direkt unter der Asche seiner toten Mutter. Dort standen zwei große Kisten, die mit Zeitungen ausgelegt waren und es stank, wie es in einem Gänsestall nun einmal nur stinken konnte! Ich rief Hasso also an, um ihn zu fragen, was zu tun war. Er sagte zu meiner grossen Überraschung: »Ich will nicht mehr, dass ihr mich anruft! Ihr bekommt eure Anweisungen jetzt nur noch von meinem neuen Manager, den ich in Can Pastilla im Büro eingestellt habe!« Nichts war eigentlich seltsam in diesem Haus, dachte ich. Was würde mit diesem Manager wohl sein?

Am nächsten Tag kam ein junger Spanier zusammen mit Brigitte zu uns und führte sich wie der Chef persönlich auf. Er ging arrogant mit hoch erhobenem Kopf durch das Haus, überprüfte mit dem Finger, wieviel Staub auf den Möbeln lag und ordnete an, diesen bis zum nächsten Tag zu entfernen. Bei einem Gang durch den Garten befahl er: »Der Rasen ist viel zu hoch, mähen Sie ihn!« Und er bemängelte noch vieles mehr. Alle diese Anweisungen, wurden von Brigitte ins Deutsche übersetzt, da er nur spanisch sprach. Wir dachten: »Jetzt lässt Hasso uns schon kontrollieren!« Andreas und ich stritten uns immer mehr und ich glaubte, dass nun wirklich alles zerstört war. Wir hatten leider eine verkorkste Vergangenheit. Die Möglichkeit, unter diesen Umständen etwas Neues aufzubauen, schloss ich nunmehr vollkommen aus. Wir waren immer weniger eine Einheit. Dabei sollte es umgekehrt sein. Unter diesen Umständen sollten wir zusammenhalten. Vier Wochen später kündigte der Manager Hassos Rückreise an.

Über einhundert Gänse waren inzwischen geschlüpft. Diese hatte ich inzwischen gut versorgt. Und es war nach wie vor viel Arbeit. Die ersten drei Tage nach ihrem Schlüpfen bekamen sie kleingehackte Brennnessel und Eier, danach ein spezielles Futter. Ich stand in der Küche, Andreas war im Garten – da hörten wir den Wagen. Hasso und Anna kamen zurück. Kurz und sehr unfreundlich begrüßten sie mich und Hasso sagte nur: »Bitte gib Andreas Bescheid, er soll zu mir kommen!« Nun kam das seit langem befürchtete Streitgespräch zwischen den beiden. Ich wusste, dass Andreas sich nicht zurückhalten würde. Ich wartete angstvoll ab.

Hasso schrie Andreas an: »Ab sofort arbeitest du nur noch in der Werkstatt! Du taugst nichts und bist ein Dieb! Jose übernimmt nun deine Arbeit wieder, er ist wenigstens zuverlässig!« Andreas verschwand wortlos und ging in die Werkstatt. Kurz danach, schlich ich mich zusammen mit Sina aus dem Haus und wollte mit Andreas sprechen. Ich gelangte unbemerkt dorthin. Aber ich traute meinen Augen nicht. Vor dem Riegel am Tor der Werkstatt befand sich ein Schloss. Er war eingeschlossen und konnte mich nicht hineinlassen! Es war mir somit nicht möglich mit Andreas zu sprechen. Wütend ging ich zu Hasso und schrie ihn an: »Warum ist Andreas eingesperrt?« Er antwortete ungerührt: »Dein Mann ist ein Dieb, er ist gemeingefährlich! Er darf mein Haus nicht mehr betreten!« Ich war verzweifelt! Was blieb uns anderes übrig, als seine Anweisungen zu befolgen? Er hatte die Macht über uns und wir fühlten uns wie Gefangene. Aber dann kam es noch schlimmer. Er befahl mir am nächsten Tag: »Ab heute betrittst du nicht mehr mein Wohnzimmer! Du hast meine Wohnung verkommen lassen! Von nun an soll Dolores hier wieder arbeiten.« Ich fragte ihn verstört: »Warum sind Sie plötzlich so verändert? Was ist passiert?« »Ich habe meine Gründe. Andreas ist ein Dieb. Er hat mein Fahrrad gestohlen und während meiner Abwesenheit ist er mit meinen guten Fahrzeugen herumgefahren!« antwortete er aufgebracht. Wütend sagte ich: »Sie haben aber doch meinem Mann das Fahrrad geschenkt und ihm auch aufgetragen, Ihre Autos während Ihrer Abwesenheit zu bewegen!« »Du lügst! Verlasse sofort den Raum!« schrie er wütend und außer Kontrolle.

Nun war unser Arbeitsverhältnis an sich schon menschenunwürdig, aber was sollten wir machen? Wir konnten derzeit nichts anderes tun, als alles so hinnehmen. Wir ergaben uns unserem Schicksal ohne gegen Hassos Willkür aufzubegehren!

Es begann eine schreckliche Zeit. Andreas verschwand morgens in der Werkstatt und ich musste unter den für mich schlimmsten Bedingungen im Hause tätig sein. An einem Nachmittag ordnete Hasso an, dass die Gänse nach draußen auf die

Wiese sollen. Ich sagte zu ihm: »Das ist keine gute Idee, es sieht nach Regen aus.« Er befahl daraufhin ungerührt: »So ein Quatsch! Bring sie raus!« Also brachte ich sie alle nach draußen ins Freie. Ich liebte die kleinen Gänse, schließlich hatte ich sie von ihrer Geburt an versorgt. Und plötzlich gab es – wie erwartet – einen starken Wolkenbruch. Dolores und ich rannten sofort los, um sie zu retten, denn wenn sie noch klein sind, dürfen sie nicht nass werden. Aber es war zu spät – bis auf einige wenige, waren alle kurz darauf tot. Ich weinte und fragte mich: »Warum muss immer alles getan werden, was Hasso befiehlt?«

Es war die Hölle. Ich ging durch den Garten, schaute zum Himmel und dachte: ›Mallorca? Warum sind wir nur hier her gekommen!‹ Am nächsten Tag kam Hasso die Treppe hinunter und hielt ein Kostümoberteil in seiner Hand: »Wo ist der passende Rock hierzu?« fragte er. »Ich weiß es nicht, vielleicht hängt er noch im Schrank!« antwortete ich. »Nein, das stimmt nicht! Anna behauptet, du hast ihn in den Müll geworfen!« bekam ich zur Antwort. Mir war plötzlich bewusst: Anna steckte hinter all den bösen Behauptungen. Sie hetzte Hasso gegen uns auf. Hasso war derartig verändert nach seinem Urlaub, als wenn er etwas in seinen Whisky bekommen hätte. Alles, was ich in seiner Not für ihn getan hatte, hatte er offenbar vergessen.

Hasso wurde immer aggressiver. Vielleicht hatte Anna ihm sogar eine Frist gesetzt, uns aus dem Haus zu jagen? Aber das allein, das konnte es doch nicht sein, denn nicht nur uns gegenüber, benahm er sich so. Brigitte, seine Sekretärin, lebte seit vielen Jahren alleine und nun wurde aus ihr und Hassos neuem Manager ein Paar. Dies erfuhr Hasso und es passte ihm ganz und gar nicht. Kurzerhand feuerte er den Manager in der Hoffnung, Brigitte würde dann das Verhältnis mit ihrem neuen Freund beenden. Doch es kam ganz anders. Brigitte kündigte nach so vielen Jahren ihrerseits. Damit hatte Hasso nicht gerechnet, doch er ließ sich seine Trauer darüber nicht anmerken, sondern ging zum Angriff über und schimpfte über sie. Da ich immer ein gutes Auskommen mit Brigitte hatte, fragte ich sie, als ich sie ein letztes Mal sah: »Warum gibst du deinen sicheren Job auf?« »Ich habe in all den Jahren so viele Köpfe rollen gesehen,« gab sie zur Antwort und fuhr fort, »ich kann es nicht mehr ertragen!«

Wenn wir nun das Haus verlassen hatten, war Hasso nur noch mit den Kolumbianern zusammen, was Anna natürlich sehr gut gefiel. Jeden Tag kam Hasso mit neuen Behauptungen an und erwähnte Gegenstände, die angeblich gestohlen seien sollen. Er behauptete uns gegenüber: »Nur Ihr kommt in Frage!« Am nächsten Tag sollte Andreas bei ihm erscheinen. Hasso sagte zu ihm wütend: »Ich habe über alles nachgedacht. Nur du konntest damals aus meinem Tresor das Geld genommen haben!« Ich mischte mich ein: »Wie können Sie so etwas behaupten? Wir waren immer ehrlich!« Er aber brauste auf und schrie so sehr, dass ihm der Speichel aus dem Mund lief: »Wenn du nun auch noch zu diesen Verbrecher hältst, dann möchte ich, dass ihr sofort mit euren Sachen von meinem Anwesen verschwindet!« Weinend bat ich um ein Gespräch zur Klärung, aber er weigerte sich. Also gingen wir in unsere Wohnung. Für mich war Hasso ein Rätsel. Mal verhielt er sich wie ein Mensch und dann wieder schien er der Teufel in Person zu sein! Hatte er überhaupt ein Herz? Eines war sicher: Er kannte keine Gnade, kein Mitleid!

Nun, da wir so fest in seinem Netz gefangen waren, wussten wir nicht mehr ein noch aus. Da erschien Anna zu allem Übel und verlangte unsere Wagen- und Haustürschlüssel. Sie sagte triumphierend, unbarmherzig und kalt: »Wenn Ihr nicht sofort verschwindet, werdet Ihr von der Polizei von dem Grundstück geworfen!« Das konnte doch einfach nicht wahr sein, das war der perfekte Alptraum! Sollten wir nun ohne unser Hab und Gut die Wohnung verlassen und das Elend beenden? Wohin sollten wir denn gehen? Andreas war drauf und dran, Hasso umzubringen. Ich musste ihn beruhigen und hatte eine letzte Möglichkeit gefunden, um vielleicht noch etwas zu retten, damit vor allem unsere kleine Tochter nicht auf der Strasse stand. Ich sagte zu Andreas: »Bitte, tu nun genau das, was ich dir jetzt sage! Ich glaube, wir haben keine andere Wahl. Ich packe dir eine Tasche mit den notwendigen Dingen, und du fährst mit dem Bus nach Can Pastilla. Dort gibt es ein preiswertes Hostal. Dort bleibst du vorerst!« »Warum?« fragte er außer sich. Ich sagte, um ihn zu beruhigen: »Ich bin davon überzeugt, dass es Hasso nicht übers Herz bringt, mich mit dem Kind auf die Straße zu setzten. Außerdem hat er in letzter Zeit mitbekommen, dass wir beide uns nicht mehr so gut verstehen. Ich werde ihm sagen, dass ich froh bin, dass du fort bist. Zusätzlich werde ich ihm bestätigen, dass nur du den Tresor ausgeraubt haben konntest! Damit gewinnen wir vielleicht Zeit!«

Wir führten diesen Plan durch. Andreas verließ das Haus. Ich ging nun zu Hasso. Wir waren allein im Raum. Ich sagte zu ihm ganz ruhig: »Bitte nehmen Sie Ihre Aussage zurück und wenn nicht, dann beschuldigen Sie nur Andreas und nicht mich!« Hartnäckig meinte er: »Ich glaube du steckst mit ihm unter einer Decke, aber wenn du möchtest, kannst du wieder für mich arbeiten! Nur Andreas will ich hier nie wieder sehen! Mehr kann ich dir nicht anbieten und jetzt geh sofort!« Verzweifelt verkroch ich mich in der Wohnung. Unsere Tochter war ganz verstört und ich wusste nicht mehr weiter. Weinend stand ich am Fenster und betete um Hilfe! Egal ob das Verhältnis zwischen Andreas und mir nicht mehr so gut war wie früher, wir mussten doch zusammenhalten! Da beobachtete ich plötzlich, dass Anna und Jose meinen Puma ›Meikel‹ von der Leine nahmen. Ich rannte hinaus und fragte wütend: »Was macht Ihr da?« »Wir nehmen ihn mit. Hasso glaubt, du könntest ihn vergiften!« sagte Anna zynisch. Es war unfassbar. Sina schaute mich mit ihren großen Augen an und fragte ungläubig: »Mama, warum nehmen die uns den Puma fort?« »Ich weiß es nicht! Vielleicht bringen sie ihn an einen schöneren Platz.« versuchte ich sie kleinlaut zu trösten und konnte nicht verhindern zu weinen. Ich rannte hinterher, doch es war zwecklos, alle Türen waren verschlossen. In all meiner Wut und Verzweiflung kletterte ich über die Mauer, landete in Hassos Garten und lief über den Steinweg bis zum Tennisplatz. Dort sah ich Meikel. Anna und Hasso spielten Tennis, als wäre überhaupt nichts geschehen. Hasso blickte zu mir, ahnte wohl was ich wollte und schrie: »Wie kommen Sie auf mein Grundstück? Verschwinden Sie sofort!« Ich schrie mutig zurück: »Seit wann, sagen Sie zu mir ›Sie‹? Sind Sie nun ganz durchgedreht?« »Dann nimm' das Vieh wieder mit und geh!« rief er zurück. Ich nahm den Puma auf meinen Arm und ging. Ein kolumbianischer Gast, es war wohl ein Onkel von Anna, wollte mir auf dem Rückweg den Weg versperren, aber ich schaute ihn scharf an und meinte nur: »Verschwinde!« Er trat zurück. In diesem Moment hasste ich alle Kolumbianer hier. Sie waren für mich wie eine untereinander verbündete Mafia.

Sina freute sich riesig, dass der Puma wieder da war, aber mir versagten fast die Kräfte. Um noch mehr Ärger zu vermeiden, fuhren Sina und ich mit dem Bus nach Can Pastilla zu Andreas. Wir saßen dort wie ein Haufen Elend zusammen und wussten nicht mehr weiter. Eines war uns klar: Wir lebten nun einmal hier auf Mallorca und hier gab es keine öffentliche Unterstützung. Etwas gegen so einen mächtigen Mann wie Hasso Schützendorf in einem fremden Land zu unternehmen? Es war völlig sinnlos! Ich sagte zu Andreas flehend: »Du musst so schnell wie möglich einen Job bekommen. Ich werde bei Hasso solange die Stellung halten, schon allein, um unsere letzten Sachen zu retten!« Sina und ich fuhren traurig zurück. Immer wieder dachte ich: ›Wie kann ein Mensch nur so sein?‹ Viel Schuld gab ich zwar auch Anna, aber letztendlich entschied Hasso!

Am nächsten Morgen erschien ich nicht zur Arbeit, sondern blieb in der Wohnung. Mittags verließen Hasso und Anna das Anwesen. Da kam plötzlich Jose zu mir und sagte: »Hasso möchte, dass du sofort wieder im Haus arbeitest!« Eine Stunde lang hielt ich es aus, doch dann schrieb ich einen Zettel: »Lieber Hasso! Bevor Sie nicht mit mir gesprochen haben, ist es mir unmöglich, hier weiter zu arbeiten!« Am Abend kam Anna zu mir und sagte sehr unfreundlich: »Hasso will mit dir sprechen!« Ich betrat sein Zimmer und setzte mich. Er verhielt sich ganz ruhig. Ich sagte zu ihm: »Bitte lassen Sie mich hier weiter mit meiner Tochter wohnen, bis ich eine andere Bleibe gefunden habe. Es ist mir nicht mehr möglich, hier noch weiter zu arbeiten, dafür ist einfach zu viel vorgefallen.« Er erwiderte einlenkend: »Also gut, wie du willst.« Er war nun sehr verständnisvoll, gab mir den Wagenschlüssel wieder und äußerte den Wunsch: »Den Andreas aber möchte ich hier nicht mehr sehen!« Andreas und ich mussten schnellstens eine Lösung finden, denn ich spürte fast körperlich Annas Hass. Ihr gefiel Hassos Entscheidung natürlich überhaupt nicht. Sie war mit Sicherheit erst dann zufrieden, wenn auch ich aus seinem Einflussbereich endgültig verschwunden war. Ich fuhr also zu Andreas in das Hostal, um die hoffnungslose Lage mit ihm zu besprechen. Er war verzweifelt. Er hatte auf jede seiner Bewerbungen auf einen Job nur Absagen bekommen. Unser Geld wurde immer knapper. Panik überwältigte uns beide. Ohne Resultat und ohne Hoffnung auf Besserung fuhren Sina und ich wieder nach Hause.

Zwei Wochen hielt diese Situation an, dann ereignete sich das zu erwartende bitterböse Ende! Ich hätte wissen müssen, daß es unmöglich sein musste, sich dem

Zorn einer einflussreichen Gattin zu entziehen. Anna und Hasso fuhren auf den Hof. Ich befand mich mit Sina gerade bei Puma Meikel. Mit wütender Stimme befahl Hasso: »Ich will dich und dein Kind hier nicht mehr sehen! Pack' noch heute deine Sachen und sieh zu, dass du verschwindest!« Ich wusste sofort, dass ein weiteres Gespräch zwecklos war. Anna musste wohl einen Weg gefunden haben, ihn zu dieser Entscheidung zu bringen. Hasso fügte noch ergänzend hinzu: »Heute Abend kommen neue Mieter für die Wohnung!« Er gab mir nur diesen Nachmittag Zeit, alles einzupacken und mitzunehmen. Andreas musste mir dabei helfen, durfte Hasso dabei jedoch nicht begegnen. Ich holte also Andreas ab. Deprimiert und zugleich wütend packten wir wieder einmal unsere Sachen in die Kartons. Nachdem alles fertig war, stellte sich die Frage: »Wohin damit?« Uns fehlte das Geld für eine Spedition. Wir räumten sämtliche Kartons und Kleinigkeiten in einem Raum, der sich direkt neben der Diele befand und nie benutzt wurde. Ich ging zu Hasso und fragte ihn: »Wir haben keinen Lastwagen! Unseren dürfen wir ja nicht mehr zu unserem Eigentum zählen. Können wir unsere Sachen hier eine Weile stehen lassen? Nur unsere Möbel sind noch in der Wohnung!« Hasso meinte unwirsch: »Von mir aus!«

Das war unser endgültiger Auszug aus Hassos Wohnung.

Kapitel 6

Was wird aus unserer Familie?

Wir befanden uns auf der Trauminsel Mallorca, auf der sich alle unsere Träume plötzlich in Alpträume verwandelt hatten. Waren wir verflucht? Warum hatten gerade wir so ein Pech? War das unser Schicksal? Wir konnten es uns nicht erklären. Jetzt schliefen wir alle in einem Hostal. Nur wenige Kleidungsstücke hatten wir gerettet. Wie und wann bekamen wir unsere letzten Sachen wieder zurück? Warum handelte Hasso derartig verantwortungslos und gleichgültig, obgleich wir doch sehr gut für ihn gearbeitet hatten? Hatte Hasso Schützendorf es nötig, Menschen, die für ihn arbeiteten, so unwürdig und rücksichtslos zu behandeln und sich dazu noch an ihnen zu bereichern? War es sein Reichtum, der ihn zu einem unbarmherzigen Diktator machte, welcher sich alles, auch Menschen, mit seinem Geld kaufen und seinen Launen freien Lauf lassen konnte? Oder war er Geisteskrank? Ich fragte mich ebenso, warum er uns noch seinen Wagen überließ, da die Kolumbianer es doch geschafft hatten, uns sogar als gefährliche Diebe darzustellen. Zwischenzeitlich telefonierte ich mit vielen Mitgliedern meiner Familie und erzählte ihnen alles – aber sie meinten nur abfällig: »Es ist ja nicht das erste Mal, dass ihr abgehauen seid, so schlimm kann es ja nicht sein. Wir können euch finanziell leider nicht unterstützen.«

Sicher, wir hatten uns diese Situation selbst eingebrockt, doch wer hätte gedacht, dass es solche Menschen gibt und es so schlimm enden würde? Egal, wir durften einfach nicht aufgeben, schließlich hatten wir die Verantwortung für unser Kind. Und jetzt gab es auch keine gültigen Regeln– nichts mehr war richtig oder falsch, darüber durften wir nicht mehr nachdenken – es ging ums nackte Überleben. Wir hatten den Kontakt zu Andreas Familie inzwischen völlig abgebrochen. Sie wollte mich ja auch nie akzeptieren. Dennoch kam mir jedoch eines Tages eine Idee.

Ich machte Andreas folgenden Vorschlag: »Wir haben noch eine Möglichkeit. Mittlerweile sind zwar fünf Jahre vergangen, aber rufe doch bitte deine Eltern an. Sag ihnen, dass wir getrennt leben und erzähl ihnen, dass du in Not bist! Sie werden dir bestimmt helfen!« Andreas willigte ein. Seine Eltern freuten sich riesig über seinen Anruf und sagten: »Wir werden dir helfen!«

Nun hatten wir wieder ein wenig Hoffnung, und schon ein paar Tage später fand Andreas bereits eine Anstellung als Handwerker in einem deutschen Dienstleistungsunternehmen. Man verlangte aber als Vorraussetzung, dass er einen festen Wohnsitz hatte. Daher bot uns der neue Arbeitgeber ein Apartment an, und Andreas Eltern überwiesen die für den Wohnungswechsel erforderliche Summe. Auch wenn wir jetzt ein wenig Licht am Ende des Tunnels sahen, glaubte ich nicht mehr, dass unsere Ehe noch zu retten war. Wir verbrachten keine friedliche Stunde mehr zusammen. Die Ereignisse der letzten Monate waren zu quälend gewesen und wir hatten uns beide verändert. Außerdem war ich davon überzeugt, dass Andreas wieder Drogen zu sich nahm. Eines Abends stritten wir so sehr, dass ich es nicht mehr ertragen konnte. Völlig kopflos packte ich die wenigen mir und meiner Tochter verbliebenen Kleidungsstücke zusammen, klemmte sie mir unter den Arm, nahm mein Kind und verschwand. Ich erreichte damit meinen absoluten Tiefpunkt. Nach allem, was wir mit Hasso Schützendorf erlebt hatten, war das nicht erstaunlich! Was sollte ich machen? Allein mit dem Kind fuhr ich verzweifelt durch die Nacht. Mallorca, Mallorca! Wir lernten diese Insel wirklich nicht von der Sonnenseite kennen! Ich zog Bilanz:Unser gesamtes Hab und Gut war noch bei Hasso, unsere Ehe gescheitert und sicherlich nahm Andreas wieder Drogen! Ich hoffte, dass ich mich täuschte und wollte vor den Problemen fliehen. So fuhr ich ziellos an diesem Abend und dieser Nacht über die Insel. Sina fragte mich schließlich:»Mama, wo schlafen wir denn heute?« Ich antwortete müde und deprimiert: »Ich weiß es nicht!« Ich hatte nur noch ein paar Cents in der Tasche. Völlig verwirrt erreichte ich schließlich Hassos Villa in Valdemossa. Es brannte Licht. Hasso war also anwesend. Ohne einen klaren Gedanken zu fassen, stieg ich aus und läutete. Anna kam heraus und fragte unwirsch: »Was willst du?« »Bitte frag deinen Mann, ob ich mit Sina wieder in die Wohnung kann.« erwiderte ich kleinlaut. Nach kurzer Zeit kam sie wieder und sagte:»Hasso bietet dir ein Zimmer über seinem Büro an!« »Nein! Ich möchte in die Wohnung, wo auch das Kinderbett von meiner Tochter steht!« begehrte ich auf. Anna verschwand wieder. Mittlerweile war es sehr spät, und Sina war sehr müde. Sie legte sich, während ich auf Antwort wartete, auf den Rücksitz und schlief sofort ein. Ich blieb mit dem Wagen vor der Villa stehen. Dort fühlte ich mich ein wenig sicher. In dieser Nacht war es sehr stürmisch und frisch, daher deckte ich mein Kind mit ein paar Kleidungsstücken zu. Ich begann mir wieder die Frage zu stellen: ›Warum das alles? Warum nur?‹ Plötzlich klopfte Anna an die Fensterscheibe: »Wenn du nicht sofort fährst, nimmt Hasso dir das Auto weg!« Ja, das verdammte Auto. Ich hatte es ja von Hasso. »Ist gut!« erwiderte ich. Sofort fuhr ich mit Vollgas davon. Mir fehlten die Worte.

Warum fuhr ich nicht wieder zu meinem Mann? Ich konnte es nicht! Vor vielen Jahren musste ich sehr viel mitmachen, als er Drogen nahm, und ich hatte Angst, es bestätigt zu bekommen, dass er wieder rückfällig geworden war. Also fuhr ich die ganze Nacht bis es hell wurde auf der Insel ziellos herum, während Sina schlief. Es war am frühen Morgen als ich in Son Sardina wieder an Hassos Anwesen ankam. Wo sollte ich sonst hinfahren? Dort blieb ich stehen, bis Jose zur Arbeit kam. Der Tank war inzwischen fast leer. Er sah mich und fragte sehr freundlich: »Was ist los?« Ich fing an zu weinen und erzählte ihm alles. Er sagte kurz: »Warte hier, ich bringe dir Benzin!« Er kam mit einem großen Behälter zurück, füllte den Tank voll und bat mich darum, Hasso davon nichts zu erzählen. Ich bedankte mich und fuhr wieder los, weiter, ziellos weiter. Sina wachte schliesslich auf und sagte gähnend: »Mama, ich habe Hunger!« Da hatte ich eine Idee und fuhr zur nächsten Telefonzelle. Von dort aus rief ich eine bekannte deutsche Wochenzeitschrift an und ließ mir den Chef geben. »Bitte,« sagte ich, »ich bin mit meiner Tochter hier auf Mallorca obdachlos und habe kein Geld mehr. Wissen Sie eine Stelle, an die ich mich wenden kann?« Der Mann gab mir eine Telefonnummer von einer Frau Müller, die in einer deutschen christlichen Gemeinde auf Mallorca arbeitete. Ich bedankte mich und rief dort an. Sie sagte anteilnehmend: »Kommen Sie erst einmal hier her!« Das tat ich erleichtert und fuhr sofort los. Ich musste zur Playa de Palma. Es war der Ort, der direkt an Can Pastilla grenzte. Nachdem Frau Müller mich freundlich begrüßt hatte, bat sie mich, ihr meine Lage zu schildern. Beim Erzählen fing ich zu weinen an. Sie tröstete mich und sagte: »Beruhigen Sie sich, ich kann Ihnen und Ihrer Tochter zunächst einmal ein Zimmer anbieten und jeden Tag vier Stunden Arbeit!« Was für eine gute Nachricht! Ich atmete auf.

Das große Haus der Gemeinde erstreckte sich über drei Etagen. Dort gab es viele Fremdenzimmer, welche an Studenten, Pastoren, Hebammen und andere Menschen vermietet wurden. Nebenan war eine Kapelle, in der Sonntags auch ein Gottesdienst in deutscher Sprache stattfand. Frau Müller führte uns auf die dritte Etage und wies uns ein Zimmer zu. Auf der gleichen Etage befand sich auch eine Gemeinschaftsküche und ein Aufenthaltsraum. Sie stellte mir ein Kinderbett zusätzlich in das Zimmer, gab mir ein wenig Geld und sagte: »Ihre Arbeit können Sie morgen antreten!« Anschließend zeigte sie uns das ganze Haus. Als wir die Kapelle betraten, betete ich zu Gott. Ich fühlte mich nach all den schrecklichen Ereignissen das erste Mal wieder so richtig geborgen. In dem Gemeindehaus lebte auch der Pfarrer. Ich bedankte mich herzlich und Sina und ich ruhten uns zunächst einmal aus. Danach besorgte ich etwas zu Essen. Frau Müller lud uns sodann für den Abend zu einem persönlichen Gespräch ein. Sie sagte freundlich: »Damit Sie auf andere Gedanken kommen, treffen wir uns heute Abend in einem Bistro. Es liegt eine Querstrasse weiter an der Ecke«.

Am Nachmittag während der Ruhepause versuchte ich über unsere Situation nachzudenken. Bei Andreas wollte ich mich vorerst nicht melden. Wie sollte bloß unsere Zukunft aussehen? Was für Möglichkeiten hatte ich zum Beispiel in Deutschland? Wahrscheinlich nur eine einzige – in einem Frauenhaus zu landen. Wen und was hatte ich noch auf der Welt? Ja, ich hatte meine Tochter, die ich über alles liebte und die Hoffnung, dass sich vielleicht irgendwann alles zum Guten wenden würde. Sina liebte aber ihren Vater genauso wie mich und vermisste ihn. Ich tröstete sie momentan mit der Erklärung: »Papa muss viel arbeiten!«

Am Abend trafen wir uns mit Frau Müller in dem besagten Bistro. Sie stellte mir die Besitzer des Lokals vor. Es waren zwei junge Leute. Sie hießen Moni und Micha. Frau Müller fragte dort nach, ob sie einen Job für mich hatten, aber leider benötigten sie niemanden. Wir saßen draußen auf der Terrasse und tranken etwas. So wie es auf Mallorca, in dieser Touristengegend üblich war, kamen ab und zu Straßenhändler vorbei und boten die unterschiedlichste Ware zum Kauf an.

Am nächsten Morgen trat ich um acht Uhr meine Arbeit an. Frau Müller war zwar freundlich, jedoch etwas streng. »In diesem Haus herrscht Ordnung!« sagte sie und fuhr sogleich fort: »Wir haben einen genauen Plan, was täglich gereinigt werden muss. Die Fremdenzimmer müssen hergerichtet, die Wäsche muss gewaschen und gemangelt, täglich der Hof gekehrt, und einmal die Woche die Kapelle von Grund auf gereinigt werden. An keiner Stelle darf Staub liegen oder in den sanitären Anlagen Wassertropfen zu sehen sein! Alles muss perfekt sauber gehalten werden!« Mir war es mittlerweile egal, was ich arbeitete. Die Hauptsache war, ich konnte mir ein wenig Geld verdienen und hatte ein Dach über dem Kopf. Mittags um zwölf Uhr war dann Feierabend. Schon nach zwei Tagen hatte ich mich einigermaßen eingelebt. Sina schlief nachts sehr schlecht und hatte Alpträume. Oft wachte sie schreiend auf und verlangte nach ihrem Papa. So entschloss ich mich, nun doch schließlich meinen Mann anzurufen. Ich erreichte ihn in der Firma, in der er tätig war, und vereinbarte einen Treffpunkt an der Playa de Palma am gleichen Nachmittag. Als Sina ihren Vater sah, rannte sie in seine Arme und weinte vor Freude. Er sah vollkommen verändert aus. Er war abgemagert, hatte dunkle Ränder unter den Augen und sein Verhalten mir gegenüber war eiskalt. Er machte mir richtig Angst. »Nimmst du wieder Drogen?« fragte ich ihn direkt. Er antwortete mürrisch: »Das geht dich nichts an!« Er erkundigte sich sodann, wo und wie ich nun lebte und schlug vor, Sina am Wochenende zu sich zu nehmen. Ich war einverstanden. Sina freute sich, denn sie liebte ihren Vater sehr, und was gab es Schöneres, wenn sie auch mit ihm ein wenig Zeit verbringen konnte? Aber ganz wohl war mir nicht bei dem Gedanken, dass Andreas nicht ganz sauber sein könnte.

Immer mehr Zeit verbrachte ich im Bistro an der Ecke bei Moni und Micha. Es entwickelte sich aus der losen Bekanntschaft eine Freundschaft. Sie standen mir und Sina sehr zur Seite. Ich half ihnen in der Küche und dafür bekamen wir dort regelmäßig eine warme Mahlzeit. So blieb ich weiterhin mit Sina in der Kirchengemeinde wohnen. Mittlerweile war es Hochsommer, jeder Tag war schön mit blauem Himmel und herrlichem Sonnenschein. Bei meiner Arbeit allerdings lief mir der Schweiß geradezu in Bächen herunter. Am Nachmittag gönnte ich mir dafür mit Sina einen Strandaufenthalt. Aber ich merkte, dass ich eigentlich gar nichts mehr so richtig froh genießen konnte. Mein Leben war voll bitterer Erfahrungen und ohne jegliche positive Zukunftsperspektiven, vor allem auf dieser Insel. Auf Dauer durfte ich in der Gemeinde auch nicht bleiben, dies war nur eine Not- und Zwischenlösung. Immer wieder rief ich Hasso an, um zu fragen ob ich ein wenig Kleidung von uns abholen kann. Doch jedes Mal ging Anna ans Telefon und legte einfach den Hörer auf. Oftmals war ich so traurig über alles, so dass ich in Tränen ausbrach und heftige Weinkrämpfe bekam. Immer wieder stellte ich mir auch die Frage: Warum sind wir direkt nach der Enttäuschung mit dem einen reichen Chef an den nächsten reichen Arbeitgeber geraten, der uns derartig ausnutzte und missbrauchte? Und ich kam zu dem Ergebnis: Durch ihren Reichtum haben diese Leute so viel Macht! Ich verfluchte in diesen Momenten alle reichen Leute, die sich so schlecht gegenüber ihren Mitmenschen benahmen.

Erstaunlicherweise durfte ich noch immer Hassos Mietwagen fahren, aber nun musste ich täglich dafür einen geringen Betrag bezahlen. Das wollte ich mir aber leisten, denn mit einem Wagen war ich flexibler. Von meinem Verdienst blieb nicht viel Geld übrig. Oft konnte ich Sina noch nicht einmal ein Eis kaufen, doch dann half ich wieder bei Moni und Micha und sie verwöhnten Sina dafür. Ich lernte dort viele deutsche Touristen kennen. »Haben Sie es gut! Hier bei herrlichen Sonnenschein zu leben!« sagten sie oft und beneideten mich im Stillen sicherlich. Sie konnten aber nicht ahnen oder gar wissen, unter welchen Umständen ich hier lebte.

Es war wieder einmal ein Wochenende und ich brachte Sina zu Andreas. Da wurden mir meine schlimmsten Befürchtungen bestätigt: Ich fand durch einen Zufall in seinem Schlüsselanhänger Drogen. Es waren nicht die starken, die ich aus seiner früheren Zeit kannte, aber es veranlasste mich, den Entschluss zu fassen, nie wieder mit ihm eine Beziehung einzugehen. Andreas meinte von mir darauf angesprochen dazu: »Das ist allein meine Entscheidung! Ich werde es auch nicht mehr ändern!« Sina war trotzdem gerne mit ihrem Vater zusammen, und zum Glück vergaß er nicht, sich während dieser Zeit auch wirklich gut um sie zu kümmern.

Es vergingen wieder zwei Wochen und ich rief noch einmal bei Hasso an. Dieses Mal meldete er sich persönlich. Ich fragte freundlich: »Kann ich ein paar Kleidungsstücke abholen?« Ich bekam zur Antwort: »Morgen Nachmittag um zwei Uhr kannst du alles abholen!« Nun musste ich einen großen Wagen besorgen und ich telefonierte mit Andreas. Aber er wusste auch keine Möglichkeit. Also fuhr ich am nächsten Tag zu dem Anwesen, um wenigstens ein paar Kleinigkeiten abzuholen und mit Hasso über eine Lösung zu sprechen. Ich läutete und rief in die Sprechanlage: »Hier ist Sabine! Heute wollte ich nur einen kleinen Teil mitnehmen, da ich noch keinen Lastwagen habe!« Kurz darauf kam Jose aus dem Eingangstor heraus und meinte: »Anna will, dass du deine ganzen Sachen heute mitnimmst. Wenn nicht, will sie alles verbrennen! Du musst dich also entscheiden, entweder sofort oder nie!« Auf ein Gespräch ließ sich niemand ein, also blieb mir keine andere Wahl, damit zu beginnen, unser Hab und Gut auf die Straße zu tragen. Das musste ich ganz allein machen, keiner wollte oder durfte mir dabei helfen. Die Kartons waren verdammt schwer. Ich bat Sina darum, sich währenddessen auf eine Mauer zu setzen und fragte Jose: »Kannst du mir bitte helfen unsere Möbel hinaus zu tragen?« Er antwortete: »Nein! Hasso hat gesagt, du hättest ihm die Möbel geschenkt!« Schnell versperrte er die Tür zu unserer Wohnung, in der sich noch die gesamte Kücheneinrichtung, Lampen und viele andere wertvolle Möbelstücke befanden. In einer solchen Situation blieb mir nur eine Lösung: Retten, was zu retten war. Heulend schleppte ich unsere Umzugskartons hinaus. Sinas große Stoff-Mickymaus, ihre Kindersitzecke, Dreirad, Kasperletheater und ihr Fahrrad.

Als ich damit fertig war, fragte ich Jose: »Kann ich bitte mit Hasso reden?« »Nein! Er will nicht!« antwortete er achselzuckend. Er wollte gerade das Tor verschließen, da rief ich: »Warte bitte noch einen Moment.« Wie in einem Wahn, ging ich zu meinem Wagen und holte einen Zettel. Darauf schrieb ich die absurden

Zeilen: ›Lieber Hasso! Ich bin so traurig über Ihr Verhalten. Ich habe Ihnen unsere Möbel nie geschenkt! Doch bitte, tun Sie mir den Gefallen, bleiben Sie immer gesund und mir ein guter Freund! Ich möchte Sie nicht verlieren!‹ Diesen Zettel gab ich Jose, mit der Bitte, ihn an Hasso weiterzuleiten. Dann verschloss er die Türe hinter sich.

Ich glaubte immer noch an die Macht des Guten und wollte nicht aufgeben. Meine Bemühungen konnten doch nicht völlig im Sande verlaufen, dachte ich. Außerdem war dies meine einzige Chance, um nicht alles zu verlieren. Bei einer totalen Konfrontation hätte ich sicherlich die Türe endgültig zugeschlagen, ohne Hoffnung, irgend eines Tages doch noch mein Recht zu bekommen.

Nun befand sich ein Teil unserer Sachen an einem Straßenrand, in einem kleinen Dorf vor Palma de Mallorca. Ich setzte mich gemeinsam mit Sina auf die Mauer. Wie sollte ich nun alles fortschaffen? Und wohin? Sina drückte ihre Micky-Maus und ich weinte. Was veranlasste mich dazu, einem Menschen wie Hasso noch nette Worte zu sagen? Ich wusste es nicht, vielleicht tat ich es nur aus einem Grund: ›Lege Dich nie mit dem Teufel an! Ja, Hasso war für mich der Teufel in Person.

Da fiel mir eine Geschichte ein. Hasso hatte einmal einem seiner Söhne einen Neuwagen geschenkt. Kurz danach stellte der Sohn etwas an, was dem Vater nicht gefiel. Hasso engagierte eine Person, die den Wagen in Brand setzte. Dies erzählte Hasso immer wieder mit stolz geschwellter Brust irgendwelchen Leuten, um ihnen zu imponieren. Ich dachte: Was könnte dann erst einer fremden Person alles passieren?

Die Sonne brannte uns nun senkrecht auf den Kopf. Zur Telefonzelle konnte ich nicht gehen, da sonst meine ganzen Sachen unbeaufsichtigt gewesen wären. Ich wusste nicht, was ich tun sollte. Ich betete, dass uns irgend jemand zur Hilfe kam, denn ich wollte diesen Teil meines mir verbliebenen Hab und Gutes nicht auch noch verlieren. Da kam plötzlich auf einem Motorrad ein Polizist vorbeigefahren. Ich hielt ihn an und fragte: »Bitte, können Sie uns helfen? Hier wohnt Hasso, er hat mich mit meinen ganzen Sachen auf die Straße gesetzt!« Aber ich vergaß, daß wir in einem fremden Land waren und Hasso, der König von Mallorca, in diesem Ort sehr bekannt war. Ich bekam daher von ihm lediglich die Antwort: »No, lo siento!« was übersetzt hieß: »Nein! Tut mir Leid!« Und er fuhr wieder weiter. Eine Stunde später öffnete Jose die Tür. Er brachte Sina und mir etwas zu trinken und einen Teller Suppe. »Pst.« meinte er, »Hasso und Anna schlafen. Ich will dir helfen! Gleich kommt ein Freund von mir mit einem großen Wagen. Wir fahren dir die Sachen fort. Wir müssen uns nur beeilen, damit wir fertig sind, bevor Hasso wieder aufwacht!« »Danke, Jose!« sagte ich erleichtert. Als der Freund endlich mit dem Wagen kam, ging alles blitzschnell. Wir fuhren zu Andreas Apartment. Da nicht viel Zeit war, stellten wir zunächst einmal alles dort an den Straßenrand. Dankend verabschiedete ich mich. Kurz darauf kam Andreas. Ich erklärte ihm die Umstände, und er wurde wieder richtig wütend: »Wenn der mir mal über den Weg läuft, bring' ich ihn um!« Wir schleppten die Sachen in sein Apartment.

Ich wohnte mit Sina weiterhin in der Kirchengemeinde, und am nächsten Morgen trat ich wieder pünktlich meine Arbeit an. Sina schlief noch, so konnte ich in Ruhe beginnen. Ich musste zunächst die Kapelle reinigen. Dieses Mal stellte ich mich direkt vor den Altar und schaute auf das Kreuz Jesu. Ich brach wieder einmal in Tränen aus und fragte: »Warum gibt es soviel Ungerechtigkeiten auf der Welt?« Ich war sehr verzweifelt, hatte aber einfach nicht den Mut, mit meiner Tochter ohne mein Eigentum nach Deutschland zurückzukehren. Außerdem fehlte mir dort auch eine Anlaufstelle. Sina vermisste ihren Papa sehr.

Frau Müller aus der Gemeinde sagte eines Tages zu allem Überdruss: »Leider können sie nicht mehr lange hier bleiben. Wir benötigen nun Ihr Zimmer für Gäste.« Also beschloss ich, zu Andreas in das Apartment zu ziehen. Er erklärte sich damit auch einverstanden. Es lag im südwestlich gelegenen Santa Ponça in einer großen Ferienanlage. Direkt vor dem Haus befand sich für alle Bewohner dieser Anlage ein großer Swimmingpool, und das Meer war nur zwei Minuten entfernt. In dem Apartment herrschte nach unserem Einzug dort äusseres und inneres Chaos. Einmal des Platzmangels wegen aber auch, weil Andreas wieder Drogen zu sich nahm.

Es vergingen zwei Wochen, in denen wir versuchten, uns so wenig wie möglich zu begegnen. Ich hatte mittlerweile eine Putzstelle in einem Privathaushalt angenommen, wohin ich das Kind mitnehmen konnte. Andreas arbeitete weiterhin als Handwerker. Der Zufall wollte es aber, dass das Apartment vom Eigentümer zum Verkauf stand und wir ausziehen mussten. Und wieder stellten wir uns die Frage: Was sollten wir nun machen? Andreas sagte schliesslich entnervt: »Mir reicht es jetzt! Bleibt ihr beiden hier! Ich gehe zurück nach Deutschland zu meinen Eltern!« Ich fragte ihn verzweifelt: »Wo soll ich denn mit dem Kind hin? Deine Eltern würden es bestimmt nicht dulden, dass ich mit dir komme. Zumal wir ja eigentlich getrennt sind!« Aber es gab keinen vernünftigen Ausweg. Er blieb dabei: Ich durfte nicht mitkommen. Schweren Herzens entschied ich mich dafür, dass er zum Wohle unserer Tochter Sina vorerst nach Deutschland mitnehmen sollte. Ich hielt es unter den gegebenen Umständen für die beste Lösung. Denn Sina liebte auch ihren Vater und sie gab ihm genau den Halt, den er benötigte, um nicht mehr durch die Einnahme von Drogen völlig abzurutschen. Ich begründete meine Entscheidung gegenüber Andreas: »Ich weiß nicht, wohin ich nach Deutschland gehen soll. Wir haben nicht das Geld für einen Umzug mit unseren Sachen! Also werde ich zunächst bis auf Weiteres hier bleiben!«

Wir beschlossen beide, dass dies die beste Lösung sei, zumal das Kind sehr viel durchgemacht hatte und zur Ruhe kommen musste. Unser verbliebenes Hab und Gut stellten wir bei einem Bekannten an der Playa de Palma ab. Dieser war Besitzer eines kleinen Cafés und hatte in seinem Lager noch ein wenig Platz für die paar Kartons. Andreas Eltern ließen die Flugtickets für ihn und Sina am Flughafen hinterlegen. Schon am selben Tag, als wir das Apartment verließen, kam auch sogleich der große, traurige Abschied für Sina und mich. Andreas gab mir noch ein wenig Geld, er wusste, dass auch ich es jetzt nicht einfach haben würde. Sina und ich weinten dabei bitterlich. Ich tröstete sie aber unter Tränen: »Sei nicht traurig, mein Kind, wir werden bald wieder zusammen sein, und es wird alles wieder gut!«

Es ist zwar schon lange her, aber ich werde diesen Tag niemals vergessen. Sechzehn Jahre lang habe ich mit meinem Mann zusammen gelebt. Ich hatte ihn früher einmal über alles geliebt. Und nun hatte ich ihn, meine Tochter und mein Heim verloren. Jetzt war mein zu Hause ein Mietwagen. Ich fuhr verzweifelt zur Playa de Palma und setzte mich auf einen Stein direkt ans Meer. Meine Sina – ich vermisste sie jetzt schon. Aber was wäre geschehen, wenn ich sie bei mir gelassen hätte? Sie hätte ihren Papa für immer verloren und auch noch viel mitmachen müssen. So kam sie zuerst einmal zur Ruhe. Ich saß viele Stunden dort an diesem Platz. Tausend Gedanken gingen mir durch den Kopf. Meine Ehe war zerbrochen. Alles war zerstört. Es war zuviel Unrecht durch zwei egoistische, reiche Arbeitgeber geschehen.

Ich beobachtete das Meer. Es war zwar sehr mächtig, aber heute spiegelte sich darin ganz ruhig die Sonne, es war ganz friedlich. Da fiel mehr der altbekannte Spruch ein: ›Jetzt sitze ich am Mittelmeer und habe keine Mittel mehr!‹ Welch bittere Ironie. Nach einer Weile stand ich auf, machte mir selbst Mut und sagte zu mir ganz laut: »Lass dich nicht hängen. Es muss weiter gehen! Ich suche mir jetzt einen Job und eine Wohnung, damit ich bald wieder mit meiner Tochter zusammen sein kann.« Dann stand ich auf und ging zu meinem Wagen.

Schon zu diesem Zeitpunkt wollte ich so schnell wie möglich Sina wieder bei mir haben und forderte im Stillen mein Recht von Hasso Schützendorf, dem Menschen, dem ich das ganze Übel zu verdanken hatte. Direkt am gleichen Abend fand ich wie durch ein Wunder einen Aushilfsjob als Kellnerin in einer Diskothek in der bekannten »Bierstrasse« in Arenal, die man durchaus mit der Altstadt von Düsseldorf vergleichen kann. Dort steht ein Vergnügungslokal neben dem anderen. In der Sommersaison ist dieses Gebiet jede Nacht mit sich amüsierenden Urlaubern total überlaufen Mein Arbeitgeber wusste nicht, dass ich nach Feierabend in meinem Wagen schlief. Aber schon am nächsten Tag hatte ich Glück. Ich traf eine Bekannte, sie hieß Irmgard. Sie war eine Frau von fünfzig Jahren, dabei sehr jugendlich geblieben, hatte lange blonde Haare und war sehr modern gekleidet. Wir kannten uns schon von früher flüchtig, da ihr Ehemann vor längerer Zeit als Manager bei Hasso im Büro tätig war. Auch er verlor ungewollt seinen Arbeitsplatz. Irmgard lebte mittlerweile von ihrem Mann getrennt und hatte in der Nähe der Bierstrasse an der Playa de Palma ein Zimmer mit Bad. Sie besaß auch einen kleinen Hund namens ›Pauline‹. Freundlicherweise bot sie mir an, vorübergehend in ihrem Zimmer zu schlafen. So konnte ich mich wenigstens ab und zu frisch machen und hatte auch wieder ein Bett, um richtig auszuschlafen. Sina und ich telefonierten noch spät am Abend und sie sagte zu mir: »Mama, ich bin gut angekommen. Hier ist es schön! Ich habe dich lieb!« Mir schossen die Tränen in die Augen und antwortete mit leiser Stimme: »Ich dich auch, Sina! Bald sind wir wieder zusammen!«

So gingen ein paar Tage dahin. Nach bereits kurzer Zeit beschlossen Irmgard und ich aber, uns zusammen eine Wohnung anzumieten, nicht zuletzt, um Kosten zu sparen. Wir hatten Glück und fanden eine, die sich in Can Pastilla befand. Es vergingen drei Wochen, es war Oktober, und die Saison ging langsam ihrem Ende zu. Meine Freunde Moni und Micha schlossen, so wie viele andere auch, während die Winterpause ihr Lokal. Damit glich Arenal einer verlassenen Goldgräberstadt und eine Ruhe kehrte ein, die weniger beruhigte, als bedrückte.

Nun lernte ich Mallorca so richtig kennen, denn wer auf dieser Insel im Winter keine Arbeit hatte, saß förmlich auf der Strasse. Es gab und gibt auch heute für Ausländer keine Unterstützung in Form einer Sozialhilfe, so wie in Deutschland. Eines nachmittags rief ich also Hasso wieder einmal an. Er sollte nicht denken, ich hätte alles vergessen. Außerdem bekam ich ja noch immer für einen Sonderpreis von ihm einen Mietwagen gestellt und allein dafür lohnte es sich bereits, den Kontakt aufrecht zu erhalten. Er meldete sich und ich sagte: »Hallo, hier ist Sabine, wie geht es Ihnen?« »Gut!« antwortete er kurz angebunden. Ich sagte wie immer nur: »Ich hoffe, sie bleiben gesund! Bis bald!« Ich konnte mir diesen Satz nicht verkneifen. Ich wusste zwar nicht genau, warum ich ihm das eigentlich immer wieder wünschte, aber ich tat es einfach, weil ich das Gefühl hatte, dass es wichtig war. Man konnte nie wissen, was die Zukunft noch bringen würde, und es war meiner Ansicht nach besser, sich nicht alles zu verderben und die Tür endgültig zuzuschlagen.

Nun bekam ich einen Anruf, dass auch das Lokal, in dem unsere Sachen untergebracht waren, für den Winter schließen wollte. Also brachte ich alles zu mir in die Wohnung. Da mir kein großer Wagen zur Verfügung stand, musste ich mehrmals fahren. Andreas hatte noch nicht das Geld, um die Kisten nach Deutschland kommen zu lassen. Außerdem wollte ich sie derzeit noch behalten, weil ich sie sicherlich brauchte, falls meine Tochter wieder zu mir zurückkam.

Es kam, wie es kommen musste. Bald darauf verlor ich meine Arbeit und nahm verschiedene Jobs an. Ein paar Tage darauf brachte Irmgard mich als Zimmermädchen in einer Pension unter, in dem sie auch tätig war. Die Pension lag in der Altstadt von Palma de Mallorca einem Stadtviertel, das aus sehr engen Gassen besteht. Machte ich dort einen Spaziergang, kam ich mir vor wie in einem großen Labyrinth. Schaute man an den verschiedenen Häuserfronten hoch, waren an fast jedem Fenster alte, mit verrosteten Gittern versehene, schmale Balkone zu sehen, die mir jederzeit abzubrechen drohten. Dort trockneten die Bewohner auf Wäscheleinen auch ihre Kleidung. Oftmals hing die Bettwäsche so weit hinunter, dass sie der darunter liegende Nachbar hätte greifen und an sich nehmen können, und aus vielen Wohnungen ertönten die verschiedensten Musikstücke.

Es gab hier viele bekannte Nachtbars, Diskotheken und sehr viele Tapas-Lokale. Das sind kleine Restaurants, die man in gewissem Sinne auch mit einem Schnellimbiss vergleichen kann, aber eben sehr speziell und auf eine feinere und gesündere Art. Dort erhält man die berühmten spanischen ›Tapas‹. Hinter einer Glasvitrine in verschiedenen Behältern offensichtlich gekühlt sieht der Gast viele Köstlichkeiten:

Kroketten aus Kartoffeln, aber auch mit Fisch gefüllte, dann Muscheln, Gambas, Fleischbällchen, verschiedene Salate und noch viele andere südländische Spezialitäten. Frei nach Wunsch kann sich jeder Besucher der Gaststätte einen Teller ganz nach seinem ›Gusto‹ bestellen.

Die Pension in der ich derzeit arbeitete, hatte – wie sehr viele Häuser in Palma – auch einen schönen ›Patio‹. Das ist ein Innenhof, den man erst durchqueren muss, bevor man die Haupteingangstür zum Haus erreicht. Meistens sind diese Patios ein idyllischer Blickfang: Die Wände sind oft mit wunderschönen Gemälden verziert und nicht selten sieht man ein ganzes Blumenmeer in bemalten oder schlichten Tontöpfen eingepflanzt, die auf dem gepflasterten Steinböden standen. Die Betreiber dieser Pension waren Engländer. Da sie die sehr schlicht eingerichteten Zimmer preisgünstig vermieteten, war das Haus fast immer ausgebucht und wir mussten nahezu im Akkord die Reinigungsarbeiten verrichten.

Daneben bewarb ich mich auf eine Stelle bei einer Agentur, die Statisten für Filme suchten. Auf Mallorca werden sehr viel Filme gedreht, da die Insel in ihrer Vielfalt und Schönheit und den vielen jährlichen Millionen Touristen sehr bekannt ist. Während eines Vorstellungsgespräches wurde ich gefragt: »Was haben Sie denn hier schon so alles gemacht?« »Oh,« antwortete ich, »darüber könnte ich ein ganzes Buch schreiben!« Der Mann lachte und gab mir eine Telefonnummer von einem seiner Bekannten. »Vielleicht kann er Ihnen weiter helfen!«

Es war Ende November. Immer wieder telefonierte ich voller Sehnsucht mit meiner Tochter. Sie hörte sich jedoch glücklich und zufrieden an, und ich hatte den Eindruck, Andreas hatte sie und sein Leben gut im Griff. Er lebte nach wie vor bei seinen Eltern. Ich wollte versuchen, hier auf dieser Insel eine sichere Stellung zu bekommen, damit ich meine Tochter bald wieder zu mir holen konnte.

Kapitel 7

Endlich eine Arbeit mit Zukunft – mit meiner Tochter ?

Ich wusste zwar einerseits, wie viele Probleme man auf Mallorca hatte, wenn man sozusagen nicht gut betucht war. Aber ich wollte es für meine Tochter dennoch schaffen, hier Fuß zu fassen. Ich vermisste sie sehr. Ich wählte die Telefonnummer, die ich anlässlich meines letzten Vorstellungstermins von der Agentur erhielt. Es meldete sich ein Mann. Ich sagte aufgeregt: »Guten Tag, ich rufe auf Empfehlung eines Bekannten von Ihnen an. Er sagte mir bei unserer Begegnung, sie könnten mir vielleicht weiter helfen!« Der Mann fragte distanziert: »Worum geht es denn?« Ich schlug ihm vor, mich einmal mit ihm zu treffen, was er sofort bejahte. Also vereinbarten wir einen Termin in einem Bistro, welches auch in den Wintermonaten geöffnet hatte, und er teilte mir für alle Fälle seine Mobiltelefonnummer mit. Ich fand diesen Treffpunkt nicht auf Anhieb und musste ihn nochmals anrufen. Er erklärte mir den Weg. Als ich mein Ziel schliesslich erreicht hatte, fuhr der von ihm am Telefon beschriebene Wagen vor. Ein kleiner Mann mit Bart und Brille kam auf mich zu. »Hallo,« sagte er, »da haben wir es ja doch noch geschafft, uns zu treffen!« Wir gingen zusammen hinein. Dieser Herr machte einen anständigen Eindruck auf mich, und wir unterhielten uns sehr lange. Bekleidet mit einem dunkelblauen Anzug, einem hellblauen Hemd und einer dazu passenden Krawatte wirkte er sehr geschäftstüchtig und machte einen seriösen Eindruck. Es war nicht einfach, ihm von meinen bisherigen Erlebnissen zu berichten. »Ich kann dir helfen.« meinte er schließlich. »Ich benötige eine Sekretärin für mein Büro. Wenn du willst, kannst du sofort morgen bei mir anfangen!« Ich wusste in dem Moment nicht, was ich davon halten sollte, zumal er auch direkt sehr vertraulich wurde. Aber ich vereinbarte mit ihm bereits für den nächsten Tag einen Termin in seinem Büro.

Ich fragte mich: Was ist das für ein Job, den man nach nur einem Gespräch und dann noch in einem Bistro angeboten bekam? Aber nun ja, wenn man auf Mallorca lebte und es dazu noch Winter wurde, klammerte man sich an jeden Strohhalm, den man gereicht bekam.

Am nächsten Tag suchte ich sein Büro auf. Es lag mitten in Palma, in der vierten Etage eines großen Geschäftshauses. Ich betrat es und der Herr vom Tag vorher begrüßte mich freundlich. Zuerst einmal erklärte er mir sein Geschäft. Er hatte ein Unternehmen für Neuankömmlinge, die auf die Insel kamen und sich aus Gründen sozialen Kontaktes einem Verein anschließen sollten. Die Mitglieder dieses Vereins bekamen dann eine gewisse Hilfe und zahlten dafür einen kleinen Beitrag. Er brachte in diesem Zusammenhang auch monatlich eine Zeitschrift heraus. Er befand sich allerdings noch ziemlich am Anfang seines Vorhabens, und als ich immer mehr den Überblick über sein Geschäft bekam, dachte ich mir: ›Ich könnte mir sehr gut vorstellen, dieses Unternehmen mit ihm zusammen aufzubauen. Ich träumte bereits: Vielleicht dauert es nicht mehr lange und ich habe meine kleine Sina wieder!« Am nächsten Tag schon bekam ich meinen Arbeitsvertrag und zwei Tage später lud er mich zu einer Mitgliederfeier ein. Es waren zwar nicht viele Personen anwesend, aber sie waren alle sehr elegant gekleidet und ich fühlte mich irgendwie fehl am Platz. Dann kam der Moment, wo mein neuer Chef jede anwesende Person mit Namen und Tätigkeit vorstellte. Als ich an die Reihe kam wurde mir ganz flau im Magen. Er sagte aber nur: »Das ist Sabine, sie hat schon viele Enttäuschungen auf der Insel erlebt und möchte auch einmal ein Buch darüber schreiben!« Ich unterhielt mich mit den Gästen, und als der Abend zu Ende war, fuhr Eduard, so hieß mein Chef mit dem Vornamen, mich wieder zurück nach Palma. Wir verabschiedeten uns für den nächsten Morgen. Ich hatte den Eindruck, dieser Eduard war in mich verliebt, aber sicher war ich mir nicht – ich konnte mich ja auch irren.

Am nächsten Tag erschien ich pünktlich zur Arbeit und er arbeitete mich langsam in das Geschäft ein. Es machte mir richtig Spaß. Die Bürozeiten waren täglich von acht bis dreizehn Uhr. Ich merkte auch, dass er irgendwie auf mich angewiesen war, denn er lebte noch nicht fest auf Mallorca. Alle vierzehn Tage flog er außerdem nach Hause zu seiner Familie. Während der Arbeit musste ich wohl des öfteren einen traurigen Eindruck gemacht haben, denn er sagte dann stets: »Schau nicht so traurig. Du hast viel miterlebt, ich werde dich nicht enttäuschen!« Ich fragte ihn einmal daraufhin: »Warum hast du mich denn eingestellt?« Ich bekam zur Antwort: »Weil ich dich mag und glaube, dass du mir eine große Hilfe bist.« Das hörte ich natürlich gern. Als ich gut eingearbeitet war, kam der Tag, an dem er wieder einmal für zwei Wochen nach Deutschland fliegen musste. Ich sollte nun allein die Stellung halten. Ich war begeistert von der Büroarbeit und setzte meine ganze Energie für meinen neuen Job ein, vor allem weil ich nur ein einziges Ziel vor Augen hatte, nämlich, wieder mit meiner Tochter zusammen zu kommen. Das Interessante an der neuen Arbeit war, dass ich täglich im Kontakt mit Personen stand, die sich entschieden hatten, für immer auf Mallorca zu leben. Gerade ich konnte ihnen Ratschläge aus eigener Erfahrung geben.

Als Eduard wieder zurück kam, war er mit meiner Arbeit sehr zufrieden. Da sein Unternehmen auch monatlich ein Magazin herausbrachte und er dieses selbst gestaltete, war er sehr viel zu Eröffnungsfeiern neuer Ladenlokale und zu vielen aktuellen Anlässen unterwegs. Er machte daneben Berichte und Fotos über schöne Landschaften von Mallorca. Auch wenn meine Arbeitszeit eigentlich um dreizehn Uhr endete, fuhr ich am Nachmittag mit ihm gerne überall hin.

Eines Tages bekam er eine Einladung von einem sehr einflussreichen Mann auf der Insel, der seinen Geburtstag feierte, und es sollten dort viele prominente Gäste erscheinen. Ich sollte auch mit ihm auf dieses Fest gehen, doch vorher hatten wir noch einen Termin anlässlich der Gründungsversammlung eines neuen Tierschutzvereines. Gerade in den südländischen Ländern, so auch auf Mallorca, gibt es viele Tiere, die kein zu Hause haben und verwahrlost auf den Straßen leben. Viele

Katzen und Hunde streunen herum und in vermehren sich daher unkontrollierbar in Windeseile. Die auf der Versammlung anwesenden Personen, unter anderen auch verschiedene deutsche Tierärzte, diskutierten darüber, wie man diesem Elend ein Ende setzen könnte. Es war sehr interessant dort, zumal eine bekannte Schauspielerin, die sich sehr für Tiere in der Not einsetzte, auch anwesend war. Mir machte es Spaß und ich war auch stolz, vor allem mich mit ihr unterhalten zu dürfen. Diese Frau bekam mit, dass Eduard und ich noch im Anschluss zu der Geburtstagsfeier gehen wollten und sie bat uns: »Könntet ihr mich mitnehmen?« Wir hatten nichts dagegen einzuwenden und nach zwei Stunden machten wir uns gemeinsam auf dem Weg. Die Feier fand in einem Hotel in Andratx statt, einem Ort an der Südwestküste Mallorcas, vor allem bekannt als sehr noble Gegend. Nur die wenigsten Menschen können sich dort einen dauerhaften Aufenthalt erlauben. Dort angekommen, stiegen wir alle drei aus dem Wagen und gingen zur Eingangstür des Festsaales. Links und rechts des Einganges stand Wachpersonal, um nicht erwünschte Gästen abzuweisen. Eduard zeigte seinen Presseausweis, die Schauspielerin war sowieso bekannt, somit wurden wir ohne Probleme hineingelassen. Wir betraten den Raum, und – plötzlich trafen uns die Blicke aller Gäste. Die Fotografen stürzten sich auf uns und machten Bilder von dem Star und ich stand direkt neben ihr. Der gesamte Festsaal war angefüllt mit Gästen, die sehr elegant gekleidet waren. Die Frauen waren mit dem teuersten Schmuck behangen. Lauschte ich den Gesprächen, fielen fast nur die Wörter wie, »Golf spielen«, »unsere Villa«, »die Börse« und so weiter, es waren eben sehr reiche oder zumindest gut betuchte Gäste. Ich persönlich bemerkte allerdings, wie abstoßend auf mich all diese oberflächlichen Menschen wirkten. Ich mochte einfach niemanden mehr, der reich war, nach all dem, was ich mit dieser Kategorie Menschen erlebt hatte! Nach zwei Stunden und einem hervorragenden Abendessen machten Eduard und ich uns wieder auf dem Heimweg. Als ich nach Hause kam, war Irmgard noch wach. Ich erzählte ihr alles und sagte: »Irmgard, es ist so ein toller Job! Ich komme herum, die Arbeit macht mir Spaß und ich habe wieder eine Zukunft, für mich und meine Tochter!«

Am nächsten Morgen, noch vor meinem Arbeitsbeginn, rief ich Andreas an und erzählte ihm stolz: »Stelle dir vor, ich habe hier einen Job gefunden, der eine Zukunft hat!« Ich erzählte ihm alles und sagte noch zum Abschluss: »Vielleicht kann Sina bald zu mir kommen!« »Ja, ja, lass mich in Ruhe, ich habe meine eigenen Sorgen!« war allerdings alles, was er dazu sagen konnte. Mein Herz tat mir weh, wenn ich an Sina dachte. Doch was für eine Wahl hatte ich zu diesem Zeitpunkt? Eine Woche später bat ich Eduard um zwei Wochen Urlaub. Ich begründete meine Bitte: »Ich brauche diese Zeit. Ich will in Deutschland nach dem Rechten sehen und halte es vor Sehnsucht nach meiner Tochter nicht mehr aus!« Er war damit einverstanden und sagte abschließend: »Ich hoffe du kommst aber wieder! Du bist eine gute Arbeitskraft und ich brauche dich hier!« Ich rief Andreas an und teilte ihm mit, dass ich für zwei Wochen kommen würde. Er hielt es auch für wichtig, denn er wollte mir etwas mitteilen.

Bevor ich allerdings die Insel verließ, klingelte ich noch einmal bei Hasso durch: »Hallo, wie geht es Ihnen?« »Gut!« bekam ich wie immer zur Antwort. Ich sagte ihm, dass ich für zwei Wochen meinen Mietwagen abgeben würde, weil ich nach Deutschland müsste und ihn danach wieder benötigte. Er willigte ein. Am nächsten Tag landete ich in Deutschland. Ich konnte es kaum erwarten, meine Tochter wiederzusehen. Andreas holte mich vom Flughafen ab. Ich fragte ihn sofort: »Wo ist Sina?« »Bitte bleib ganz ruhig!« sagte er. »Sina ist gut aufgehoben. Lass uns erst einmal ins Café gehen!« Ich wusste nicht was los war. Mich beschlich jedoch sofort ein ungutes Gefühl. Als wir im Café saßen, holte er aus seiner Tasche einige Papiere heraus. Diese waren vom Gericht! Ich glaubte nicht, was ich darauf las. Es war ein Urteil, welches besagte, dass das Aufenthaltsbestimmungsrecht und die elterliche Sorge an meinen Mann gegangen war. Die Begründung lautete: »Die Mutter hält sich seit längerer Zeit in Spanien auf.« Ich schluckte und fragte entsetzt: »Was bedeutet das?« »Das bedeutet, dass du nicht mehr bestimmen darfst, wo sich unsere Tochter aufhält und ich allein das Sorgerecht erhalten habe!« erwiderte er kalt. Ich schluckte wieder. Ich glaubte plötzlich, keine Luft mehr zu bekommen. »Ich will Sina ab jetzt ohne dich groß ziehen.« setzte er noch einen drauf. Wut stieg plötzlich in mir auf und ich sah ihm offen in die Augen: »Das ist doch nicht wahr? Wie soll es denn jetzt weiter gehen? Wo ist Sina?« »Sie ist bei meiner Mutter. Du darfst sie nicht sehen!« gab er mir unbarmherzig zur Antwort.

I ch konnte das alles kaum fassen und war so geschockt, dass ich nicht reagieren konnte. Ich fühlte mich wie gelähmt. Andreas fuhr mit mir in seine Wohnung, die er sich mittlerweile in einem kleinen Vorort von Dortmund angemietet hatte. Ich verliess sie sofort und fuhr mit dem Bus zu seinen Eltern. Die Sehnsucht nach meiner Tochter war zu groß, als dass ich noch länger warten wollte, und die gerichtlichen Anordnungen waren mir völlig gleichgültig. Als ich dort angelangte und klingelte, weigerte sich Andreas Mutter, mich ins Haus hinein zu lassen. Ich hätte sie in diesem Moment erwürgen können. Doch plötzlich hörte Sina meine Stimme, kam das Treppenhaus hinunter gelaufen und schlüpfte durch die Haustür. Weinend umarmten wir uns. Da kam auch schon Andreas angefahren. Er stieg aus seinem Wagen, kam auf uns zu und bat mich wütend: »Geh’ bitte!« Ich wollte keinen Schaden um Sina herum anrichten, also folgte ich lieber seiner Anweisung und verließ traurig und verzweifelt das Haus.

Am nächsten Tag holte Andreas Sina von seinen Eltern ab. Er hatte für den Nachmittag die zuständige Person des Jugendamtes in seine Wohnung bestellt. Er wurde jetzt allerdings im Beisein des Beamten ein wenig vernünftiger und wir handelten zunächst aus, dass er mir nie wieder das Kind vorenthalten durfte. So hatte ich zumindest das Recht, Sina bei jedem meiner Besuche in Deutschland zu sehen. ›Tolle Situation!‹ dachte ich verzweifelt, ›Ich verzichte vorübergehend zuerst zum Wohle des Kindes auf meine Tochter und meinem Mann und jetzt soll ich sie beide für immer verloren haben?‹ Ich hatte zwar das Recht, Berufung gegen das Urteil einzulegen, doch um das tun zu können brauchte ich als Mutter eine gesicherte Lebensbasis und auch einen guten Rechtsanwalt. Dazu fehlten mir aber die finanziellen Mittel. Ich musste jedoch irgendwie einen Weg finden.

Ich reiste also zunächst unverrichteter Dinge wieder nach Mallorca. Der Abschied von Sina war sehr schmerzhaft. Andreas bat mich, unser Hab und Gut bei einer Möbelspedition aufzugeben, seine Eltern wollten die Kosten dafür übernehmen.

Auf Mallorca angekommen, bestellte ich am gleichen Tag das Umzugsunternehmen. Aber das tat ich ausschließlich meinem Kind zuliebe. Alle ihre Sachen kamen somit wieder zurück nach Deutschland. Ich hoffte allerdings, dass Sina nicht so sehr unter der Trennung litt, wie ich! Ihr ging es aber gut und ihr Vater kümmerte sich tatsächlich vorbildlich um sie, das mußte man zu seiner Ehrenrettung sagen! Sina hatte zwar immer den Wunsch gehabt, dass sie mit Papa und Mama möglich bald wieder zusammen leben konnte. Doch diesen Wunsch konnte ich ihr leider im Augenblick unter diesen Umständen nicht erfüllen.

Am nächsten Tag trat ich wieder wie gewohnt meine Arbeit an. Aber am Nachmittag nahm ich mir die Zeit und fuhr ans Meer, um über alles wieder einmal gründlich nachzudenken. Eines war mir bewusst: Meine Tochter liebte ihren Papa genauso wie mich. Ich konnte meinem Mann keinen Halt mehr geben, also war sie es, die ihm diesen Halt gab. In mir kamen die ganzen Erinnerungen hoch und wurde mir meiner Lage bewusst. Ich besaß nichts mehr. Alles, einfach alles, alles hatte ich nun endgültig verloren. Nur mit ein paar Kartons, gefüllt mit meinen wenigen verbliebenen persönlichen Sachen und zwei Reisetaschen mit Kleidung, lebte ich nun auf Mallorca, dem angeblichen Ferienparadies, in Wahrheit einer Hölle für unbemittelte Aussteiger. Mir blieb einzig allein die verzweifelte Sehnsucht, möglichst schnell meinem Kind wieder eine Mutter sein zu können! In mir stieg wieder eine tiefverwurzelte und zurückgedrängte Wut auf. Die Wut auf meinen letzten Arbeitgeber, Hasso Schützendorf. Was dieser Mensch in meinem Leben zerstört hatte, könnte er auch nicht mit Millionen wieder gut machen! Meine Gedanken waren wie in einem Wahn, und ich stellte mir dauernd nur die eine Frage: »Wie bekomme ich von dieser schrecklichen Person mein Recht?«

Ich hatte drei Möglichkeiten. Einmal die erste, einfach alles zu vergessen und wieder einen Neuanfang zu beginnen. Die zweite war, mir einen Rechtsanwalt zu nehmen und den gesamten finanziellen Verlust, der bis in die Tausende ging, einzuklagen. Dazu fehlten mir Geld und Möglichkeiten – und dann gegen so einen einflussreichen und mächtigen Menschen? Keine Chance! Somit dachte ich: »Ich werde also drittens nur noch um mein Recht kämpfen und meine Waffe gegen das Böse wird nach wie vor das Gute sein!« Mehrere Stunden der Grüblerei vergingen, bis die Sonne unterging, dann fuhr ich wieder nach Hause.

In meine neuen Tätigkeit arbeitete ich mich immer besser ein und langsam bemerkte ich, dass mein Chef Eduard mit vielen Lügen versuchte, neue Mitglieder für seinen Verein zu werben. Mir war es irgendwo egal, ich folgte seine Anweisungen. Wenn ich Anrufe erhielt und mir jemand die Frage stellte: »Wie viele

Mitglieder haben Sie?« sollte ich eine weitaus höhere Anzahl als die tatsächliche angeben. Er versuchte mit allen Tricks, sein Unternehmen grösser erscheinen zu lassen, als es tatsächlich war. Meine Arbeitskraft konnte ich sehr gut einsetzen. Durch meine mittlerweile guten Spanischkenntnisse und Erfahrungen auf der Insel konnte ich auf fast jede Frage eine Antwort geben. Ich wusste viele Dinge – ob es um den Einkauf bestimmter Waren, eine Wohnungssuche, einen Telefonanschluß zu organisieren, eine Arbeitsgenehmigung zu beschaffen oder um Geschäftsgründungen ging. Wenn ich Anrufe von Personen erhielt, die den Wunsch hatten, für immer auf die Insel umzusiedeln, gab ich den Leuten stets den Rat: »Brechen Sie nicht sofort alle Brücken in Deutschland ab. Behalten Sie Ihren Wohnsitz solange, bis Sie hier Fuß gefasst haben!« Weiterhin musste Eduard alle zwei Wochen nach Deutschland fliegen und ich hielt in dieser Zeit allein die Stellung im Büro. Ich hatte die Verantwortung und baute seine Firma mit auf.

Wenn ich morgens an meinem Bürotisch saß und das Fenster weit öffnete und hinausschaute, genoß ich die wunderschöne Aussicht. Auch heute war wieder ein strahlend blauer Himmel, und ich hatte einen schönen Blick über die Dächer von Palma de Mallorca bis hin zur berühmten Kathedrale am Anfang des Hafens. Schwalben tummelten sich mit munterem Zwitschern am Himmel.

Jeden Morgen, wenn ich das beobachtete, rollten mir bei diesem Schauspiel ein paar Tränen über die Wangen – ich war einsam und voller Sehnsucht nach meiner Tochter und traurig vor Kummer über die vergangene Zeit. Meistens wurde ich aus meinen trübsinnigen Gedanken nur durch die Geräusche eines ankommenden Faxes oder durch das Klingeln des Telefons gerissen. Als Eduard dieses Mal aus Deutschland kam, holte ich ihn wie immer ab, und bei der Begrüßung umarmte und küsste er mich besonders stürmisch und sagte: »Ach, ich habe dich so vermisst!« Abwehrend stemmte ich meine Arme gegen ihn und antwortete: »Verstehe mich nicht falsch, aber bitte lass mich damit in Ruhe! Ich will nur meine Arbeit bei dir machen und mehr nicht!« Ein wenig geknickt fuhr er mit mir ins Büro. Zusammen planten wir die nächsten zwei Wochen unserer Arbeit. Die Tage wurden mit Terminen voll gestopft. Jeden Monat erschien in seinem Magazin eine Seite, die den Titel ›Interessante Menschen‹ trug. In dieser Serie brachte er Interviews mit prominenten Personen auf dieser Insel. Eines Nachmittags hatte er zum Beispiel einen Termin mit einem inselbekannten Ehepaar, welches Panther dressierten. Er konnte den Termin leider nicht wahrnehmen und bat mich, für ihn die Sache zu übernehmen. Ich war begeistert und sagte: »Natürlich fahre ich dort hin. Mir macht es bestimmt Spaß!« Mit einer Kamera und einem Notizblock bewaffnet fuhr ich los und machte mein Interview. Später schrieb ich auch den Artikel dazu, und dieser wurde mit den Fotos veröffentlicht. Ich war sehr stolz. Ich fragte Eduard, an einer weiteren derartigen Tätigkeit interessiert, daraufhin: »Darf ich vielleicht noch mehr Interviews mit berühmten Menschen für dein Magazin erstellen?« Er erwiderte begeistert: »Natürlich, wenn es dir Spaß macht! Du weißt doch, ich möchte, dass du hier zufrieden bist und ich werde dich auch nicht enttäuschen, wie mein Vorgänger!« Er meinte Hasso Schützendorf. Aber leider bemerkte ich, dass er mich nun immer stärker persönlich bedrängte und seine Annäherungsversuche intensivierte. Manchmal waren sie kaum zu ertragen. Dadurch, dass ich ständig mit ihm in der Öffentlichkeit zu sehen war, unterstellte man mir ohnehin schon ein Verhältnis mit ihm. Das passte mir zwar nicht, doch ich wollte andererseits natürlich meinen Job nicht verlieren.

Eines Tages stand der Umzug seiner Firma in ein neues Domizil bevor. Er mietete ganz in der Nähe eine sehr große Wohnung. Vier Zimmer davon plante er als Unterkunft für Neuankömmlinge auf Mallorca zu nutzen, die restlichen zwei Räume waren als sein Schlafzimmer und sein Büro vorgesehen. Mit den Mieteinnahmen dieser Gäste holte er die Gesamtkosten für die Wohnung wieder rein. Diesen Gästen bot er neben dem Schlafzimmer und Bad auch eine Gemeinschaftsküche und einen Aufenthaltsraum an. Alles war sehr familiär und hatte weniger den Anschein üblicher, steifer Geschäftstätigkeit. Ich war nach wie vor seine einzige Angestellte und arbeitete als Allroundkraft. Angefangen von der Arbeit einer Sekretärin, einer Redakteurin bis hin zur der einer Köchin und Reinigungsfrau – ich machte alles. Die meiste Energie steckte ich natürlich in meine Aufgabe, für die Zeitschrift zu schreiben. Ich interviewte verschiedene prominente Personen und veröffentlichte auch kleine Geschichten. Während der ersten Zeit nach seinem ersten vergeblichen Ansturm ließ mich Eduard in Frieden, doch es dauerte nicht lange und er bedrängte mich wieder. »Ich habe Geduld, irgendwann werde ich dich schon herum bekommen!« war sein Motto. Er wollte nicht aufgeben, trotz meiner abwehrenden Reaktionen.

Ich fuhr immer noch einen Mietwagen von Hasso und rief ihn regelmäßig an, sendete ihm Unterlagen von unserem Verein zu und erstaunlicherweise trat er diesem sogar bei. Wir planten eines Tages eine Einweihungsparty für die Inbesitznahme der neuen Wohn- und Geschäftsräume. Es wurden viele Einladungskarten an prominente Gäste und unter anderen auch an Hasso und Anna verschickt. Als ich ihn anrief und fragte: »Kommen Sie?« antwortete er spontan: »Ja, selbstverständlich.« Eduard äußerte sich dazu ironisch: »Muss man dir erst so viel Böses antun, damit du nett zu einem bist?« Er begriff natürlich meine Strategie gegenüber Hasso nicht. Wie konnte er auch. Ich jedenfalls war überzeugt, dass mein Verhalten Hasso gegenüber meine einzige wirksame Waffe gegen ihn sei.

Die Einweihungsfeier begann, alles war vorbereitet. Eine bekannte Künstlerin stellte zu diesem Anlass ihre Ölgemälde aus und für jeden Gast stand ein Glas Sekt bereit. Die deutsche und spanische Presse war auch geladen. Wir selbst fotografierten die Bilder für unser Magazin. Viele der geladenen Gäste erschienen – und dann trat Hasso Schützendorf ein! Allein, unspektakulär und einfach gekleidet. Es war das erste Mal nach dem ganzen Alptraum, dass ich ihn wieder sah. Alle Erinnerungen kamen in mir hoch - und auch meine Hassgefühle, aber ich begrüßte ihn dennoch sehr freundlich und bewirtete ihn besonders gut. »Wo ist Anna?« fragte ich ihn. Er erwiderte: »Die sitzt im Wagen und wollte nicht mit hineinkommen! Ich muss auch gleich wieder los. Ich wollte nur mal reinschauen.« Kurz vor der Verabschiedung schoss Eduard noch ein gemeinsames Foto von mir und Hasso.

Mallorca lernte ich durch meinen Job immer besser kennen. Ich liebte es, über die Insel zu fahren und über Dörfer und Sehenswürdigkeiten Berichte zu schreiben. Mallorca bietet so vieles. Es hat eine mächtige Berglandschaft für Wanderbegeisterte, stille ländliche Gegenden und Dörfer für Radfahrer und Wanderer und natürlich die weiten Sandstrände und Badebuchten für Wasserratten und Sonnenhungrige. Ich schrieb Artikel über versteckte Bergdörfer, alte interessante Klosterkirchen und auch über seine Bewohner, die Mallorquiner. Zu jeder Jahreszeit findet man auf der Insel wunderschöne, blühende Pflanzen in verschiedener Farbenpracht. Im Frühjahr, wenn die Mandelbäume blühen, erscheint die Insel wie eingeschneit. Die vielen kleinen weißen Blütenblätter an den Astspitzen blitzen dann in der Sonne wie Schnee. In unserem neuen Magazin erschien natürlich auch ein Artikel über die Einweihungsparty. Ich fasste es nicht, da war das Foto von mir und meinem Erzfeind Hasso, wir beide zusammen Arm in Arm! »Musstest du unbedingt dieses Bild veröffentlichen?« fragte ich Eduard wütend, und dachte zurück an all die schlimmen Zeiten. Aber es ließ sich ja nun schließlich nicht mehr ändern. Eduard wollte eines Tages seinen Privatwagen aus Deutschland auf die Insel überführen. Ich bekam das mit und kam auf eine Idee: »Sag mal, wäre es möglich, dass ich für dich fahre? Dann könnte ich das mit einem Besuch bei meine Tochter verbinden!« Ein wenig skeptisch schaute er mich an: »Du traust dir zu, so eine weite und lange Fahrt alleine zu machen? Ich weiß nicht...?!« Schließlich willigte er jedoch ein und ich flog nach Deutschland.

Zuerst holte ich aus Eduards Heimatstadt den Wagen ab und fuhr dann zu Andreas und Sina. Die Wiedersehensfreude war sehr groß. Ich begutachtete alles und dachte: »Die beiden, Vater und Tochter, leben hier nun ein glückliches Leben. Sehr fürsorglich breitete Andreas eine kleine Wolldecke auf dem Boden aus, und Sina spielte darauf mit einem Plastikgeschirr Picknick. Ich beobachtete es und fand es bestätigt, dass die beiden nun eine Einheit zu zweit waren. Nur – ich wäre auch gerne wieder Mutter gewesen! Andreas nahm zwar immer noch Drogen zu sich, aber nur in Grenzen, und Sina war sein ganzer Halt. Ich wusste aber definitiv, dass ich mit ihm zusammen nie wieder ein Paar werden wollte. Unser Zusammensein würde immer von Disharmonie geprägt sein, zu sehr hatten wir uns auseinandergelebt. Eine Woche verging und ich musste nach Mallorca aufbrechen. Der Abschied von Sina war diesmal besonders schmerzhaft.

Nun fuhr ich die weite Strecke mit dem Wagen ganz allein. Alles klappte aber gut und ich übergab Eduard seinen Wagen ohne einen Kratzer.

Ich lebte noch immer in der Wohnung zusammen mit Irmgard. Sie hatte auch ihre Probleme, und oft saßen wir Abends zusammen und sprachen über Gott und die Welt. Wir kannten eine Menge junger und auch ältere Leute, die sehr viel, teilweise ihr ganzes Vermögen auf dieser Insel verloren hatten. Gleich, welchen Schicksalsschlag auch immer einen Menschen getroffen haben mochte, wir konnten immerhin noch singen: »Hurra, wir leben noch!« In meinem Job engagierte ich mich immer mehr, ich wollte weiterkommen. Sogar am Sonnabend, wenn ich eigentlich frei hatte, war ich anwesend. Es traten immer mehr Mitglieder dem Verein bei, aber nicht zuletzt, weil Eduard viele Versprechungen gab, die er eigentlich niemals einhalten konnte. Seine Annährungsversuche mir gegenüber häuften sich wieder, aber da ich meinen Job nicht verlieren wollte, weigerte ich mich manchmal nicht, wenn er mich umarmte oder mich morgens zur Begrüßung auf die Wange küsste. Eines Tages planten wir eine Mitgliederversammlung in einem Bistro an der Playa de Palma. Ich schlug Monis und Michas Lokal vor. Immer noch hielt ich mit ihnen einen regelmäßigen und guten Kontakt. Wir waren Freunde geworden und sie erkundigten sich oft nach Sina. Eduard fand den Vorschlag gut und bereute es später auch nicht, denn die Küche von Moni war wirklich empfehlenswert.

Zu den offiziellen Bürozeiten bekam ich viele Anrufe. Viele wollten sich mit den verrücktesten Ideen selbständig machen, und waren in dem Glauben, man könne auf Mallorca schnell reich werden. Oftmals klärte ich bei solchen Gesprächen auf: »Oh, wissen Sie wie Sie auf Mallorca ganz schnell ein kleines Vermögen machen können? Indem Sie ein Großes mitbringen!« Mit den Erfahrungen, die ich hier gemacht hatte und gleichzeitig mit dem Wissen, welche Genehmigungen man für alle möglichen Vorhaben brauchte, bedankten sich die meisten und verblieben mit mir so, ihre Idee noch einmal zu überdenken. Die Nachfrage nach Mietzimmern auf unserer Wohn-Büro-Etage wurde immer größer. Im Großen und Ganzen blühte das Geschäft und die Mitgliederzahl stieg stetig an.

Eines Tages während der offiziellen Bürostunden sagte Eduard plötzlich zu mir: »Bitte unterschreibe mir diesen Vertrag!« Und er legte ihn auf den Tisch. Ich fragte erstaunt: »Was ist denn das?« Er erklärte mir ernst: »Ich habe dieses Unternehmen auf meinen und deinen Namen umgeschrieben. Allerdings musste ich dich mit neunzig und mich mit nur zehn Prozent eintragen lassen.« »Wieso machst du denn so etwas?« erwiderte ich, nicht ganz ohne Mißtrauen. Ernst sprach er weiter: »Ich habe zwei Gründe dafür. Der erste ist, weil du von Beginn an dabei bist und wenn mir etwas passiert, hast du deine Vorteile. Und der zweite ist, ich habe in Deutschland sehr hohe Steuerschulden, somit darf ich hier nicht gewinnbringend tätig sein. Du bekommst weiterhin deinen Lohn und es ändert sich nichts!« Also gut. Ohne zu zögern unterschrieb ich diesen Vertrag.

Später kam mir der Gedanke: »Ein Risiko ist es schon für mich, schließlich muss ich bei einer Pleite, für alles geradestehen. Aber ich hatte andererseits auch die Gewissheit, dass er mich nicht mehr kündigen konnte. Zusätzlich bewies dieser Vertrag, dass Eduard sehr viel Vertrauen zu mir hatte, denn ich bekam nun sämtliche Vollmachten über seine Geschäftskonten. Ich musste im Stillen schmunzeln! Ich verhielt mich aber so, als gäbe es diesen Vertrag gar nicht. Doch nun hatte ich zumindest öfter die Möglichkeit, wenn er mir zu Nahe trat, zu sagen: »Bitte lass es, ich will meine Ruhe vor dir haben!« Und so verging wieder einige Zeit ohne Komplikationen.

Auf Mallorca gibt es in drei verschiedenen Orten eine Stierkampfarena. Nämlich in Alcudia, in Muro, – diese Orte liegen im nördlichen Teil der Insel – und eine am Stadtrand von Palma. In Muro findet mindestens einmal im Jahr ein traditioneller Stierkampf statt. In der Arena von Palma war ein Open Air Festival geplant. Eduard musste zu diesem Zeitpunkt nach Deutschland und ich sollte für unser Magazin dort anwesend sein. Am Abend vorher besuchte ich wieder Moni und Micha. Sie freuten sich wie immer sehr, mich zu sehen. Ich brachte ihnen unsere aktuellste Ausgabe des Magazins mit und fragte sofort: »Hey, habt Ihr schon gesehen? Hier bin ich Arm in Arm mit dem Menschen abgebildet, der mein Leben zerstört hat! Und das bei der Eröffnungsfeier von einem Unternehmen, bei dem ich angestellt bin und 90% der Firma, zumindest laut Vertrag, mein Eigen nennen darf! Das ist doch Wahnsinn, oder?« Moni und Micha lachten und sagten: »Wir möchten deine Freundschaft nicht mehr missen, bei dir passieren immer so aufregende Dinge!« Ich fragte sie: »Moni, begleitest du mich morgen mit in die Stierkampfarena?« Sie willigte ein, wir trafen uns am nächsten Tag und fuhren gemeinsam dorthin.

Für mich war dieser Abend seit langer Zeit einmal wieder ein voller Genuss. Durch unseren Presseausweis hatten wir überall Zutritt und erlebten alles hautnah. Nach den verschiedenen Auftritten der Prominenz musste ich die dazugehörigen Fotos schießen und einige Fragen stellen. Währendessen wurden wir auch von deutschen Fernsehsendern gefilmt. Wir lernten dabei viele neue Leute kennen. Später bedankte sich Moni bei mir für den aufregenden Abend und wir verabschiedeten uns.

Am nächsten Vormittag, hatte ich wieder viel zu tun, und mittlerweile traf ich auch verschiedene Entscheidungen ganz alleine. Einmal wurde das Eduard zuviel und er sendete mir ein Fax mit folgendem Inhalt aus Deutschland: »Auch wenn dir die Firma vertraglich mit gehört, zu entscheiden habe nur ich!« Als er dann zurück kam, knisterte es bei uns immer mehr. Ihm passte es nicht, dass ich alle seiner Annäherungsversuche abwies und er sagte wütend: »Ab heute werden wir vieles anders machen! Ich werde nun am Nachmittag allein losfahren! Du bist schließlich nicht meine Freundin!« Ich erwiderte sauer: »Es ist aber doch wichtig, dass ich überall mit anwesend bin!« Aber er ließ nicht mit sich reden.

Einen Tag später erlebte ich sein wahres Gesicht als er schrie: »Also gut, ich darf dich zwar nicht kündigen, aber ich möchte dass du ab heute nur noch meine Putzfrau bist!« »Wie bitte?« rief ich empört. »Nur, weil ich nicht auf deine Intimitäten eingegangen bin? Du hast mir immer versprochen, dass du mich nie enttäuschen wirst!« »Das ist mir egal.« fauchte er, »Ich kann dich ohnehin nicht mehr gebrauchen! Du bist unfähig für diese Arbeit! Nur zum Putzen bist du gut! Also entscheide dich. Entweder du bist ab heute meine Putzfrau oder du gehst!« Ich sagte dazu relativ ruhig: »Bitte schau in den Spiegel und frage dich, ob das gerecht ist! Ich habe dein Unternehmen mit aufgebaut und viele Stunden dafür geopfert. Musst du so reagieren, nur weil ich nicht mit dir ins Bett gehe?« Er rannte über den Flur hinweg und brüllte nun: »Bitte geh' jetzt, es ist eine Lüge, dass ich etwas von dir wollte!« Er knallte die Tür hinter sich zu. In diesem Moment behielt ich trotz allem gute Nerven. Ich nahm mir aus der Schublade einen Scheck und rannte aus dem Büro! Ich lief direkt in die Bank, füllte den Scheck über eine vierstellige Summe aus und gab ihn ab. Natürlich erhielt ich das Geld, denn schließlich gehörte mir die Firma zum größten Teil.

Im Anschluss daran fuhr ich zu Moni und Micha und ich erzählte ihnen alles. Sie fanden es gut, dass ich noch Geld abgeholt hatte, denn meinen letzten Lohn hätte ich bestimmt nicht erhalten. Ich war so wütend, dass ich im Anschluss zum Verwaltungsgebäude einer deutschsprachigen Wochenzeitschrift fuhr und die Geschichte einem Redakteur erzählte. Ich fragte ihn: »Könnt ihr darüber einen Artikel bringen und unter anderem auch über Eduards Tricks, mit denen er Neuankömmlinge in seinen Verein lockt?« »Da können wir bestimmt etwas machen!« erwiderte der Redakteur, froh, wieder einmal eine Schlagzeile zu haben. Danach fuhr ich zum Rechtsanwalt, der für den Verein tätig war. Ich erzählte ihm alles und er meinte lächelnd: »Sie brauchen mich für meine Hilfe in dieser Sache nicht zu bezahlen. Dieser Typ hat sowieso noch Rechnungen bei mir auf! Meiner Meinung nach ist er ein Verbrecher!« Er veranlasste unverzüglich, dass die Firma bis auf weiteres still gelegt wurde und er wollte auch noch die weitere Herausgabe des Magazins stoppen. Ich fuhr nach Hause zu Irmgard, erzählte ihr alles und wir riefen uns zum Troste, wie in der letzten Zeit so oft: »Hurra, wir leben noch!« Sie hatte nämlich auch mittlerweile ihren Job verloren und suchte nach einer neuen Arbeit.

Nun hatte ich durch diesen Eklat und meinem beherzten Handeln wenigstens etwas Geld und wollte damit die Brücken zu Mallorca abbrechen, um endgültig wieder nach Deutschland zurückzugehen. Ich wollte mir dann dort eine Existenz aufbauen und die erforderlichen rechtlichen Schritte einleiten, um wieder mit meiner Tochter zusammenleben zu können. Ein paar Tage später erschien jene besagte deutsche Wochenzeitung. Ich blätterte sie durch und fand ein Foto von mir und Eduard und einen Artikel, der sich über zwei Seiten erstreckte. Als ich die Überschrift las, die ganz groß lautete: »Sekretärin wird in Ihrer eigenen Firma zur Putzfrau gemacht!« dachte ich nur ›Wahnsinn! Wahnsinn! Mallorca, die Trauminsel!‹ Ich wusste andererseits ganz genau, auch wenn ich zehn Artikel in die Presse brachte, ich war dennoch letztlich die Verliererin! Eduard hatte, genau wie unser früherer Chef in Deutschland und Hasso, mehr Macht und Einfluss aufgrund des Vermögens! Kurze Zeit später erfuhr ich, dass Eduard mit Hilfe des Rechtsanwaltes, der sich zuerst auf meine Seite gestellt hatte, eine neue Firma gegründet hatte und auch sein Magazin weiter erschien. Wahrscheinlich musste er dafür eine gewisse Summe hinblättern, damit er so weiter machen durfte wie bisher!

Ich rief wie immer nach einer gewissen Zeit Hasso an und fragte ihn: »Geht es Ihnen gut? Ich fliege nach Deutschland und bleibe dort. Ich wünsche mir, dass Sie immer gesund bleiben!« Er bedankte sich und sagte: »Alles Gute!«

Kapitel 8

Endlich wieder Mutter sein?

Irmgard war nicht böse darüber, dass ich sie nun allein in der Wohnung zurück lassen würde. Sie sagte lediglich mit leichter Wehmut: »Ich werde bestimmt auch bald die Insel verlassen!« Voller Freude telefonierte ich mit meiner Tochter. Sie konnte es gar nicht glauben, dass Ihre Mama bald wieder für immer in Deutschland war. Andreas sagte mir zu, dass ich vorerst bei ihm in der Wohnung unterkommen konnte.

Am Abend vor meinem Abflug fuhr ich zu Moni und Micha, um mich zu verabschieden. »Wir werden dich vermissen!« sagten sie traurig.

Und dann war es soweit. Als die Maschine startete und ich aus dem Fenster schaute, dachte ich: ›Ich habe hier soviel verloren und gelitten, Freude war mir nur selten vergönnt! Lässt du mich nun zukünftig in Frieden leben, Mallorca, meine geliebte Trauminsel, die du so viele reiche und dadurch bedingt auch hartherzige Menschen beherbergst? Was sind das für Menschen, wie zum Beispiel ein Hasso Schützendorf, der im Grunde seines Herzens erkaltet und erstarrt und trotz seines Reichtums sehr arm ist, und der keinerlei Interesse und Einfühlungsvermögen für die Sorgen und Nöte weniger begüterter und von ihm abhängiger Menschen hat?‹

In Deutschland holten Andreas und Sina mich am Flughafen ab. Ich umarmte sehr erleichtert meine Tochter und dann weinte ich vor Freude, sie endlich wieder im Arm halten zu können. Sie fragte mich mit ihrer hellen Kinderstimme: »Mama, darf ich jetzt auch bei dir sein?« Ich erwiderte leise: »Ganz bestimmt!« Andreas verhielt sich dabei sehr ruhig. Als wir die Wohnung betraten, zeigte mir Sina sofort ihr Kinderzimmer. Andreas sagte zu mir streng: »Solange du nun hier bei mir wohnst, bitte ich dich, meine Regeln einzuhalten. Sina und ich haben unsere Gewohnheiten.« Außer dem Geld, das er von den öffentlichen Stellen bekam, verdiente er noch ein wenig nebenher dazu, zum Beispiel als Hausmeister in einer Gaststätte mit dazu gehörigem Restaurant. Seinem Arbeitgeber stellte er mich vor und ich erkundigte mich sogleich nach einer Anstellung als Bedienung. Der – im übrigen noch recht junge – Chef willigte ein. Sehr schnell fand ich sodann eine kleine Wohnung in demselben Ort. Diese richtete ich mir zunächst mit den nötigsten gebrauchten Möbel ein. Als ich die erste Nacht dort übernachten wollte, fragte mich Sina: »Mama, darf ich bei dir schlafen?« »Natürlich!« antwortete ich glücklich und so verbrachte ich meine erste Nacht in meinem neuen Zuhause zusammen mit meiner Tochter, und wir genossen es beide. Sie besuchte zu der Zeit noch immer den Kindergarten und war sehr stolz, als sie nun von ihrer Mama abgeholt wurde. Andreas und ich waren uns derzeit noch einig. Für mich war alles natürlich eine große Umstellung. Aber ich war zwar einerseits so glücklich, dass ich wieder in der Nähe meiner Tochter sein konnte, doch alles, einfach alles war für mich nicht mehr so, wie es in der Zeit vor Mallorca war! Ich hatte große Probleme, mich wieder umzustellen.

Wieder einmal stand ein Weihnachtsfest vor der Tür. Andreas machte den Vorschlag, dieses Fest bei mir zu feiern. Ich war sofort einverstanden. Klein – aber fein – schmückte ich den Weihnachtsbaum, bereitete das Festessen vor und legte ein paar Kleinigkeiten hübsch eingepackt unter den Baum. Trotzdem war alles so ganz anders: Bei all diesen Weihnachtsvorbereitungen war ich stets allein. Meine Tochter kam mit ihrem Papa gemeinsam nie zu Besuch! Aber heute war es soweit. Es klingelte. Sina und Andreas kamen herein und ich begutachtete meine Tochter. Ich dachte: ›Eines muss man ihm lassen, trotz seiner Drogensucht und all den Umständen, an dem Kind ist alles vorbildlich!‹ Sie trug ein hübsches Kleid und eine weiße Strumpfhose. Ein Bekannter, den ich bei meinem neuen Job kennen gelernt hatte, war auch an diesem Festtag anwesend. Der Abend verlief trotz der ungewohnten Situation friedlich. Immer wieder schaute ich zu meinem Mann und fragte mich, was aus ihm werden würde, wenn er Sina nicht mehr hätte. Er war nach wie vor krank und konnte ohne seinen Stoff nicht leben, aber ich merkte, dass ihm unsere Tochter genug Halt gab, damit er nicht unterging!

Nach dem Weihnachtsfest verließen sie wieder das Haus. Ich war zwar einerseits glücklich, meine Tochter wieder in meiner Nähe zu haben, andererseits jedoch als Mutter sehr unzufrieden, – denn mein Kind lebte nicht bei mir, und das schmerzte mich sehr. Schon am nächsten Tag schmückte ich den Weihnachtsbaum ab und schleppte ihn zur Abholung an den Straßenrand. Meine Nachbarn fanden es vermutlich sehr seltsam, als sie mich dabei beobachteten. Ich dachte wieder, wie so oft, über mein verkorkstes Leben nach. Wie sollte es denn nur weitergehen? Vor allem finanziell ging es mir nicht gerade berauschend.

Als die Feststage vorbei waren und auch das Neue Jahr begonnen hatte, machte ich mich auf den Weg zum zuständigen Jugendamt, um zu erfragen, wie ich vorgehen konnte, um meine Tochter zurück zu bekommen. Aber – in einem kleinen Ort wie unserem kannte jeder jeden, und die zuständige Sachbearbeiterin wusste natürlich bestens Bescheid. Ich hatte von Anfang an den Eindruck, dass sie Vorurteile gegen mich hatte. Ich fragte sie dennoch höflich: »Wie sieht es aus, ich lebe nun auch hier und möchte gerne meine Tochter wieder haben!« Sie antwortete trocken und unbarmherzig: »Da sehe ich schwarz für Sie! Sie sehen nicht gerade aus wie eine Kuchen-Back-Mami!« Ich schluckte. Dann fuhr sie fort: »Ihr Mann kümmert sich bereits gut um das Kind. Er engagiert sich sozial sehr stark, zum Beispiel als Vorsitzender der Elternversammlung in Sinas Kindergarten. Sie dagegen haben sich nur auf Mallorca herumgetrieben und ihren Mann und das Kind einfach im Stich gelassen!« »Ach so. So ist das.« seufzte ich auf. Resigniert verabschiedete ich mich nach ein paar Sekunden, in der ich mir wie eine Fremde vorkam und sagte klein-laut: »Gut, dann werde ich gehen.« Ich verließ den Raum und dachte mir: ›Mensch, damals wollte mein Mann alleine die Insel verlassen. Warum habe ich ihm bloß das

Kind mit gegeben?‹ Aber ich wusste warum. Denn ich wollte verhindern, dass Sina ihren Vater verliert und den ganzen Schlammassel auf der Insel miterlebt!« Sina war aber sehr glücklich, dass sie nun auch bei mir ab und zu schlafen durfte und wollte das immer öfter. Sie sagte stets: »Es ist so schön bei dir!« Es wurde aber mehr und mehr zu einem Problem, wenn sie zu mir wollte. Andreas sagte ihr oft: »Sina, willst du deinen Papa heute schon wieder alleine lassen?« Der Bekannte, der auch mit uns das Weihnachtsfest verbrachte, wollte nun mit Sina und mir für drei Tage in die Berge fahren. Andreas willigte ein, und Sina und ich waren überglücklich. Am zweiten Tag unseres Winterurlaubs telefonierte Sina mit Ihrem Vater. Ich verfolgte das Gespräch aufmerksam. Er sagte zu ihr: »Komme bitte schnell wieder, ich brauche dich!« ›Wie soll das noch weitergehen?‹ dachte ich in diesem Moment. ›Er konnte ohne seine Tochter einfach nicht klar kommen!‹

Andreas und ich verstanden uns jetzt gar nicht mehr und wir reichten schließlich unsere Scheidung ein. Für mich war diese ganze Situation grauenvoll. Immer wieder dachte ich an alles, was in den vergangenen Zeiten geschehen war. Ich rief auch ständig von Deutschland aus Hasso auf Mallorca an, immer mit der stereotypen Frage: »Geht es Ihnen gut? Bitte bleiben Sie gesund!« Ich wollte weiterhin das Gute als Waffe gegen ihn einsetzen, um irgendwann mein Recht zu bekommen. Wenn er mich bei einer solchen Gelegenheit fragte: »Und wie geht es dir?« wäre ich am liebsten durch den Telefonhörer gekrochen und hätte ihn gewürgt. Aber ich sagte nur kurz und bündig: »Gut!«

Immer wenn Sina bei mir schlief, war ich überglücklich. Doch mehr als zwei Nächte war es nicht möglich, denn dann weckte Andreas bei ihr ein schlechtes Gewissen. Ich war ratlos und dachte: ›Drei sind einer zu viel!‹ Ich kam zu der Erkenntnis: Egal wie sehr Sina mich liebte, sie liebte ihren Papa genauso sehr. Er war ihr ja auch wirklich ein sehr guter Vater! Und immer wieder dachte ich an die vielen Jahre zurück, wie sehr ich meinen Mann geliebt hatte. Ich konnte ihm einfach nicht weh tun – auch wenn wir keine eheliche Gemeinschaft mehr waren!

Dann fasste ich den folgenden Entschluß: Ich wollte alles aufschreiben, was ich erlebt hatte. Also setzte mich in meiner Freizeit hin und begann, meine Geschichte niederzuschreiben. Ein Freund brachte mir aus seiner Firma einen Computer mit, der dort nicht mehr benötigt wurde. In diesem Buch sollte alles stehen, was mir in den letzten Jahren widerfahren war. Ich schrieb und schrieb, bis ich an das Ende gelangte, wie es zum damaligen Zeitpunkt war: Es gab für mich keine Happy End.

Nein, ich fand das Ende eher schrecklich! Es waren so viele Ungerechtigkeiten in meinem Leben durch Menschen geschehen, die verdammt noch Mal in ihrem Leben das Glück hatten, es »finanziell geschafft« zu haben und somit auch Macht und Einfluss ausübten! Und nur, weil ich nur das Gute und nicht das Schlechte in den Menschen sah und zu den falschen Menschen Vertrauen hatte, wurde ich gnadenlos ausgenutzt und letztlich zerstört! Auch wenn Andreas und ich nicht mehr zusammen waren, er hatte das gleiche miterlebt und war genauso angeschlagen. Er sagte mir einmal: »Mein Reich ist mein zu Hause, und wer hier meinen und Sinas Frieden stört, den bringe ich um!« Nur – er konnte sich ein neues Leben mit unserer Tochter aufbauen und war zufrieden in dieser Welt, aber ich hatte alles verloren und war sehr unglücklich! Ich wünschte mir so sehr ein gutes Ende mit Gerechtigkeit und Glück. Also setzte ich mich hin und erfand so in meinem Buch einfach ein Ende der Geschichte, so wie ich es mir wünschte.

Ich stellte es mir folgendermaßen vor und schrieb:

Es war an einem Tag im März und die Sonne schien kräftig. Keine einzige Wolke trübte den azurblauen Himmel und aus den mallorquinischen Restaurants strömten um die Mittagszeit verlockende Düfte in meine Nase. Ich rief Hasso an, um mich nach seinem Wohlergehen zu erkundigen. Es klingelte dreimal und dann nahm eine mir unbekannte Stimme den Hörer ab. »Hasso liegt seit vier Tagen im Krankenhaus!« hörte ich die Stimme sagen. Schnell eilte ich dort hin, und seltsamer Weise befanden sich viele Kolumbianer auf der Station. Ich sah Anna und sie sagte kalt, mit nicht einer einzigen Träne in den Augen: »Hasso ist vor einer halben Stunde an einem schweren Lungenleiden gestorben.« »Wie bitte?« fragte ich ungläubig. Ich nahm sie anteilnehmend kurz in den Arm und erwiderte aufgewühlt: »Es tut mir Leid!« Schnell eilte ich die Treppen hinunter und dachte: ›Jetzt ist Hasso tot! Jetzt hat er keine Macht mehr und kann niemandem mehr schaden.‹ Auch wenn jemand noch so viel Geld und Macht hatte, gegen den Tod kommt keiner an! Er macht uns alle gleich. Schade, dass ich zu spät gekommen bin, gerne hätte ich ihn noch einmal gesprochen! Aber was geschehen war, konnte man nicht mehr rückgängig machen.

Irgendwie konnte ich es gar nicht glauben, dass Hasso nicht mehr lebte. Mir tat er eigentlich immer Leid, egal, was er uns auch angetan hatte. Er wurde niemals richtig geliebt und musste sich seine Liebe stets kaufen! Das war aber keine wirkliche Liebe, sondern Heuchelei. Was für ein armer Mensch er doch eigentlich gewesen war!

Hasso wurde beigesetzt. Sämtliche Tageszeitungen berichteten mit großen Schlagzeilen über dieses Ereignis. Ich ging nicht zu seiner Beerdigung. Meiner Meinung nach fand auch dort nur eine große Heuchelei statt. Einige Wochen später erhielt ich eine Nachricht. Es ging um Hassos Erbschaft. Er vermachte mir den gesamten Geldbetrag, den er uns schuldete und noch ein wenig mehr!

Es hatte sich gelohnt, zu kämpfen! Ich erhielt mein Recht und wusste nun, Hasso hatte doch ein wenig Herz! Einen Teil des Geldbetrages überreichte ich einer Organisation zur Hilfe bedürftiger Kinder, der Rest verblieb meinem Mann und mir und ich konnte nun in Frieden mit meiner Tochter leben, für die ich schließlich dann auch das Sorgerecht bei Gericht erhielt.

Dieses Ende, das ich erfand, gefiel mir besser als das wirkliche!

Ich sendete mein Manuskript an ein Verlagsbüro, um mir ein Gutachten erstellen zu lassen. Kurze Zeit später erhielt ich Antwort. Dort stand unter anderem geschrieben: So bleibt der Schluss, endlich durch eine Erbschaft von Hasso Schützendorf, der Sie so schlecht behandelte, und so doch noch zu Geld und zu Gerechtigkeit zu kommen, ein Phantasmagorie!

Ich dachte: ›Ist die Welt so schlecht geworden, das man nicht mehr an das Gute eines Menschen glauben kann?‹ Aber die Realität sah ganz anders aus. Unter den gegenwärtigen Umständen konnte ich einfach nicht glücklich sein. Sina wollte immer mehr Zeit mit mir verbringen und bei mir schlafen, doch sie liebte ihren Papa ebenso, und jedes Mal wenn er sie bat, bei ihm zu bleiben, sagte sie zu mir: »Mama, sei nicht traurig, ich schlafe heute beim Papa!« Nun war guter Rat teuer, und ich vereinbarte einen Termin bei einer Beratungsstelle für solche Fälle. Diese Einrichtung für Eltern mit Erziehungsproblemen befand sich zum Glück in einem anderen Ort. Bei der Terminabsprache erhielt ich die genaue Wegbeschreibung.

Als ich das Gebäude und wenig später den Raum betrat, und die zuständige Sachbearbeiterin vor mir stehen sah, dachte ich: ›Wie fange ich nun an, ihr mein Problem zu schildern? Es ist doch so eine lange Geschichte!‹ Aber diese Frau schien mir sehr einfühlsam und ich begann zu erzählen. Sie hörte sich alles an und bat mich, eine Woche später wieder zu kommen.

Die Woche verging wie im Flug, und Sina übernachtete nur zweimal während dieser Zeit bei mir. Wenn ich sie aus ihrem Kindergarten abholte, hatte ich stets das Gefühl, die anderen Mütter schauten mich vorwurfsvoll an. Andreas und ich gingen uns soweit wie möglich aus dem Weg. Als ich eine Woche später nun wieder bei der Beratungsstelle vorsprach, sagte die Beraterin zu mir: »Ich habe eine Frage an Sie: lieben Sie Ihr Kind?« Ich antwortete: »Ja, mehr als alles andere!« Knallhart bekam ich daraufhin gesagt: »Dann gehen Sie wieder dahin, wo sie her kommen! Ihrem Kind zu Liebe!«

Ich brach fast zusammen bei dieser kalten Antwort. Heulend verließ ich den Raum. Ich nahm noch nicht einmal die Straßenbahn, weil mich die vielen Menschen nicht derartig verheult sehen sollten, sondern lief die Strecke zu mir nach Hause. Tausend Gedanken schossen mir durch den Kopf. Ich wusste, ich würde meine Tochter bestimmt irgendwann zurück bekommen, aber ich konnte Sie doch nicht an ihren Armen gewaltsam von Andreas wegzerren! Nur, welchen Weg sollte ich wählen, wieder glücklich zu werden? Ich liebte meine Tochter! Ich wollte nichts unversucht lassen und besorgte mir daher einen Rechtsanwalt, der für mich Berufung auf das Urteil einlegen sollte. »Das könnte eine schwierige Angelegenheit werden, aber ich versuche es.« waren seine Worte.

So hing Sina immer mehr zwischen zwei Stühlen. Eigentlich war sie als ein fröhliches Kind bekannt, nun aber wurde sie wegen dieser Umstände immer trauriger.

Dies alles ereignete sich vier Jahre, bevor Hasso sterben sollte.

Kapitel 9

Kopflos wieder zurück nach Mallorca – für meine Tochter, aber ohne sie.

»Sina, deine Mama muss wieder weg! Ich habe eine Arbeit auf Mallorca bekommen!« sagte ich traurig zu meiner Tochter. Als sie schwieg, fügte ich tröstend hinzu: »Du kannst mich dort jeder Zeit besuchen und wir können dann jeden Tag zusammen sein!« Sina war ein wenig traurig, doch sie meinte: »Wenigstens können wir telefonieren!« Mich hielt unter den derzeitigen Gegebenheiten nichts mehr hier in Deutschland. Ich packte wieder einmal meine paar Sachen zusammen und verabschiedete mich, um noch einmal einen letzten Versuch zu machen, auf Mallorca Fuß zu fassen. Sina gefiel diese Insel auch so gut wie mir und sie würde mich immer besuchen kommen, – vielleicht war das besser, als mit ihr in einem Ort zu leben und keine richtige Mutter sein zu dürfen!

Es war wie verhext! Durch die vielen Ereignisse in der letzten Zeit, hatte ich meine Rolle als Mutter verloren, obwohl ich um Sina gekämpft hatte. Ich wollte immer, dass sie ihren Vater nicht verliert. Oftmals dachte ich: ›Was mir passiert, ist die schlimmste Strafe, die eine Mutter bekommen kann!‹ Aber ich wollte Gerechtigkeit! Ich wollte mein Recht, wollte dass, was mir zustand, was er uns gestohlen hat, Ausgleich für das, was er uns als Schaden zugefügt hat. Und ich wollte es von dem mächtigen ›König von Mallorca‹, von Hasso Schützendorf! Ich glaubte nach wie vor fest daran, sie, diese Gerechtigkeit, auf Mallorca zu finden. Ich hoffte tatsächlich, dort für all das entschädigt zu werden, was ich verloren hatte!

Niemand kann sich vorstellen, wie schmerzhaft für mich der Abschied von meiner Tochter war. Aber für mich zählte mehr, dass sie glücklich war. Sie war stark und weinte noch nicht einmal beim Abschied, schließlich war sie Trennungen aus vorherigen Zeiten gewohnt.

So landete ich wieder auf Mallorca. Zunächst vermittelte mir ein Bekannter eine Wohnmöglichkeit auf einer Finca, in der Nähe des Ortes Llucmajor. Als Finca bezeichnet man auf Mallorca ein Haus, das auf dem Land liegt und meistens ein großes Grundstück hat. Llucmajor ist die viertgrößte Stadt der Insel und liegt fünfzehn Autominuten von der Playa de Palma entfernt. In diesem Haus lebte ein junger Mann, der sich von seiner Frau getrennt hatte. Er war sichtlich erfreut über meinen Einzug, denn für ihn allein waren die Kosten sehr hoch. Fünf Hunde und zwei Katzen liefen dort herum. Ich packte meine Sachen aus und er fuhr mich anschließend zu Hassos Büro, um den mir schon früher zur Verfügung stehenden Mietwagen abzuholen. Das klappte auch ohne Probleme.

Sofort besuchte ich Moni und Micha. Als ich bei ihnen ankam, war die Freude groß. Ich setzte mich auf ihre Terrasse und ich hatte das Gefühl nie fort gewesen zu sein. Hier war alles beim Alten. Sogar einige Stammgäste begrüßten mich, die sicherlich annahmen, ich würde hier ohne Unterbrechung glücklich auf der Insel leben. Welch ein Irrtum, denn woher sollten sie denn auch wissen, was sich hinter der Urlaubskulisse in Wahrheit abspielte!

Ich bekam kurz nach meiner Ankunft eine Anstellung in einem Restaurant, an der Playa de Palma, allerdings ohne einen festen Arbeitsvertrag. Aber das war mir egal, da ich ohnehin nur schlechte Erfahrungen mit Verträgen hatte und wusste, daß man damit im Ernstfall auch nicht viel weiter kam. Ich empfand meine erneute Anwesenheit auf der Insel wie in einem Rausch. Es war wie ein Leben, das von irgend etwas Wahnsinnigem angetrieben wurde. Und ich? Ich war dem kopflos ausgeliefert! Abends setzte ich mich zu Hause allein auf einen Stuhl hinter dem Haus, oftmals bis spät in die Nacht hinein, und schaute verträumt zum Sternenhimmel hinauf. Immer wieder überflog ich meine Geschichte, die ich selbst erlebt und aufgeschrieben hatte, und das von mir erfundene Ende begeisterte mich jedes Mal! Bei der Vorstellung, es könnte vielleicht wirklich so kommen, kamen mir manchmal ein paar Freudentränen!

Ich wählte, wie so oft, Hassos Telefonnummer. Es meldetet sich ein Kolumbianer. Er sagte in gebrochenem Deutsch: »Hasso liegt im Krankenhaus!« Ich erkundigte mich nach der Klinik und fuhr sofort dort hin. Er lag auf der Intensivstation. Gerade waren die offiziellen Besuchszeiten und ich entdeckte Anna. Ich begrüßte sie freundlich und bat sie: »Bitte, darf ich Hasso besuchen?« Ich bekam zur Antwort: »Ich muss ihn zuerst fragen, ob er dich sehen will!« Sie kam nach ein paar Minuten wieder zurück und meinte: »Gut, aber nur fünf Minuten!« Als ich das Krankenzimmer betrat und ihn sah, freute er sich wie ein Kind. Ich sagte zu ihm leise: »Wissen Sie noch damals, als es Ihnen auch so schlecht ging, da haben Sie mir versprochen, wieder gesund zu werden! Bitte schaffen Sie es dieses Mal auch!« Er antwortete ebenso leise: »Ja, ich weiß. Du hast mir damals die Kraft gegeben und ich werde es nie vergessen. Dieses Mal schaffe ich es auch, dir zu Liebe!« Es waren große Worte! Ich verabschiedete mich und ging. Ich wollte nach wie vor einzig und allein meinen Kampf gegen einen schlechten Menschen gewinnen, indem ich konsequent das Gute gegen das Böse einsetzte.

Anschließend musste ich wieder zur Arbeit fahren, und als ich wieder auf der Finca war, kam ich wieder ins Grübeln. Nach diesem Vorfall, der ja schon ansatzweise dem erfundenen Ende meiner Geschichte entsprach, glaubte ich immer mehr daran, dass sich alles so ereignen würde, wie ich es mir erträumt hatte. Ich lebte in einer anderen Welt, wie in einem Märchenfilm, und ich sah mich in diesem Film als eine dritte Person, für die alles gut endete. Sobald ich jedoch morgens aufwachte, holte mich die Realität wieder ein, überspülte mich kalt, wie ein großer kalter Wasserfall und ich sagte – wieder ganz nüchtern – zu mir: »Es kommt nicht von alleine, kämpfe! Du musst es schaffen und du wirst es schaffen!«

Die Tage vergingen, und ich erfuhr, dass Hasso aus dem Krankenhaus wieder entlassen wurde. Er musste allerdings nun ständig eine Sauerstoffflasche mit sich führen, deren Schläuche ihm Sauerstoff in die Nase leiteten, da er ansonsten

Atemnot bekam. Ein paar Tage später machte er sich mit Anna auf eine Reise nach Andorra, wo er auch eine Eigentumswohnung besaß.

Ich dagegen setzte meinen Überlebenskampf, auf der Insel bleiben und mein Ziel erreichen zu können, fort. Das Lokal, in dem ich arbeitete, wurde immer weniger von Gästen aufgesucht, da es bereits Hochsommer war und sich die meisten bei der brütenden Hitze am Strand aufhielten. Damit ich aber nicht bezahlt werden musste, ohne zu arbeiten, bekam ich die Aufgabe, das Lager zu reinigen. Das hatte man offensichtlich schon eine Ewigkeit nicht mehr getan. Und weil sich dort mit der Zeit auch eine Katzenfamilie eingenistet hatte, musste ich mit Gummihandschuhen den vertrockneten Kot dieser Tiere entfernen. Aber selbst das berührte mich nicht mehr sonderlich.

Am nächsten Tag bekam ich einen Anruf von Andreas. Er sagte: »Wir haben nächste Woche unseren Scheidungstermin, und dort wird auch das endgültige Sorgerecht für Sina festgelegt.« Ich notierte mir diesen und eilte sofort in das nächst beste Reisebüro. Ich musste diesen Termin unbedingt wahrnehmen!

»Oh, gerade zu diesem Zeitpunkt sieht es schlecht mit Flügen aus!« sagte die Reiseberaterin bedauernd. Ich fragte verzweifelt: »Bitte, es ist ganz wichtig für mich! Können Sie nicht etwas Passendes finden?« Sie empfahl mir, am nächsten Tag wieder vorbei zu kommen. Ich klapperte viele weitere Reisebüros ab, doch überall war das gleiche Ergebnis: »Nichts zu machen! Die Woche darauf sind wieder viele Plätze frei!« Verzweifelt rief ich meinen Rechtsanwalt in Deutschland an und bat diesen, sich zu bemühen, den Termin zu verschieben. Mit der Annahme, dass er es geschafft hatte, wurde ich wieder etwas ruhiger und wartete auf einen neuen Termin.

Drei Tage später rief Andreas mich an: »Herzlichen Glückwunsch! Wir sind geschieden und das Aufenthaltsbestimmungsrecht für Sina liegt nun endgültig bei mir!« Mir fiel der Hörer fast aus der Hand. Ich fragte, kaum einen klaren Gedanken fassend: »Wie ist es möglich, ich war doch gar nicht anwesend? Ich konnte doch keinen Flug bekommen und hatte meinen Rechtsanwalt gebeten, den Termin zu verschieben!« Andreas erwiderte nur kurz angebunden: »Die Richterin war sehr empört über eine Mutter, die sich bei einem so wichtigen Termin lieber auf Mallorca herumtreibt! Aber du hast es mir zu verdanken, dass du wenigstens das Sorgerecht mit mir zusammen erhalten hast. Ich habe es Sina zu Liebe getan!«

Ich brach fast zusammen und weinte. Nun hatte ich mein Kind wohl ganz verloren. Bei der Richterin, die unseren Fall betreute, hatte ich nun besonders schlechte Karten! Mein Rechtsanwalt war nicht tätig geworden, erfuhr ich im Nachhinein, da ich eine bei ihm noch offene Rechnung nicht bezahlt hatte. Ich vermisste meine Tochter sehr und so sprachen wir immer wieder am Telefon miteinander. Zum Glück ging es ihr gut. Sie wurde eingeschult, und auch bei diesem großen und bedeutenden Ereignis in der Geschichte eines Kindes konnte ich nicht anwesend sein. Ich bekam lediglich die Fotos zugeschickt. Darauf sah ich Sina mit Ihrer großen Schultüte. Ich musste mich aber trotz aller Seelenschmerzen mit dieser Situation – zumindest in dieser Situation - abfinden, und versuchte, ein wenig Verständnis für meine Lage aufzubringen, auch ohne meine Tochter, damit ich die notwendige Kraft sammeln konnte, mein Ziel zu erreichen. Mein Ziel nämlich, den längst fälligen finanziellen Ausgleich von Hasso zu bekommen, um wieder eines Tages mit Sina vereint und glücklich zusammen zu sein!

Kapitel 10

Der Kampf ging weiter

Als ich eines Abends nach Hause kam, sah ich, dass auf dem Gelände ein großer Lastwagen stand. Er war mit viel Werbeschriften beklebt, unter anderem auch mit einem Aufkleber ›Hasso – Rent a Car‹. Ich dachte mir: ›Den hast du doch schon einmal gesehen!‹ und mir fiel ein, woher ich den Lastwagen kannte. Als ich noch bei Hasso beschäftigt war, stellte er mir einmal einen Herrn namens Horst vor, der an Bergrennen teilnahm. Ich hatte ihn als netten Typ in Erinnerung, und er zeigte mir damals genau diesen Lastwagen, weil er mir unbedingt seinen Rennwagen präsentieren wollte, den er darin transportierte. Eigentlich interessierte mich der Wagen gar nicht so sehr, aber ich erfüllte ihm damals diesen Wunsch und schaute mir den Wagen an. Aber was machte der Lastwagen nun hier auf dem Grundstück der Finca? Ich fragte Jens, meinen Mitbewohner neugierig: »Kennst du Horst, dem dieser Lastwagen gehört?« »Ja, er hat ihn hier abgestellt. Ich habe ihm auch von dir erzählt, und er hätte dich gern gesehen, um mit dir einmal zu sprechen.« erwiderte er. Nun traf ich Horst etwas später bei Moni und Micha. Er kam lächelnd auf mich zu, als er mich auf der Terrasse des Restaurants sitzen sah. »Hallo Sabine. Jens erzählte mir, dass ich dich hier treffen würde. Wie geht es dir?« »Gut, danke der Nachfrage.« antwortete ich ihm. »Arbeitest du nicht mehr bei Hasso?« fragte er. »Klappte nicht mehr.« erwiderte ich kurz, und gab ihm damit zu verstehen, dass ich nicht gerade Lust hatte, darüber zu sprechen. »Nächstes Wochenende fahre ich wieder auf einem Bergrennen. Ich würde mich freuen, wenn du mal vorbei kämst,« lud er mich ein. Dann verabschiedete er sich und auch ich blieb nicht mehr lange im Lokal und fuhr nach Hause.

Zusätzlich zu meinem Job im Restaurant arbeitete ich manchmal als Statistin für Film und Fernsehen. Auf Mallorca gibt es einige Agenturen, bei denen man sich eintragen lassen kann. Auch ich ließ mich registrieren. Es wurde eine Kartei mit allen notwendigen Angaben und einem Foto von mir angelegt. Wenn mein Typ für einen Film gefragt war, bekam ich einen Auftrag, als Statist mitzuwirken, was sogar des öfteren geschah. Diese Tätigkeit machte mir viel Spaß und wurde auch sehr gut bezahlt. Manchmal bekam ich eine Rolle, bei der man nur auf einer Liege an einem

Pool posieren musste, oder es wurde am Flughafen von Palma ein Film gedreht, in dem ich unter mehreren anderen einen abreisenden Passagier darstellen musste. Bei diesen Gelegenheiten lernte ich viele neue Leute kennen, die auch auf Mallorca lebten. Während der Drehpausen, oder wenn man gerade nicht eingesetzt wurde, hatte man viel Zeit, einander die Adressen auszutauschen. Immer wieder kam man bei den Gesprächen auf einen einzigen gemeinsamen Nenner: Es war verdammt schwer, auf der Insel zu überleben. Natürlich gab es verschiedene Personen, die mir sagten: »Also, ich habe hier keine Probleme, mit geht's ganz gut.« Die bekamen aber auch ausreichend finanzielle Unterstützung von der Familie, waren noch nicht lange auf der Insel, oder hatten einfach Glück! Für solche Tätigkeiten war es immer gut, dass man eine sogenannte ›Residencia‹ besaß. Das ist die spanische Aufenthaltsgenehmigung. Auf meinem Ausweis stand immer noch die Anschrift von Hassos Anwesen, denn ich hatte mich seitdem nicht umgemeldet und die Residencia war fünf Jahre lang gültig.

Ich lebte nach wie vor, um zu überleben. Ungefähr alle zwei Wochen telefonierte ich mit Hasso und immer wieder sagte ich wie in einem Wahn zu ihm: »Alles Gute, und bleiben Sie gesund!« Er hielt sich noch auf dem spanischen Festland auf. Mit meiner Tochter hielt ich ständigen Kontakt, und jedes Mal schrieb ich ihr: »Sina, es wird alles gut! Glaube mir!«

Es verging kein Moment, an dem ich nicht an sie dachte. Fast jeden Tag telefonierten wir miteinander, aber der Kosten wegen waren die Gespräche nur kurz. Aber allein ihre Stimme zu hören gab mir neuen Mut! Am kommenden Wochenende wollte ich, nicht zuletzt, um einmal auf andere Gedanken zu kommen, mir das Bergrennen ansehen. Horst, der Rennfahrer, holte seinen Lastwagen von der Finca ab und erklärte mir den Weg zum Start.

Die Veranstaltung ging über zwei Tage: Samstags war der Trainingslauf und Sonntags morgens starteten die Teilnehmer zum offiziellen Rennen. Ich machte mich schon sehr früh an diesem Sonntag auf dem Weg. Das Rennen fand in San Salvador statt, das liegt im Südosten der Insel. Dort befand sich ein Klosterberg mit einer Einsiedelei und einer Klosterkirche. Als ich dort früh ankam, hatte ich bereits Schwierigkeiten, einen Parkplatz zu finden. Schließlich hatte ich Glück und fand einen schattigen Platz unter einer Pinie und stellte den Wagen ab. Dieses Spektakel musste wohl – besonders bei den Einheimischen – sehr gefragt sein, denn es waren sehr viele Mallorquiner auf den Straßen. Ich folgte der Masse von Zuschauern die bergauf strebten. Auch viele Familien waren dabei, die mit Klappstühlen und einer Kühltasche voller Lebensmittel und Getränke gekommen waren. So erreichte ich schließlich die erste Startposition. Es starteten nicht nur aufgemotzte Tourenwagen, sondern auch Autos einer Klasse höher, die sogenannten ›Formel 3‹ Fahrzeuge. Alle parkten, mit einer Startnummer versehen, hintereinander am Straßenrand. Die jeweiligen Piloten der Wagen waren zumeist noch damit beschäftigt, ihre Rennwagen vorzubereiten. Horst sah mich kommen und erkannte mich schon von weitem. Er ging mir strahlend entgegen, umarmte mich und bot mir an seiner Seite einen Stuhl an. »Das ist aber schön, dass du mich hier besuchen kommst!« sagte er sichtlich überrascht und erfreut. Er stellte mir seinen Mechaniker Walter vor. Ich war begeistert von der Atmosphäre, die dort herrschte und Horst erklärte mir den Ablauf des Rennens: »In einer Stunde startet der erste Teilnehmer. Der Start ist ungefähr einen Kilometer von hier entfernt. Die offizielle Rennstrecke zieht sich den steilen Berg hinauf, bis hin zur Klosterkirche. Die Strecke ist in etwa vier Kilometer lang. Wir starten jeweils mit zwei Minuten Abstand. Oben angekommen, wird die Zeit gestoppt, und der Schnellste ist dann der Sieger. Da die Rennstrecke sehr kurvenreich ist, kann man nur auf den geraden Teilstücken die Maximalgeschwindigkeit von nahe einhundertachtzig Stundenkilometern erreichen.« Ich hörte interessiert zu. Von den etwas sechzig Teilnehmern war Horst der einzige, der mit einem knallroten Formelwagen startete. Ich fragte ihn neugierig: »Was erhält denn der Sieger?« Horst erwiderte: »Wir fahren alle mehr aus Freude an dem Rennen, nicht aus finanziellen Motiven. Der Sieger bekommt einen einfachen Pokal und einen kleinen Geldbetrag. Wir machen dabei keinen Gewinn, denn allein, um hier starten zu dürfen, bezahlt man eine recht hohe Gebühr. Es geht eigentlich mehr um das Prestige.«

Nun dauerte es nicht mehr lange, bis der offizielle Rennlauf begann. Horst erklärte mir den Weg bis zum Start: »Dort kannst du den Beginn des Rennens gut beobachten!« Ich wünschte ihm noch viel Glück und machte mich auf den Weg. Oben angekommen, suchte ich mir einen guten Platz, um alles beobachten zu können. Viele Zuschauer gingen weiter und verteilten sich bis hinauf zum Ziel. Horst hatte die Startnummer fünf. Die Teilnehmer starteten in umgekehrter Reihenfolge, der erste Teilnehmer war also die Nummer sechzig. Dieser Wagen stellte sich auf die Startposition und bekam dann das Startzeichen. Jedes Mal, also alle zwei Minuten, wenn ein Wagen startete, hielt ich mir die Ohren zu, denn das Motorengeräusch verursachte einen ohrenbetäubenden Lärm. Man konnte dann den jeweiligen Teilnehmer beobachten, wie er in Windeseile hinter der nächsten Kurve bergauf verschwand. Dann startete Horst. Er sah mich am Rand stehen und winkte mir, trotz starker Konzentration, noch kurz zu. Dann war er fort wie der Blitz.

Als alle Teilnehmer im Ziel waren, lief ich hinunter zu Walter, dem Mechaniker. Er meinte zu dem Rennen: »Nun dauert es ein wenig, bis alle wieder hierher zurück kommen, aber dann werden wir wissen, wer der Sieger ist. Zum Glück ist das Rennen bis jetzt unfallfrei verlaufen. Wir hatten schon Veranstaltungen, bei denen der eine oder andere seinen Wagen schrottreif fuhr.« Er grinste dabei. Dann kamen die Wagen wieder zurück. Der Sieger fuhr an erster Stelle, mit einem Lorbeerkranz um den Hals. Ich konnte es kaum glauben, tatsächlich – Horst hatte das Rennen gewonnen!

Als er aus dem Wagen ausstieg, rannte ich auf ihn zu und gratulierte ihm. Man sah ihm an, dass er sehr glücklich und stolz war, und er lud mich und Walter anschließend zum Essen in ein typisch mallorquinisches Restaurant ein, wo auch viele seiner Rennfahrerkollegen feierten.

Ich hatte mich auf Mallorca an viele Probleme gewöhnt, und so war ich kaum überrascht, als ich vom Rennen nach Hause kam und von Jens hören musste, dass er eine neue Partnerin kennen gelernt hatte und in die Finca einziehen wollte. »Sei mir nicht böse, aber kannst du dich nach einer anderen Wohnung umschauen?« sagte er mir. Es fiel ihm aber sichtlich schwer, mir dies zu sagen. Am selben Abend kam Horst auf die Finca, um seinen Rennwagen zu überholen, damit dieser für das nächste Rennen startklar war. Ich begrüßte ihn herzlich und erzählte ihm von meinem baldigen Auszug. Er bot mir sofort hilfsbereit an: »Ich kann dir finanziell helfen! Besorge dir ein Apartment und ich werde mich an den Kosten beteiligen. Ich habe meinen festen Wohnsitz zwar noch bei meiner Mutter in Deutschland, wäre aber froh, wenn ich hier auf Mallorca auch eine Wohnmöglichkeit hätte!« Ich war nicht nur erleichtert, sondern geradezu begeistert, zumal ich Horst sehr nett fand. Also suchte ich mir eine neue Wohnung. Direkt an der Playa de Palma, nur zwei Minuten zum Meer, sehr zentral gelegen, fand ich eine. Sie befand sich auf der Zweiten Etage. Dort hatte ich eine Wohnküche, ein Schlafzimmer und ein Bad. Auch ein großer Balkon war vorhanden. Als ich dort einzog, brachte Horst sofort auch seine notwendigen Sachen dort unter, und kurz danach verabschiedete er sich für drei Wochen.

Ich war glücklich, ihn kennen gelernt zu haben. Nun musste ich mir nur noch eine zusätzliche Arbeit suchen, denn schon sehr bald standen wieder Sinas Sommerferien an, und ich hatte geplant, dass sie diese mit mir auf Mallorca verbringen sollte. Ich besprach dieses Vorhaben mit Andreas. Er erklärte sich damit einverstanden und sagte: »Für zwei Wochen darf sie zu dir kommen. Die Kosten für den Flug, inklusive der Flugbegleitung, übernehme ich.« Ich war überglücklich und konnte den Tag, an dem meine Tochter kommen würde, gar nicht abwarten. Die Zeit verging natürlich sehr langsam. Ich nahm zwei Putzstellen in privaten Haushalten an und versuchte, mich auf meine Arbeit zu konzentrieren. Dann kam endlich der langersehnte Tag, an dem Sina ankommen sollte. Sie flog zum ersten Mal allein. Ich fand sie sehr mutig, aber sie wurde ja auch von einer Aufsichtsperson begleitet, weshalb es keinen Grund zur Sorge gab. Trotzdem, die Nacht vorher konnte ich kaum schlafen.

Dann war es soweit. Schon drei Stunden vor der geplanten Ankunftszeit war ich am Flughafen von Palma de Mallorca. Nervös lief ich vor den Ausgängen hin und her und dann erhielt ich die Auskunft: Die Maschine ist gelandet! Ich war so aufgeregt, dass ich den Sicherheitsbeamten fragte: »Darf ich bitte ausnahmsweise durch den Ausgang nach Drinnen zu den Laufbändern der Gepäckausgabe gehen? Ich möchte meine Tochter abholen!« Aber er verweigerte mir natürlich pflichtbewusst den Zutritt. Dann endlich kam Sina in Begleitung einer Frau auf mich zu. Wir umarmten und küssten uns, und Sina fing wie ein Wasserfall an, alles zu erzählen. »Mäuschen,« sagte ich, »wir haben nun zwei Wochen, in denen wir die ganze Zeit zusammen sein werden!« Sie war, kaum dass wir den Flughafen verlassen hatten, wieder begeistert von der Insel. Direkt am Ausgang befindet sich eine lange Strasse, an der links und rechts große Palmen zu sehen sind. »Ist das schön hier, und so warm!« freute sie sich. Sie konnte sich an die früheren Zeiten auf Mallorca nicht mehr so recht erinnern.

Die erste Nacht schliefen wir so gut wie gar nicht, denn wir hatten uns beide unendlich viel zu erzählen. Viel Geld stand mir leider nicht für diese Zeit zur Verfügung, da ich meinen Arbeitgebern gesagt hatte: »Ich brauche zwei Wochen Urlaub, meine Tochter kommt zu Besuch!« Während dieser Zeit verdiente ich also auch kein Geld. Hätte ich einen festen Arbeitsvertrag gehabt, wäre das nicht möglich gewesen, denn es war Hochsaison. Meine Arbeitgeber waren natürlich nicht begeistert und ich musste damit rechnen, dass ich nach dem Urlaub meinen Job verlieren würde. Aber das war mir im Augenblick gleichgültig, denn ich wollte eine schöne Zeit mit Sina verbringen, auch wenn das Geld knapp war.

Am nächsten Tag gingen wir an die Playa de Palma, kurz »Playa« genannt, denn Sinas großer Wunsch war es, einmal mit einer Pferdekutsche zu fahren. Natürlich taten wir das. An der Playa standen viele Kutschen für Touristen bereit. Wir fuhren eine halbe Stunde am Meer entlang. Sina strahlte während der Fahrt über das ganze Gesicht, und ich war glücklich mit ihr. Im Anschluss besuchten wir noch Moni und Micha. »Mensch, bist du groß geworden!« sagte Micha staunend. Sina erkannte die beiden sofort und bekam zuerst einmal ein großes Eis zur Begrüßung.

Sina wollte sich unbedingt die Tiere von Hasso wieder ansehen. Also rief ich Hasso, der gerade wieder einmal in Andorra weilte, an und sagte zu ihm: »Hasso, meine Tochter ist gerade auf Mallorca! Sie möchte sich gerne die Tiere ansehen!« »Jederzeit,« erwiderte er großzügig, »du brauchst nur zu klingeln, dort ist jetzt ein Juan beschäftigt. Er versorgt die Tiere und mein Anwesen. Er lässt euch hinein.« Ich bedankte mich und sagte wie immer: »Bleiben Sie gesund, ich melde mich wieder!« Anschliessend fuhr ich mit Sina zu seinem Anwesen, wo das ganze Unglück einst begann. Besagter Juan öffnete uns die Tür. Ich erklärte ihm mein Anliegen und er ließ uns freundlich hinein. Für mich war es nicht schön, dort wieder zu sein. In mir kamen alle Erinnerungen hoch.

Ich schaute in Richtung unserer damaligen Wohnung.

Die Eingangstüre war mit einer Holzplanke versperrt. Ich fragte Juan: »Warum darf man dort nicht hinein?« Er erwiderte: »Vor drei Wochen brach dort ein Feuer aus, bis hoch zum Dachboden, und nun ist es zu gefährlich dort hineinzugehen. Es besteht Einsturzgefahr!« Wie vor langer, langer Zeit, so kam es mir zumindest in diesem Augenblick vor, wurden wir durch den Garten geführt. Viel hatte sich nicht verändert. Als wir zu dem Käfig mit dem Puma ›Meikel‹ kamen, rief ich voller Freude seinen Namen: »Meikel!« Und es war kaum zu glauben, er stand auf und kam bis zum Rand des Käfigs! Durch das Gitter hindurch schmuste ich mit ihm. Er erkannte mich zwar wieder, doch zu ihm in den Käfig hinein gestiegen wäre ich nicht mehr. Für Sina war dieser Nachmittag wie ein Besuch in einem Zoo, und sie fand es sehr aufregend. Und noch lange sprachen wir auf der Heimfahrt von den Tieren.

Wir waren Tag und Nacht zusammen und verbrachten eine schöne Zeit miteinander. Ich kümmerte mich von den Fuß- bis zu den Fingernägeln um sie und durfte wieder ganz Mama sein, leider aber nur eine »Ferienmama«! Und diese Ferien gingen viel zu schnell vorbei.

Es kam schliesslich der Tag Sinas Abreise, an dem ich ihre Sachen zusammenpacken und sie zum Flughafen bringen musste. Sie war aber schon sehr vernünftig. Beim Abschied sagte sie: »Mama, versprich mir, nicht zu weinen, wir können doch telefonieren!« Ich drückte sie fest an mich und dann musste sie gehen! Nachdem sie durch die Kontrolle gegangen war, blieb ich noch lange stehen und blickte ihr nach. Den ganzen Weg bis zu meinem Wagen, der im Parkhaus stand, hielt ich mich tapfer aufrecht, doch dann, als die Tür meines Wagens zufiel, bekam ich einen Weinkrampf. Nie vergesse ich diesen Abschiedsschmerz. Am Abend rief mich Sina an: »Mama, ich bin wieder zu Hause und ich möchte jetzt jede Ferien zu dir kommen! Ich habe dich so lieb!«

Eine ganze Woche brauchte ich, bis ich den grössten Abschiedsschmerz überwunden hatte. Meinen Job als Kellnerin war ich natürlich los. Mein Chef hatte die Gelegenheit meines Urlaubs genutzt und mir mit der Begründung, sein Geschäft liefe nicht so gut, gekündigt. Also suchte ich mir wieder einmal eine neue Arbeit. Dieses Mal fand ich eine Stelle in einem Café, mitten in der Stadt Palma, wo man mich allerdings mit einem Arbeitsvertrag einstellte. Ich war zwar als Bedienung top fit, jedoch musste ich dort erst einmal lernen, auf wie viele verschiedene Arten man in Spanien Kaffee zubereitete.

Es gab Café con Leche (Milchkaffee), Café Americano (eine große Tasse schwarzen Kaffees), Café solo (kleine Tasse schwarzen Kaffees), Café desCaféinado (koffeinfreier Kaffee), Café con hielo (Kaffee, schwarz und mit Eiswürfeln) und noch mehr. Meine Arbeitskollegin war eine Spanierin namens Maria. Da sie kein Wort Deutsch sprach, konnte ich meine Spanischkenntnisse wieder aufbessern. Morgens um acht wurde das Café geöffnet, also musste ich schon sehr früh von zu Hause fort fahren, denn in Palma einen Parkplatz zu finden war wie ein Lottogewinn. Die Gäste des Lokals waren überwiegend Einheimische, während ihrer Frühstückspause assen sie bei uns eine Kleinigkeit. Am beliebtesten war das sogenannte »Pa amb oli«, eine dicke, frische Scheibe geröstetes Brot, eingerieben mit Knoblauch und belegt mit saftigen Tomatenscheiben – eines der vielen Nationalgerichte der Mallorquiner. Am Ende wird alles, wie vieles in Spanien, mit Olivenöl beträufelt.

Schnell arbeitete ich mich an meinem neuen Arbeitsplatz ein, und an den Wochenenden hatte ich frei. Nun meldete sich Horst wieder einmal bei mir für drei Wochen an. Ich freute mich auf ihn, so war ich Abends nicht mehr allein. Immer wenn er auf die Insel kam, lud er mich abends zum Essen ein, und durch ihn lernte ich auch die mallorquinische Gesellschaft kennen. Die meisten seiner Rennkollegen waren nämlich Insulaner. Horst war besonders bei den Mallorquinern bekannt, fast in jedem Restaurant begrüßte man ihn wie einen Prominenten. Es lag wohl daran, dass er schon viele Rennen gewonnen hatte. Sein Stammlokal befand sich in Palma und hieß »Celler Sa Premsa«. Dieses Restaurant war ein einziger riesiger hoher Raum mit über einhundert Sitzplätzen. Tische und Stühle waren aus einfachem, dunklem Holz, die Wände dekoriert mit uralten Gemälden. Am Wochenende brauchte man Glück, um überhaupt einen Tisch zu bekommen. Kurz nachdem wir Platz genommen hatte, stand auch schon ein Körbchen mit Brot und eine kleine Schüssel, gefüllt mit Oliven auf dem Tisch. Dazu bestellten wir den köstlichen Brotaufstrich »Aioli«, die berühmte Knoblauchmayonnaise.

Das Essen dort war sehr gut und preiswert, und man hatte die Auswahl zwischen der typisch mallorquinischen und der deutschen bezw. internationalen Küche. Eine Hintergrundmusik benötigte dieses Lokal nicht, man hätte sie ohnehin nicht hören können, denn durch den ganzen Raum schallte das laute Gerede der vielen anwesenden Gäste.

Während des Essens erzählte mir Horst oft viel aus seinem Leben. Er war verheiratet, aber er lebte mehr oder weniger für seine Rennleidenschaft und besonders für seine über alles geliebte Mutter, die er täglich anrief.

Zwischen ihm und mir entwickelte sich schnell eine gute Freundschaft. Er war über zwanzig Jahre älter als ich, aber ich fühlte mich bei ihm immer sehr geborgen. Ich fand mich mit der Zeit zwar mehr und mehr mit der Situation ab, in der ich nun lebte, war aber ganz und gar nicht glücklich. Ich forderte immer noch Gerechtigkeit von all jenen, die mich auf dieser Insel erniedrigt hatten! Und das betraf vor allem Hasso Schützendorf. Ich wollte endlich wieder unbeschwert, glücklich und zufrieden leben können.

Andreas rief mich eines Tages wieder an: »Bald sind Herbstferien, kann Sina wieder zu dir kommen?« »Natürlich!« antwortete ich. Nun hatte ich das gleiche Problem wie das letzte Mal, und so fragte ich meinen Chef: »Bekomme ich zwei Wochen Urlaub, meine Tochter hat Ferien? Ich habe sie schon so lange nicht mehr gesehen!« Die Antwort lautete unmissverständlich: »Nein! Unmöglich!« Es war Hochsaison und jede Kraft wurde dringend gebraucht. Weil mir Sina aber wichtiger war als mein Arbeitsplatz, kündigte ich den Job. Ein wenig Geld hatte ich zum Glück noch gespart.

Die Wiedersehensfreude war, wie jedes Mal, groß. Wenn Sina bei mir war, machte ich mir merkwürdigerweise keine Gedanken, wie es mit meiner Zukunft weiter gehen würde. Ich war einfach glücklich. Nur – die gemeinsame Zeit verging leider auch diesmal viel zu schnell. Wir verbrachten eine wunderbare Ferienzeit, und wieder war der Abschied von Sina wie tausend Messerstiche, die man in mein Mutterherz rammte.

Sobald ihre Maschine gestartet war, schaute ich zum Himmel. ›Da sitzt nun meine Tochter drin, der einzige Mensch auf der Welt, den ich liebe, und sie fliegt weit fort von mir!‹ dachte ich voller Sehnsucht. Wenn ich über die Insel fuhr, waren meine Gedanken stets voll von Erinnerungen, wie glücklich ich früher war als Mallorca noch gar nicht in meinem Leben existierte. Die Insel hatte mich zur »Ferienmama« gemacht.

Ich musste nach wie vor um mein Überleben kämpfen. Zum Glück ergab es sich, dass ich zu dieser Zeit bei Hasso in der Autovermietung ständig tätig sein durfte, natürlich ohne jegliche dauerhafte Vertragsverbindung. Aber ich empfand es als einen kleinen Sieg für mich. Ich hatte sogar jetzt den Vorteil, meine Arbeitszeit beenden zu können, wann ich wollte. Der Stundenlohn war zwar nicht gerade umwerfend, aber er war besser als nichts! Ich erfuhr im Büro, dass Hasso sich wieder auf der Insel aufhielt und so rief ich ihn an und fragte ihn: »Kann ich Sie morgen einmal besuchen?« Er erwiderte spontan: »Natürlich! Ich freue mich, dann bringst du mir bitte ein paar Kleinigkeiten aus dem Supermarkt mit!« Er verstand es wirklich, jeden bei jeder sich bietenden Gelegenheit für sich einzuspannen. Aber ich konnte und wollte ihm diese Bitte nicht abschlagen.

Als ich in seiner Villa in Valdemossa ankam und läutete, öffnete Anna die Türe und begrüßte mich äußerst unfreundlich. »Hasso sitzt auf der Terrasse!« sagte sie unwirsch. Er saß entspannt zurückgelehnt in einem Liegestuhl, trug eine dunkle Sonnenbrille, und erhob er sich, als er mich sah. »Hallo, mein Engelchen!« begrüsste er mich fröhlich. Er küsste und umarmte mich. Dann schrie er: »Anna!« Sie erschien sogleich und fragte unterwürfig aber mit mürrischem Ton: »Ja, was ist los?« »Bring' uns doch etwas zu trinken!« Schweigend verschwand sie und brachte uns den Whisky. Er schwenkte sein gefülltes Glas in der Hand, und bevor er einen Schluck davon nahm, rief er wie gewohnt: »Prost auf die Liebe!« Ich fragte ihn offen heraus: »Warum habe ich immer das Gefühl, dass Anna mich nicht leiden mag?« Lachend erwiderte er: »Ha, die hat Angst um ihren goldenen Papagei! Aber erzähl, wann siehst du deine Tochter wieder?« »Ich weiß es noch nicht, vielleicht werde ich in vier bis sechs Wochen nach Deutschland fliegen.« antwortete ich. »Oh, dann lade ich euch schon jetzt ein! Ich bringe ein Buch auf den Markt und stelle es in sechs Wochen vor.« sagte er. Dann fuhr er fort: »Ich habe mir eine Suite im besten Hotel von Düsseldorf gemietet und präsentiere das Buch »HASSO – KÖNIG AUF MALLORCA!« Er war sichtlich stolz.

Etwas später verabschiedete ich mich von ihm und verabschiedete mich wie immer mit den Worten: »Passen Sie auf sich auf, bleiben Sie gesund, wir telefonieren!«

Mittlerweile entpuppte sich also mein Erzfeind zu einer Art Freund. Meine Waffe ›Das Gute‹, die ich schon über längere Zeit ihm gegenüber einsetzte, zeigte anscheinend langsam Wirkung! Nur, ob ich diesen Kampf und das, was ich von ihm forderte, gewann, stand noch offen.

Die Wochen vergingen mit viel Arbeit und ich meldete mich bei Sina für einen Kurzurlaub in Deutschland an. Schließlich wollte ich bei dieser Gelegenheit auch einmal ihre Schule kennenlernen. Ich erhielt von Andreas freundlicherweise die Genehmigung, während dieser Zeit bei ihm zusammen mit Sina im Kinderzimmer zu übernachten. Als ich dort ankam, wurde ich nicht nur von Sina herzlich empfangen, sondern auch von ihren Schulkameradinnen. Alle behandelten mich, als sei ich etwas Besonderes. Nun, ich war schließlich die »Ferienmama« von der wunderschönen Insel Mallorca. Nur die Erwachsenen, die mir begegneten, ließen mich ihre Vorurteile gegen mich spüren. In dem Haus, in dem Andreas und Sina wohnte musste ich mir von verschiedenen Nachbarn zum Beispiel sagen lassen: »Ach, sind Sie auch mal wieder bei ihrer Tochter?« oder »Sie müssen wohl mehr an dieser Insel hängen als an ihrer Tochter!« Wie weh mir solche Aussagen taten! Eines Tages sagte ich zur Sina: »Wir machen heute einen Ausflug mit dem Zug nach Düsseldorf!« Sie freute sich, als ich ihr sagte warum wir dort hin fuhren. Ich wollte schließlich bei der Buchpräsentation von Hasso dabei sein.

Als wir in Düsseldorf ankamen, suchten wir dieses Luxushotel und fanden es dann auch. Vor dem Eingang stand Hassos roter Rolls Royce. Wir betraten die Eingangshalle, wo man uns freundlich mit den Worten empfing: »Sie müssen links die Treppe hinunter, in den zweiten Konferenzraum gehen.« Einige mir nicht bekannte Personen hielten sich vor der Eingangstüre auf. Zum Empfang bot man uns ein Getränk an. Mit diesem in der Hand suchten wir uns dann ganz vorne, in der ersten Reihe, einen Sitzplatz aus und erwarteten nun die Präsentation.

Der Saal füllte sich langsam aber stetig und ich suchte ständig nach mir vertrauten Personen, aber ich kannte nur sehr wenige. Dann wurde es still im Raum. Hasso Schützendorf und seine Frau traten ein. Es war ein witziger Anblick, dachte ich mir. Hasso ging vorweg, bekleidet mit schwarzer Hose und einem knalligen, pinkfarbenen Blazer. In seiner Nase die Schläuche für die Sauerstoffzufuhr, und wenn man diese von dort aus weiterverfolgte, führten sie bis zu Anna, die Hasso mit der Sauerstoffflasche in der Hand wie eine Untergebene folgte. Sie nahmen gemeinsam mit noch zwei weiteren Personen auf einem Podest Platz. Interessiert verfolgte ich alles und war dann auch froh, als es dem Ende zu ging. Nun konnte sich jeder, der es wollte, ein von Hasso signiertes Buch abholen. Sina und ich stellten sich auch in die Reihe der Wartenden. Als ich an die Reihe kam, erhob er sich, küsste und umarmte mich. »Schön, dass ihr auch gekommen seid!« sagte er. Dann schrieb er in das Buch für mich: »ICH, HASSO, DER KÖNIG – SABINE MEINE KÖNIGIN! DEIN HASSO.« Ich bedankte und verabschiedete mich und verließ anschließend das Hotel.

Dieses Mal flog ich nicht zurück, sondern verabredete mich mit Horst in Köln. Er musste auch wieder einmal nach Mallorca und hatten den Auftrag, für einen Bekannten einen Wagen zu überführen. Da ich somit nur die Kosten der Fähre für mich bezahlen musste, verzichtete ich auf den Flug, auch wenn ich viele Stunden länger unterwegs war. Im Zug auf dem Weg von Dortmund nach Köln, schaute ich in meinen Gedanken zurück und dachte: ›Warum ist Mallorca für mich eigentlich so ein Magnet?‹ Warum konnte ich nicht einfach alles vergessen, was dort geschehen war und ganz neu anfangen? Aber mich konnte nichts bremsen. Ich glaubte nach wie vor fest daran, dass Hasso bald seine Schuld bezahlen würde, zumal ich mir zu der Zeit auch einbildete, seine Freundschaft errungen zu haben.

Auf Mallorca angekommen, mussten Horst und ich zuerst einmal ausschlafen, denn er war die gesamte Strecke in fast einem Rutsch durchgefahren. Am darauf

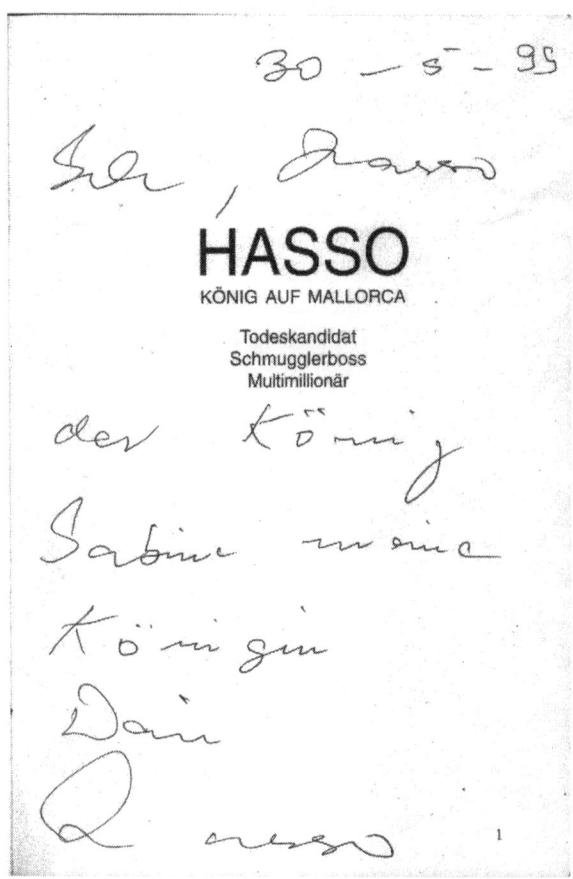

folgenden Tag ging ich wieder meiner Arbeit nach. Manchmal hatte ich noch zusätzliche Einnahmen, da ich neben meiner Tätigkeit freiberuflich als Redakteurin tätig war. Ich vereinbarte Termine mit verschiedenen Prominenten und verkaufte die Interviews an Zeitschriften. Natürlich gab es unter diesen bekannten Persönlichkeiten hier und da Personen, die ein Gespräch verweigerten. Ich schaute sie in solchen Augenblicken nett an und sagte: »Sie können doch nichts verlieren und ich verdiene ein wenig Geld, indem ich meinen Job machen kann! Ich hatte hier auf der Insel schon so viel Pech!« Dann bekam ich unter anderem auch einmal die Antwort: »Tut mir Leid, aber ich bin doch kein Wohlfahrtsamt!« Dies war die so oft anzutreffende typische Arroganz von Geldadel und Prominenz. Aber das konnte mich nicht mehr überraschen.

Horst verabschiedete sich, er musste wieder zurück nach Deutschland, und nun begann so langsam Mallorcas stille Winterzeit. In der Innenstadt von Palma gab es viele Bäume und vor allem eine Straße, die links und rechts von solchen alten und hohen Bäumen gesäumt war. Jedes Jahr im November, sammelten sich dort scharenweise die Stare, so auch jetzt. Ich schlenderte allein durch die Gassen und Strassen von Palma und hörte das wilde Gezwitscher der vielen Vögel, die sich bald verabschieden würden, und mit Neid sprach ich leise: »Ist schon wieder ein Jahr vorbei? Wenn ich doch auch nur fortfliegen könnte! In die Vergangenheit, als ich noch eine Familie hatte.«

Ich eilte – einer inneren Eingebung folgend - zur nächsten Telefonzelle und wählte Hassos Nummer: »Wie geht es Ihnen?« Er erwiderte etwas mürrisch: »Gut, aber ich habe mich gestern so aufgeregt! Ich habe veranlasst, dass die gesamte Auflage meines Buches vom Markt kommt! Ich werde sie alle in den Reißwolf stecken! Was darin steht, ist alles Quatsch«! Ich widersprach ihm : »Also, mir hat es gut gefallen! Ich werde es in Ehren halten! Beruhigen Sie sich nun, sonst werden Sie noch krank und dann wäre ich sehr traurig!«

Wieder einmal stand Weihnachten vor der Tür, und ich hatte dieses Mal leider nicht die finanziellen Mittel, dieses Fest mit meiner Tochter zusammen zu verbringen. Ich verbrachte so die gesamten Festtage mit Arbeit und in meiner Freizeit war ich allein.

Ein Bekannter lud mich eines Tages ein, den Jahreswechsel mit ihm gemeinsam in Palma zu feiern. Er versuchte es mir schmackhaft zu machen, ihn zu begleiten und erklärte mir dazu: »In Palma gibt es einen Platz, wo sich jedes Jahr sehr viele Menschen versammeln und gemeinsam feiern. Überall werden Weintrauben verkauft und genau um Mitternacht muss man zu jedem Glockenschlag eine Traube schlucken – und man kann sich dabei etwas wünschen!« Aber ich lehnte dankend ab. Ich wollte alleine bleiben.

Das Neue Jahr begann für mich sodann wieder einmal mit einem Wohnungswechsel. Horst hatte sich eine Finca in der Nähe von Campos gekauft. Dieser Ort liegt in etwa 15 km von Llucmajor entfernt. Er machte mir folgenden Vorschlag: »Ich weiß, allein kannst du dir deine Wohnung nur schwer leisten, also mache ich dir das Angebot, bei mir mit einzuziehen!« Ich dankte ihm und kündigte sogleich meine Wohnung. Die von Horst gekaufte Finca war zwar sehr verwahrlost und es gab dort eine Menge zu tun, aber erfreulicherweise sagte er zu mir: »Wenn du mir hilfst, hier alles wohnbereit zu machen, dann kannst du mietfrei bei mir wohnen!« Ich war glücklich über dieses Angebot, denn nun glaubte ich es vielleicht doch zu schaffen, mein Ziel weiter verfolgen zu können, denn so waren meine monatlichen Kosten doch bedeutend geringer.

Horst hatte es nun fest auf die Insel verschlagen. Er war mittlerweile von seiner Frau geschieden und seine Mutter war gerade verstorben. Diese Umstände belasteten ihn sehr und er suchte in seiner Finca die notwendige Ruhe und Abgeschiedenheit, um dort zukünftig fern vom Rummel seinen Lebensabend zu verbringen. Ihm kam meine Freundschaft nur zu Gute, denn ich wollte auch nicht unbedingt ständig mit allen möglichen Leuten unterwegs sein. So hatten wir beide einen Vorteil, er in mir eine Haushälterin und ich hatte ein sicheres Zuhause!

Meine Tage auf der Insel sahen nun etwas anders aus. Sehr viel Zeit verbrachte ich mit der Renovierung der Finca, die Raum für Raum Fortschritte machte. Neue Türen und Fenster wurden eingebaut und alles wurde schön gestrichen. Damit ich mir weiterhin meinen Lebensunterhalt verdienen konnte, arbeitete ich in Hassos Autovermietung, hatte diverse Putzstellen und hier und da andere Aushilfstätigkeiten.

Ich lebte nun mit einem älteren Mann wie eine alte Dorffrau auf dem Lande, fühlte mich jedoch dabei sehr wohl. Es war irgendwie mein neues Zuhause, das ich von Grund auf mit herrichten durfte. Es machte Spaß! Zwischen den Arbeiten kochte ich für uns und abends, nach der Arbeit, hatte ich viel Zeit. Meistens setzte ich mich allein auf die Terrasse. Durch die Einsamkeit und Abgeschiedenheit von der Umwelt, träumte ich immer mehr von meinem einzigen Ziel: Ich wollte mein Recht und meine Tochter. Auf der Finca hörte man außer dem Zirpen der Grillen und manchmal einem kurzen Bellen der Hunde keinen Laut. Sehr oft nahm ich mir mein Manuskript zur Hand und fühlte mich glücklich, wenn ich das erfundene Ende las. Ein Ende, so wie ich es mir von ganzem Herzen wünschte.

Immer mehr erfuhr Horst durch meine Erzählungen, was ich in Hassos Haus alles erlebt hatte. Er fragte mich einmal erstaunt: »Kannst du mir bitte sagen, warum du diesen Menschen nach all dem immer noch anrufst und so nett zu ihm bist?« Ich wollte ihm nicht ausführlich meine Beweggründe erklären und beschränkte mich darauf zu erwidern: »Er gibt mir doch auch einen Mietwagen zu einem Sonderpreis, den ich dringend benötige!«

Eines Tages rief Andreas wieder an: »Wie sieht es mit den Osterferien aus?« Ich entgegnete sofort erfreut: »Ich möchte gerne, dass Sina kommt!« Er war zwar einverstanden, aber meinte zu dem Thema: »Dieses Mal bezahlst du die Flugkosten.« Ich besaß zwar nicht viel Geld, doch ich besorgte das Ticket. Horst mochte Sina und freute sich auch auf sie. Sina blieb vierzehn Tage und war von der Finca begeistert. Sie hatte zwar keine Spielkameraden, jedoch fühlte sie sich dort sichtlich wohl. Sie spielte viel mit den Hunden, die inzwischen jungen Nachwuchs bekommen hatten. Nach ihrer Abreise, so war es geplant, wollten wir bis auf einen, alle anderen Welpen verschenken. Bis dahin sollte sie noch mit allen spielen. Während dieser Ferien nahm Horst wieder einmal an einem Bergrennen teil, das in Sóller auf dem Berg ›Puig Major‹ stattfand, und Sina und ich wollten uns das Rennen gemeinsam ansehen. Horst machte sich schon sehr früh mit seinem Lastwagen, beladen mit seinem Rennwagen, auf den Weg.

Um meiner Tochter ihren Aufenthalt bei mir etwas zu verschönern, entschied ich mich, diesmal den Zug nach Sóller zu nehmen. Wir fuhren mit dem Wagen bis zum Bahnhof nach Palma, der sich am ›Plaza de España‹ befindet. Ich kaufte zwei Tickets, und als der Zug einrollte, war Sina ganz begeistert. Es war nämlich kein gewöhnlicher Zug, sondern eine nostalgische Eisenbahn, angeführt von einer uralten Lokomotive. »Mama, die sieht ja aus wie in einem Western!« bemerkte Sina. Wir stiegen in einen der Wagen ein und nahmen auf Sitzen aus edlem, gealtertem Holz Platz. Noch viele weitere Touristen füllten das Abteil. Die Fenster waren weit geöffnet und als ein lautes Signal ertönte, konnte die Fahrt beginnen. Die Fahrtdauer betrug etwa eine Stunde. Die Strecke führte vorbei an wunderschöner und abwechslungsreicher Landschaft, in der man die kurvenreichen Gebirgsstrassen bewundern konnte. Nach dem zehnten Tunnel hörte Sina auf, sie zu zählen und der Zug hielt für einen kurzen Moment an einem herrlichen Aussichtspunkt. Wir überschauten das gesamte Tal von Sóller und hatten einen atemberaubenden Blick auf die mächtigen Bergmassive. Langsam setzte sich der Zug wieder in Bewegung, dicht vorbei an Orangenbäumen. Sina langte mit ihrem Arm hinaus und berührte mit ihrer kleinen Hand eine frische Orange. Fast hätte sie diese pflücken können! Ich hatte auf der gemeinsamen Fahrt mit meiner Tochter nur den einen einzigen Wunsch, dass der Zug nie mehr halten würde. Doch da erreichten wir auch schon den Bahnhof in Sóller, unserer Endstation.

Jetzt stiegen wir in eine kleine Straßenbahn um, ein absolutes Unikat auf der Insel, welche die Stadt Sóller mit ihrem Hafen – Puerto de Sóller verbindet. Dort mussten wir nämlich hin, um uns das Rennen ansehen zu können. Sina war sehr aufgeregt. Dieses Mal waren noch mehr Zuschauer anwesend, da es traditionell das beliebteste Bergrennen auf Mallorca ist. Vielleicht deshalb, weil es auf dem höchsten, über 1400 m hohen Berg stattfindet. Ausgerechnet bei diesem Wettkampf erreichte Horst aber leider nur eine schlechte Platzierung. Die Kupplung hatte gestreikt und auf halber Strecke blieb der zweite Gang hängen. So konnte er das Ziel nur im Schneckentempo erreichen. Trotzdem blieb der Tag für uns ein unvergesslich schönes Erlebnis. Sina und ich verbrachten jede Stunde zusammen, und wie immer war der Abschied schrecklich. Dieses Mal jedoch tröstete Horst mich ein wenig darüber hinweg.

Das Jahr verging wie im Fluge. Sina kam in den Sommerferien, in den Herbstferien und auch in den Weihnachtsferien. Für mich war mein Leben ausserhalb dieser Ferien aber die Hölle, ein einziger gnadenloser Kampf und ich wusste nie, wo die Zeit zwischen den Ferien verblieben war. Ich musste Geld verdienen, um meiner Tochter einen schönen Urlaub bieten zu können. Auf Sina zu verzichten, das hätte ich niemals zugelassen. Über die gesamte Zeit blieb ich aber auch weiterhin mit Hasso in Verbindung, obwohl ich immer wieder dachte, dass mein Ziel eigentlich der pure Wahnsinn sei. Und oft zweifelte ich daran, es jemals zu erreichen.

Die Finca war mittlerweile fast komplett renoviert. Ich nähte für jedes Fenster Gardinen, richtete alles schön ein und ich bekam mein eigenes Zimmer mit Gästebad. Aus Dank, dass Horst mir ein Zuhause gab, führte ich für ihn den gesamten Haushalt. Wenn er sich einmal Freunde einlud, bekochte und bediente ich sie mit einem drei Gänge Menü vom Feinsten mit Kerzenlicht und leiser Hintergrundmusik.

Weiterhin nahm ich fast jeden Job an, der mir angeboten wurde. Es gab zum Beispiel auf Mallorca verschiedene deutsche Bäckereien. Eine Zeit lang bekam ich bei einer einen Aushilfsjob im Verkauf. Hier wurde mir wieder einmal bestätigt, wie das wahre Leben auf dieser Insel aussehen kann. Ich bekam für diese Arbeit wirklich lediglich einen Hungerlohn. Ich arbeitete jeden Nachmittag vier Stunden. Die meisten Kunden waren Deutsche und sie liebten das deutsche, dunkle Brot, denn das spanische Brot wird nur mit Weissmehl, ohne Roggen und Vollkornanteile gebacken. An meinem zweiten Arbeitstag hatte ich das folgende Erlebnis: Kurz vor Ladenschluss begann ich die Verkaufstheke zu reinigen. Ich kehrte die gesamten Reste, wie Sesam-, Hafer- und Kümmelkörner auf die Dreckschaufel. ›Hm‹ dachte ich, ›warum sollst du diese nicht draußen an die Vögel verfüttern?‹ und ging hinaus. Ich wollte gerade die Schaufel mit dem Futter in die Gegend verstreuen, da hörte ich eine laute Stimme, die rief: »Stopp! Ja, bist du denn verrückt? Hat dir niemand erzählt, dass gerade diese wertvollen Körner, durch die Einfuhr nach Mallorca so sauteuer sind? Wir haben unter der Theke einen Behälter stehen. Dort sammeln wir alle diese Körner und verwenden sie noch einmal!« Es war mein Chef, der mir diesen Hinweis, – nein – Befehl gab. Ich schluckte und dachte: ›Armes Mallorca! Überall musste gespart werden.‹

Ein anderes Beispiel: Als ich danach einmal als Bedienung in einem Restaurant tätig war, zapfte man das Bier aus zwei verschiedenen Zapfhähnen. Einer der Zapfhähne war für das preiswertere spanische Bier, und der andere für das etwas teuere, deutsche Bier vorgesehen. Nur, - mein Arbeitgeber handhabe es ein wenig anders. Aus beiden Hähnen kam das preiswerte spanische Bier. Er sagte zu mir: »Glaub' mir, die Deutschen merken in ihrer guten Urlaubsstimmung keinen Unterschied, und wir haben gespart!« Natürlich war das Betrug am Kunden.

Auch als Küchenhilfe war ich ab und zu tätig. Dort stellte ich so manchen angerichteten Teller dem Kellner auf die Theke. Bei größerem Gästeaufkommen war der Koch oft überfordert und brauchte – um einmal ein weiteres Beispiel zu erwähnen - ein gekochtes Ei für den Salat. Es war keines mehr vorbereitet, doch es musste schnell gehen. Also, bekam ich die Anweisung: »Leg' ein rohes Ei in die Mikrowelle!« »Wie bitte?« fragte ich erstaunt. »Mach schon!« rief er ungeduldig. Gesagt, getan. Nach wenigen Minuten hörte man nur einen einzigen lauten Knall! Ich öffnete die Mikrowellentür und der Koch meinte trocken dazu: »Siehst du, geht doch alles!« Er suchte sich die brauchbaren Teile des Eiersalates zusammen und garnierte damit den Salatteller. Wenn der Gast Glück hatte, bekam er keine Eierschale mit serviert. ›Gut,‹ dachte ich mir, um mich zu beruhigen, ›Was soll`s. So etwas, kann man auf der ganzen Welt erleben!‹

Ich habe mittlerweile so viele verrückte Dinge auf dieser Insel kennen gelernt, aber natürlich nicht nur bei meinen verschiedenen Jobs, sondern auch bei anderen Anlässen. So gab es zum Beispiel einmal ein Ereignis, das ich nur in Verbindung mit Hasso Schützendorf erleben konnte. Er hielt sich wieder einmal in Andorra auf und ich telefonierte regelmäßig mit ihm. Weiterhin besuchte ich auch sein Anwesen in Son Sardina. Ich sah ab und zu die Tiere und verstand mich mit dem Pfleger Juan sehr gut. Der Puma Meikel und das Weibchen Deandra waren laut Juan ein paar Tage in einem Käfig zusammen untergebracht. Bei einem meiner Besuche sagte Juan freudig: »Wir bekommen Nachwuchs!« Ich freute mich sehr und rief sofort Hasso an. Ich fragte ihn: »Haben Sie schon gehört, mein Puma Meikel wird Vater!« Er erwiderte: »Ja, ich weiß!« Auf meine Frage: »Darf ich ein Pumababy haben, wenn es soweit ist?« antwortete er: »Natürlich, dann schenke ich dir eins!« Ich bedankte mich und meinte abschliessend: »Nun müssen wir abwarten und alles Gute! Bleiben Sie gesund.«

Ich wollte natürlich keinen Puma für mich selbst, sondern erkundigte mich und fand zwei Käufer auf der Insel, die mir eine beträchtliche Summe dafür boten. Also beobachtete ich bei meinen ständigen Besuchen das Pumaweibchen. Einmal fragte ich Juan: »Bist du auch ganz sicher, dass der Puma trächtig ist?« Er erwiderte voller Überzeugung: »Ja, denn es war ein Tierarzt aus Palma da, der es mir bestätigt hat! Er hat auch schon den Geburtstermin ausgerechnet!« Mittlerweile war auch ich davon überzeugt, da das Pumaweibchen einen immer dickeren Bauch bekam. Eine Woche vor dem berechneten Geburtstermin besuchte ich den Puma jeden zweiten Tag. Juan sagte eines Tages: »Gestern Abend lag er eine halbe Stunde mit starken Wehen auf dem Boden. Er krümmte sich und brüllte wie am Spieß!«

Nun konnte es nicht mehr lange bis zu der Geburt dauern. Ich freute mich immer mehr auf die kleinen Raubkatzen. Es verging der zweite Tag über den geplanten Termin. Nichts geschah. Immer häufiger aber bekam der Puma diese Wehen und er verweigerte jetzt auch noch jegliche Nahrungsaufnahme. Ich schlug Juan daher vor, Hasso zu benachrichtigen. Er bestellte einen deutschen Tierarzt. Es vergingen fünf Stunden, die ich voller Ungeduld wartete. Dann erschien endlich ein Arzt und drei Assistenten. Ich erzählte ihm alles. Nun öffnete der Arzt einen Koffer und holte eine Gebrauchsanweisung heraus. Es war eine Anleitung für den Zusammenbau einer Betäubungspistole! Nach einer halben Stunde hatte er die Pistole zusammengebaut. Na ja, schließlich hatte der Tierarzt nicht jeden Tag ein Raubtier als Patienten. Er stellte sich vor den Käfig in Position und schoss die Spritze ab.

Alle warteten nun darauf, dass der Puma einschlief. Es war aber ein Fehlschuss! Erneut versuchte der Tierarzt sein Glück und dieses Mal traf er und das Muttertier schlief kurz darauf ein. Vorsichtig öffnete Juan die Tür des Käfigs. Es gehörte schon viel Mut dazu, diesen zu betreten. Es hätte ja auch sein können, dass der Puma aufgrund der ganzen Anstrengung nur kurz einmal eingeschlafen war und ihn plötzlich angriff! Nein, es hatte geklappt. Ich beobachtete alles aus sicherer Entfernung. Jetzt musste alles reibungslos ablaufen. Mit vier Personen, trug man den Puma aus seinem Käfig hinaus und legte ihn in eine große Kiste, die anschliessend in den Tiertransporter gehoben wurde. Ich sagte zu Juan: »Ich werde mit in die Klinik fahren und dir danach alles berichten!« Die Fahrzeit bis dorthin betrug eine halbe Stunde. Unterwegs hielt ich in meinen Gedanken schon ein Pumababy in meinen Händen und dachte an das Geld aus dem Verkauf. Wir erreichten die Tierarztpraxis, doch leider war die Kiste zu groß und sie passte nicht durch die Eingangstüre. Das Fenster war aber breit genug, also ging es dort entlang. Der Arzt gab mir die Erlaubnis, mit in den Behandlungsraum zu kommen. Der Puma schlief noch tief und fest. Blitzschnell wurde alles für einen Eingriff vorbereitet und die üblichen Abtastungen an dem Tier vorgenommen. »Seltsam!« sagte der Arzt stirnrunzelnd. Er untersuchte weiter und fragte dann mich: »Ist das Tier wirklich trächtig?« Ich erwiderte achselzuckend: »Es ist nicht mein Puma, ich bin nur eine Bekannte des Besitzers. Ich kann Ihnen nur sagen, was mir mitgeteilt wurde.« Alles sprach dafür, dass sich alles mögliche in dem aufgeschwollenen Bauch des Pumas befand, nur kein Nachwuchs. »Aber was war dann mit den Wehen?« fragte ich ängstlich. Der Arzt entfernte am After einige dicke unverdaute Essensrückstände. Dann zischte und roch es verdächtig. Es war alles nur Luft in dem Bauch! Die Wehen waren Krämpfe und Folge einer sehr schweren Verstopfung! Ich musste nun lächeln und fragte ziemlich enttäuscht: »Alles nur Luft, keine Babys?«

Zum Glück traf der Arzttermin der angeblichen Geburt genau mit dem Zeitpunkt der Krankheit überein, denn es hätte für den Puma gefährlich werden können. So konnte man ihn noch retten. Mit der Luft verschwand auch der dicke Bauch und mit viel Phantasie konnte man sich allenfalls süße kleine Puma-Katzen vorstellen! Aus dem Verkauf des kleinen Pumas wurde somit auch nichts, denn für Luft…! Natürlich wurde Juan umgehend gefeuert.

Kapitel 11

Hasso ohne Anna?

So lebte ich auf Mallorca weiter in meinen Träumen und Luftschlössern. Ich arbeitete jetzt sehr oft für Hasso. Besser gesagt, ich hatte das große Vergnügen, seine Mietwagen hin und her zu fahren. Am Flughafen von Palma besaß er auch ein Vermietungsbüro. In der Flughafengarage konnten die Urlauber den Mietwagen abholen oder auch abgeben. Die gebrauchten Autos musste ich dann dort abholen und zu einem seiner großen Grundstücke an der Playa de Palma fahren. Dort wurden sie gereinigt, gewaschen und wieder voll getankt. Direkt nachdem ich auf diesem Gelände einen Wagen abgestellt hatte, setzte ich mich in ein anderes, sauberes Fahrzeug und fuhr damit wieder zum Flughafen. Manchmal übte ich diese Arbeit fünf Stunden hintereinander aus, aber dann wurde ich während der Fahrt so müde und unkonzentriert, dass ich ab und zu beinahe von der Straße abkam. Schließlich fuhr man immer die gleiche Kurzstrecke und das wurde schnell eintönig.

Ich erfuhr eines Tages in Hassos Büro, dass der Chef wieder auf der Insel war. Er hatte seinen Andorraaufenthalt beendet. Plötzlich, eines frühen Morgens, läutete mein Mobiltelefon. Ich dachte schon, es wäre meine Tochter, doch es war Hasso. Er jammerte: »Mein Engelchen, du musst sofort kommen! Ich brauche deine Hilfe! Ich bin allein, Anna hat Ihre Sachen gepackt und ist abgehauen!« Zunächst war ich sprachlos, doch dann versprach ich ihm sofort zu kommen. Ich fuhr so schnell ich konnte zu seinem Anwesen nach Son Sardina. ›Egal, ob du willst oder nicht, du musst ihm immer eine gute Freundin sein! Denke an die Gerechtigkeit, die du noch von ihm forderst!‹ dachte ich unterwegs. Als ich sein Anwesen erreichte und den Wohnraum betrat, lag Hasso hilflos in seinem weißen Froteemorgenmantel auf dem Sofa. »Was ist denn vorgefallen, dass Anna verschwunden ist?« wollte ich wissen. Er erklärte mir: »Wir waren doch sehr lange in Andorra, und von dort aus habe ich eine Anzeige in eine sehr bekannte deutsche Zeitung gesetzt. Der Text lautete: ›Millionär sucht junges Mädchen, Heirat nicht ausgeschlossen‹. Damit war Anna gar nicht einverstanden, sie wollte mich nicht mit einer anderen teilen!« Ich erwiderte kopfschüttelnd: »Da kann ich Anna gut verstehen, ich würde dann auch abhauen! Aber wie soll es nun weitergehen? Sie können doch nicht alleine leben!« Er erwiderte: »Ich brauche deine Hilfe nur bis heute Nachmittag, dann kommt eine junge, knackige Blondine! Sie ist neunzehn Jahre alt und sagte mir schon am Telefon, dass sie mich liebt und mich versorgen will!« Ich schluckte und dachte nur eines: ›Prima, dann kann ich wenigstens wieder fahren.‹ Soweit es ging, versorgte ich ihn und bereitete sein Essen vor. Ich kannte Hasso gut und lange genug, um seine Gewohnheiten und Wünsche zu kennen!

Einige Zeit später erschien der ›Ersatz‹ für Anna – vielleicht seine nächste Lebensgefährtin? Ein junges Mädchen betrat den Wohnraum, bepackt mit einem großen schweren Koffer und zwei kleinen Gepäckstücken. Ich persönlich fand sie sehr natürlich und hübsch. Sie war eine kleine, zierliche Person mit langem, lockigem engelsblondem Haar. Sie hieß Karin und begrüßte Hasso und mich. Hasso stellte mich ihr vor und sagte: »Das ist mein Sabinchen, sie hilft mir immer, wenn ich in Not bin! Aber jetzt brauche ich sie nicht mehr, jetzt bist du ja hier, Karin!« Er bezahlte mich mit dem gleichen Stundenlohn, den ich auch in seiner Firma für die Autofahrten erhielt und bedankte sich. Ich verabschiedete mich und fuhr wieder nach Hause.

Auf der Finca angekommen, erledigte ich noch etwas im Haushalt und kochte für Horst und mich. Als wir gegessen hatten und es anschliessend dunkel wurde, setzte ich mich, wie so oft auf die Terrasse und träumte. Wie würde wohl alles enden? Ich wollte Hasso immer in der Not eine gute Freundin sein und hoffte nach wie vor, dass er irgendwann einmal seine Schulden bei mir bezahlt.

Kurze Zeit später erfuhr ich aus der Presse, dass Hasso bereits wieder eine neue Freundin hatte, mit welcher er sogar im Fernsehen seine Verlobung bekannt gab. Eigentlich nannte er der Presse verschiedene Frauen, mit denen er nun seinen Lebensabend verbringen wollte. Und so entlarvte er sich jetzt also neben seinem Teufelswesen als ein alter »Lustgreis«! Bei verschiedenen Interviews protzte er arrogant: »Frauen über dreißig stinken!«

Zum Glück hatte ich diese Altersgrenze schon lange überschritten und kam somit als Lebensgefährtin für ihn nicht in Frage – in seinen Augen war ich nämlich eine stinkende Alte. Ich lernte seine ›Lustobjekte‹ fast alle kennen, denn er rief mich immer häufiger an und bat mich: »Kannst du heute kommen und mir meine Post erledigen? Das hatte sonst immer Anna getan!«

Ja, Anna hatte sehr viel gemacht, zumindest das alles, was er wohl von den jungen Mädchen nicht unbedingt verlangen wollte. So hatte ich nun eine weitere Tätigkeit für ihn zu erledigen: Ich wurde die Privatsekretärin von Hasso Schützendorf, aber ohne Vertrag, versteht sich. Ich nahm mir aber daher auch die Freiheit, dann Feierabend zu machen, wann ich wollte.

Oftmals saß ich morgens mit Hasso im Wohnzimmer und hatte den Auftrag sämtliche Bewerbungsschreiben auf seine Anzeige zu beantworten. Er fragte mich dabei stets nach meiner Meinung. Ich äußerte mich sodann jedes Mal achselzuckend: »Was soll ich dazu sagen? Für mich ist es so, als wenn sich ein normaler Mensch einen Katalog anschaut und sich überlegt, welches Kleid oder welchen Anzug er sich denn kaufen sollte!« Darüber war Hasso ziemlich empört und sagte als Entschuldigung: »So ein Quatsch! Diese Mädchen haben nur Pech mit ihren Freunden gehabt!« Es kamen mindestens eintausend Zuschriften junger Frauen. Anbei lag immer ein Foto und ich dachte mir: ›Mensch, sind da hübsche Mädchen darunter!‹ Wie viele Mädchen es doch gab, die sich meiner Meinung nach an einen so alten Menschen verkaufen, also prostituieren wollten, nur weil er Millionär war!« Es gab Tage, an denen eine eingeladene Bewerberin fest auf dem Anwesen lebte und sich damit abfinden musste, dass Hasso sich manchmal zwei oder drei andere Konkurrentinnen am selben Tag einlud. Teilweise begutachtete er sie nur kurz, zahlte sie mit einer hohen Geldsumme aus und verabschiedete sich mit den Worten: »Danke für deine Anreise, kaufe dir von diesem Geld etwas Schönes! Leider gefällst du mir nicht.« Dieses Schauspiel, das mir wie eine Fleischbeschauung anmutete, wiederholte sich des Öfteren. Ich saß während dessen stillschweigend auf dem Sofa und beobachtete, wie viele hundert Geldscheine andere von ihm geschenkt bekamen, ohne etwas dafür getan zu haben. Und ich stellte mir die Fragen: Was hatte ich schon alles für Hasso getan? Wie viel schuldete er mir? Warum bezahlt er mich immer nur mit einem Hungerlohn?

Einmal sprach ich ihn darauf an und er meinte: »Mein Sabinchen, wenn ich dir Geld gebe, dann verliere ich meine beste Freundin!« Ich erwiderte darauf nur: »Welch seltsame Einstellung, aber ich verlange auch nichts. Ich mag Sie auch so!« Hasso wurde unerklärlicherweise für mich ein einigermaßen guter Freund, aber ich merkte bald eines: Er hatte ein Problem damit, dass es einen Menschen gab, der immer für ihn da war, ohne etwas von ihm zu verlangen. Er entwickelte daher so etwas wie einen Schuldkomplex, wurde des öfteren auch mit mir sehr böse und sagte, wenn ihm etwas nicht passte: »So, bitte gib' morgen den Mietwagen ab! Ich bin sauer auf dich!«

Jedes Mal tat ich worum er mich ersuchte und bemerkte dazu lediglich: »Mir egal, nur – bedenken Sie dabei bitte, wenn ich keinen Wagen mehr habe, können Sie mich auch nicht mehr in Ihrer Not kommen lassen! Ich wohne auf einer Finca inmitten der Insel. Und außerdem können Sie machen was Sie wollen! Ich habe Sie dennoch gerne und ich verzeihe Ihnen!« Meistens bekam ich den Wagen dann schon am nächsten Tag zurück.

Einmal fehlte ihm sein Handy und er rief mich wütend an: »Du Diebin! Du Räuberin! Ich will mit dir nichts mehr zu tun haben. Du hast mein Telefon gestohlen!« Mit ganz ruhiger Stimme erwiderte ich: »Sie werden es bestimmt wieder finden, beruhigen Sie sich und bleiben Sie gesund!« Wenige Tage später rief er dann an und sagte: »Mein Sabinchen, entschuldige bitte. Ich habe das Handy gefunden. Kannst du morgen wieder kommen?« Für mich blieb alles ein Psychospiel, das ich nicht aufgeben wollte!

Zusätzlich wollte ich natürlich den Kontakt zu meiner Tochter nicht verlieren und hatte sie während jeder Ferien bei mir, wobei ich allerdings jedes Mal für die Flugkosten aufkommen und den Aufenthalt finanzieren musste. Während der ganzen Jahre habe ich mir nicht irgendein persönliches Teil kaufen können und hatte keinerlei Absicherung wie zum Beispiel eine Renten- und Krankenversicherung.

Mittlerweile versuchte ich zusätzlich meinen Lebensunterhalt auf den Trödelmärkten von Mallorca zu verdienen. Dazu besuchte ich an zwei verschiedenen Wochentagen unterschiedliche Märkte. Freitags gab es den traditionellen Markt in dem kleinen Ort Llucmajor und samstags den Flohmarkt in Magaluf. Dieser

Ort liegt an der südwestlichen Küste Mallorcas direkt neben Palma Nova und wird überwiegend von Engländern und Holländern besucht, was man übrigens auch daran erkennen kann, dass man an fast jeder Ecke nicht etwa ein Pa amb oli, sondern Hotdogs angeboten bekommt...

Aber auch auf den Flohmärkten machte man kein schnelles Geld. Die Standgebühren waren zwar relativ gering, jedoch musste man sehr früh morgens mit dem Wagen schon vor Marktbeginn in einer langen Warteschlange stehen, und – mit viel Glück – konnte man einen Verkaufsplatz erhaschen. Immer mehr der dort lebenden Ausländer kamen auf den Gedanken, alle möglichen alten Dinge, für die sie keine Verwendung mehr hatten, dort billig anzubieten, und dies auch nur, um auf Mallorca zu überleben! Ich bastelte Blumengestecke, malte Ölbilder und noch vieles mehr. In Llucmajor gab es eine große Mülldeponie, die ich auch hin und wieder aufsuchte, um dort nach Dingen zu suchen, die noch brauchbar waren. Ich fand Tüten mit wertvollen Parfümflaschen, die noch fast voll waren, Taschenrechner, alte Stühle und dergleichen. Mir war es nicht unangenehm, dort herum zu wühlen, denn es ging um mein Überleben. Da es auf der Insel leider keine Mülltrennung gab, musste ich sehr aufpassen, in welchen Beutel ich griff, um nicht auf einmal Lebensmittelreste in der Hand zu haben. Auf den Märkten lernte ich mit der Zeit sehr viele deutsche Kollegen kennen, und wenn das Geschäft gut verlief, gab es auch zwischendurch ein Gläschen spanischen Rotwein. Immer noch fuhr ich die Wagen für Hassos Autovermietung für einen Hungerlohn hin und her. Ich lebte letztlich jedoch von der Hand im Mund, und dachte mir immer: ›Wenn wir Krieg hätten, ginge es mir nicht einmal schlecht, denn ich hatte bereits alles verloren!‹

Als es sich eines Tages ergab, dass Horst einen Wagen nach Deutschland überführen musste und auch im Gegenzug einen anderen auf die Insel bringen sollte, durfte ich wieder einmal mitfahren. Dieses Mal genehmigte mir mein Ex-Mann Andreas einen Aufenthalt in Sinas Kinderzimmer, aber ich musste an ihn jeden Tag eine Übernachtungsgebühr bezahlen. Er nutzte meine Liebe zu meinem Kind immer mehr aus. Ich ärgerte mich darüber, doch um Sinas Willen bezahlte ich. Andreas wurde auch immer unzugänglicher, wahrscheinlich lag es an seinem Drogenkonsum. Er beklagte sich bei mir ständig, wie viel Arbeit es ist, ein Kind großzuziehen, aber an mich abgeben wollte er Sina auch nicht, weil sie ihm am Ende doch sehr viel bedeutete. Als ich nach diesem kurzen Aufenthalt in Deutschland wieder nach Mallorca zurückkam, meldet sich Hasso bei mir und sagte flehend: »Sabinchen, ich bin in Valdemossa, und ich brauche deine Hilfe? Kannst du morgen kommen?« »Natürlich!« erwiderte ich hilfsbereit und das erfundene Ende in meinem Roman fiel mir wieder ein – ich hoffte, dem glücklichen Ende nun einen Schritt näher zu kommen.

Hasso hatte sich mittlerweile für eine neue Lebensgefährtin entschieden. Sie war sehr jung und hübsch und hieß Petra. Hasso gab mir zuerst den Auftrag, seine Einkäufe zu erledigen, und dafür sollte ich in seinem Büro die Einkaufsliste und

Geld abholen. Als ich die lange Liste sah, wäre ich beinahe umgefallen! Ich musste tatsächlich zweimal in den Supermarkt, da ein Einkaufswagen für alle diese Dinge nicht ausreichte. Durch die Hitze, die auf Mallorca zu der Zeit herrschte, kam ich schliesslich zu Tode erschöpft in Valldemossa an.

Seine neue Lebensgefährtin begrüßte mich freundlich und half mir, alles in die Villa hinein zu tragen. Ich verstand mich auf Anhieb gut mit ihr, obwohl ich natürlich den Gedanken nicht los wurde, dass auch sie nur sein Geld vor Augen hatte! Hasso freute sich, mich zu sehen und fragte gut gelaunt: »Willst du heute hier schlafen? Dann hat Petra nicht so Langeweile!« Ich war einverstanden und Petra und ich verstanden uns auch weiterhin prima. Auf der oberen der beiden Etagen befand sich Hassos Schlafzimmer, und daneben ein Zimmer mit eigenem Bad für Petra. Ich übernachtete auf der unteren Etage in seinem Gästezimmer. Während Hasso an seinem Bürotisch wichtige Telefonate führte, saßen Petra und ich auf der Terrasse. Sie erklärte mir zu meinem Erstaunen: »Also, ich mag Hasso wirklich! Ich möchte gerne für immer mit ihm zusammen leben, jedoch brauche ich alle vier Wochen eine Woche Urlaub, in der ich mich so richtig austoben möchte!« Sie fuhr nach einer kleinen Pause fort: »Ich glaube, Hasso ist auch damit einverstanden.« Ich wollte mich dazu nicht weiter äussern. Wir erzählten uns viel. Hasso ging dann sehr früh zu Bett und Petra musste ihn begleiten.

Ich blieb anschliessend noch lange Zeit auf der Terrasse und dachte nach. Manchmal kam ich mir selbst in meiner Funktion und Anwesenheit in diesem Teufelshaus ziemlich blöde vor. Sollte ich meinen Kampf nicht besser aufgeben? Von der Terrasse aus blickte ich auf den beleuchteten Pool, und direkt dahinter schaute man auf das Meer, das heute sehr still und friedlich war. Der Pool war umrandet von wunderschönen Marmorplatten und die Terrasse wurde weiter nach hinten durch eine Mauer und einen schwarzen Gitterzaun begrenzt. Stellte man sich dort hin und blickte nach unten, ging es steil abwärts. Ich ließ meinen Blick über die vielen Berghänge schweifen und ging dann ebenfalls zu Bett. Am nächsten Morgen verabschiedete ich mich von den beiden und sagte zu Hasso: »Wenn Sie meine Hilfe brauchen, melden Sie sich bei mir.«

Mein Leben auf der Finca mit Horst ging ohne Komplikationen weiter. Es gab immer etwas zu tun auf diesem Anwesen. Kurz vor den Sommerferien meldete sich Andreas und teilte mir mit, dass er dieses Mal die Reisekosten für Sina tragen würde. Ich freute mich darüber, wunderte mich aber ein wenig, denn sonst war er nicht gerade grosszügig. Zwei Tage später gab er mir die Flugdaten durch und ich wusste nun, warum er die Kosten übernommen hatte: er hatte nämlich einen Aufenthalt von fünf Wochen gebucht. »Kannst du mir bitte sagen, wie ich das finanziell schaffen soll?« fragte ich ihn. Sina, die alles durch den Lautsprecher mithören konnte, rief: »Mama, ich freue mich so, fünf Wochen mit dir zusammen!« Was konnte ich denn da noch erwidern, außer: »Sina, ich freue mich auch!«

Horst bekam das Gespräch mit und dann kam für mich die nächste – allerdings äusserst negative – Überraschung. Er hatte sich dafür entschieden, allein

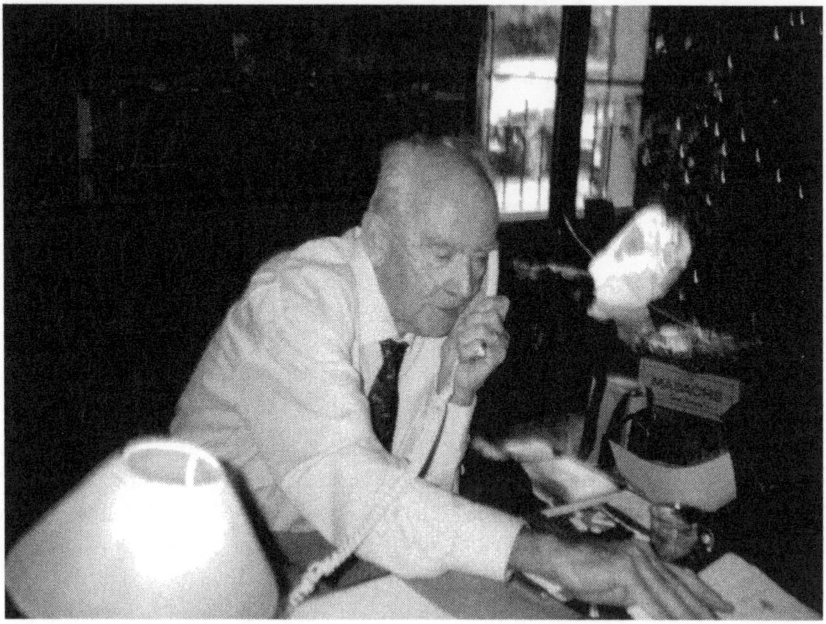

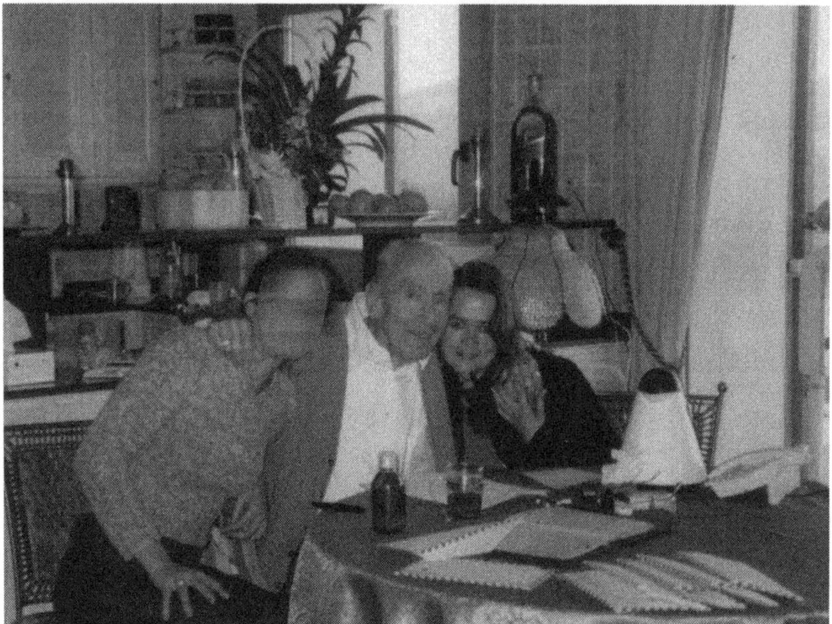

auf der Finca weiterzuleben und bat mich, mir eine andere Wohnmöglichkeit zu suchen. Natürlich gab er mir noch etwas Zeit, aber auf keinen Fall wollte er Sina fünf Wochen auf der Finca haben. »Sei mir bitte nicht böse, aber das ist mir zu anstrengend.« meinte er. Ich war zutiefst schockiert. »Horst, ich bin doch hier zu Hause, ich habe alles mit dir gemeinsam hergerichtet! Du kannst mich doch nicht einfach rausschmeißen!« Und ob der das konnte. Er ließ sich auf kein weiteres Gespräch ein, blieb unversöhnlich und setzte mir eine Frist bis einen Tag vor Sinas Anreise die Finca verlassen zu haben. Ich war wieder einmal enttäuscht worden und konnte es kaum glauben. Natürlich, er hatte viel für mich getan, das stimmte, aber dass es so enden würde, hätte ich von einem Freund nicht erwartet!

An diesen Abend setzte ich mich bis spät in die Abendstunden auf die Terrasse. Ich trank ein wenig – oder auch etwas mehr – von dem guten spanischen Rotwein und überlegte, was ich tun sollte. Ich las mir mein Manuskript durch, und als ich darüber nachdachte, wie viel Zeit mittlerweile mit Kummer und Leid vergangen war, fing ich an zu weinen und fragte mich: »Wann ist dieser Spuk endlich zu Ende? Wie soll alles nur weitergehen?« Ich wollte aber weiter kämpfen und glaubte fest an das gute Ende der Geschichte, so wie ich es schon vor Jahren geschrieben hatte.

Kurz vor Sinas Anreisetag fand ich ein Zimmer zur Untermiete bei einem Bekannten, der mit seinem Sohn zusammen lebte. Es befand sich leider im tiefsten Touristenzentrum von ›El Arenal‹. Die Gegend wurde auch die »Ballerburg« von Mallorca genannt! Die Wohnung lag in der 10. Etage eines hohen Gebäudes und rundherum befanden sich nur Caféterias, Biergärten, Pubs, Diskos und Nachtbars! Dort tobte, auf deutsch gesagt, der Bär! Dieses neue Zuhause war also genau das Gegenteil von der stillen, einsamen Finca, an die ich mich schon so gewöhnt hatte. Ich holte Sina von Palmas Flughafen Son San Joan ab. Die Freude über das Wiedersehen mit ihr entschädigte mich aber augenblicklich für meine jetzige Unterkunft und für alles andere! Als wir das Zimmer betraten, in dem ich nun wohnte, war sie natürlich zuerst ein wenig enttäuscht, sagte dann jedoch: »Mama, mir ist es egal wo ich wohne, die Hauptsache ist, wir sind zusammen!« Diese fünf Wochen waren sehr wichtig für Sina und mich. Nicht eine Stunde lang waren wir von einander getrennt, wir schliefen gemeinsam in einem Bett und konnten Gespräche nachholen, zu denen wir vorher nie Zeit hatten. Dadurch, dass in dem Zimmer auch meine gesamten Kartons untergebracht waren, hatten wir allerdings kaum Platz. Überhaupt, was für ein Unterschied war ein Zimmer in Arenal zu einer Finca, auf der man tagsüber die Vögel singen hörte und Abends dem Konzert der Grillen lauschen konnte.

Nun wurde mein Schlaf durch das nächtliche Getobe der Urlauber und der ständigen lauten Musik, die von den verschiedenen Balkonen der Nachbarn und Lokalen erschallte, gestört. Erledigten Sina und ich in einem Großmarkt den Einkauf, war ich vor meiner eigenen Haustüre erst einmal eine halbe Stunde auf Parkplatzsuche unterwegs. Nicht selten musste ich die zehn Etagen dann, nachdem ich endlich einen Parkplatz gefunden hatte, zu Fuß hochsteigen, weil der Aufzug nicht funktionierte.

Es war derzeit Hochsommer. Tagsüber legten wir uns meistens zur ›Siesta‹ ins Bett und waren dann bis spät in die Abendstunden noch unterwegs. Wir spazierten oft die ganze Strandpromenade entlang, wo es immer viel zu sehen gab. Obwohl in meiner Geldbörse gähnende Leere herrschte, gab ich mir die größte Mühe, Sina trotzdem einen schönen Urlaub zu bieten. Ich hatte durch Horst vor einiger Zeit eine mallorquinische Familie kennen gelernt, die sehr gastfreundlich war und sich über sein Verhalten aufregte. »Du bist jeden Tag von ganzen Herzen bei uns zum Mittagessen eingeladen!« versicherten sie mir anteilnehmend. Ich bedankte mich und nahm diese Einladung auch gerne an. So bekamen wir zumindest täglich eine warme Mahlzeit und zu Trinken. Sina malte in dieser Zeit viele Bilder und verschenkte diese als Dankeschön an die Familie.

Hasso wusste auch von der Anwesenheit meiner Tochter und lud mich mit ihr zusammen oft in sein Haus ein. Sina durfte dann dort den ganzen Tag in seinem Pool baden. Und weil Hasso immer auf eine Gegenleistung bestand, sollten wir dafür die Einkäufe erledigen. Fünf Wochen waren eine lange Zeit. Ich musste mir von einem meiner Arbeitgeber, für den ich die Wohnung einmal wöchentlich reinigte, einen Vorschuss holen, um meiner Tochter – auch wenn es nur für ein paar Wochen war – eine richtige Mutter sein zu können. Sina liebte ganz besonders Pferde, und in Deutschland besuchte sie sogar eine Reitschule. Ich hatte während meines Mallorcaaufenthaltes einmal die Bekanntschaft eines Franzosen gemacht. Malik hieß er und er führte eine Reitschule auf Mallorca, welche sich in dem kleinen Ort Saranjassa befand, nur zehn Minuten von der Playa de Palma entfernt. Dieser Reitstall lag auf einer Anhöhe und man konnte von dort aus den herrlichen Sonnenuntergang über dem Meer beobachten. Unter anderem organisierte Malik auch Springreitturniere. Er lebte von seiner Frau getrennt mit seinem kleinen Sohn dort. Da er meine finanzielle Situation kannte, bekam Sina dort kostenlose Reitstunden. Ganz stolz ritt sie dann meistens zu später Abendstunde die Strasse entlang, von mir zu Fuß begleitet. Einmal sagte ich zu Sina: »Weißt du, den besten Freund den ich habe, das ist der Papa!« Sina fragte erstaunt: »Warum? Er ist doch oft gemein zu dir!«

Ich erklärte ihr daraufhin: »Papa ist dir, trotz allem, was zwischen uns ist, ein guter Vater! Ich bin nur auf Mallorca, um von einem Mann, der uns viel Unrecht getan hat, eine noch offene Rechnung zu kassieren! Es geht allein um Gerechtigkeit!«

Der Abschied rückte nun leider wieder näher. Sina hatte dieses Mal ihren Rückflug schon sehr früh morgens, um acht Uhr. Am Nachmittag des letzten Tages versprach ich ihr noch einmal mit ihr abends auszugehen. In Arenal gab es eine Minigolfanlage mit großen Dinosauriern aus Gummi. Dort spielten wir eine Runde und anschließend betraten wir einen großen Unterhaltungspark. Dort reihte sich ein Tresen hinter dem anderen und auf einer großen Bühne traten an diesen Abend verschiedene Stars auf. Sina war begeistert. Obwohl es schon sehr spät war, waren noch sehr viele andere Urlaubskinder hier. Laut ertönten Lieder wie: »Palma, Palma de Mallorca!« Dazu klatschten dann alle grossen und kleinen Urlauber und sangen lauthals mit! Viele junge Leute tranken aus einer Kanne mit mehreren bunten, langen Strohhalmen die bekannte spanische Sangria. War diese leer, bastelten sie sich aus den Halmen skurrile Kunstwerke und setzten sich diese als Kopfbedeckung auf! Dass ich trotz dieser guten Laune, die von den Touristen ausgestrahlt wurde, nicht angesteckt wurde, lag nahe, denn es waren nur noch wenige Stunden bis zu Sinas Abflug.

Wir gingen sehr spät zu Bett. Große Abschiedszenen gab es heute allerdings nicht, denn ich überhörte den Wecker und wir kamen fast zu spät am Flughafen an, wo das Flugpersonal schon ungeduldig auf Sinas Einstieg wartete.

Ich hasste diese Abschiede immer mehr. Ich verfluchte sie geradezu! Und dadurch, dass ich nun auch nicht mehr auf der Finca lebte, war alles doppelt schlimm. In Arenal zu leben, war für mich zwar bitter, aber zwei Straßen weiter wohnte wenigstens eine ehemalige Bekannte des Mechanikers, welcher für Horsts Rennwagen tätig war. Sie hieß Sabrina und lebte schon über zehn Jahre auf der Insel. Immer öfter trafen wir uns jetzt und bauten eine Freundschaft auf. Sie arbeitete als selbstständige Verwalterin für verschiedene Luxusvillen in Andratx. Da wir uns gut verstanden, bot sie mir an, für sie zu arbeiten. Ich willigte ein und bald verrichteten wir die Arbeit gemeinsam und hatten dabei sehr viel Spaß. Ständig mussten wir lachen und ich war glücklich, ihre Bekanntschaft gemacht zu haben. In einem Supermarkt traf ich bald darauf zufällig einen alten Bekannten, einen ehemaligen Nachbar.

»Hallo!« begrüsste er mich fröhlich und fragte sogleich, »Wie geht es dir?« Ich antwortete scherzhaft: »Hurra, ich lebe noch!« Und dann erzählte ich ihm von meiner schlechten Unterkunft. In seinem Berliner Dialekt sagte er plötzlich: »Mensch, das passt ja gut! Wenn du möchtest, kannst du bei mir einziehen! Du bekommst ein Zimmer und hast sogar für die nächsten Wochen die Wohnung für dich allein, denn ich werde zu meiner Freundin nach Deutschland fliegen und anschließend bin ich ein paar Wochen in Russland!« Dieses Angebot nahm ich natürlich sofort an, und am nächsten Tag schleppte ich mal wieder meine paar letzten Habseligkeiten in mein neues Zuhause, bezahlte die Miete und richtete mich ein.

Es war immer noch Hochsommer. Ich arbeitete nun vormittags bei Hasso in der Autovermietung und direkt im Anschluss daran traf ich mich mit Sabrina. Wir fuhren dann gemeinsam nach Andratx und verrichteten dort unsere Arbeit. Zwei Tage nach meinem Einzug in die neue Wohnung kam ich abends sehr erschöpft nach Hause und wollte in Ruhe meinen Feierabend genießen. Die Wohnung hatte eine große Terrasse und als ich diese betrat, saßen dort in fröhlicher Runde, mein Vermieter Norbert und vier junge Burschen.

»Hallo! Darf ick vorstellen?« sagte Norbert in lustiger Feierstimmung, »das sind meine guten alten Freunde aus Berlin. Sie machen nun vier Wochen Urlaub bei mir! Un' icke muss auch hier bleiben, hab' hier zu tun!« So erschöpft wie ich von meinem Arbeitstag war, schaute ich nur müde drein und lächelte gezwungen: »Natürlich, ich freue mich, euch kennen zu lernen. Also, mir macht es nichts im Geringsten 'was aus, ob ich allein in dieser Wohnung wohne, oder ob ich sie mir mit fünf Männern teile.« Ich schloss mich in mein Zimmer ein, legte mich auf mein Bett und betete um Kraft. Um viel, viel Kraft, trotz aller körperlichen und geistigen Erschöpfung weiter machen zu können!

An diesem Abend rief mich Hasso an: »Mein Engelchen, kommst du morgen? Du kannst hier schlafen und übermorgen fliegen wir nach Berlin!« »Warum nach Berlin?« fragte ich erstaunt. »Weil ich mich verlobe! Mit Petra! Du bist eingeladen und wirst mit uns feiern!« Na, was für eine Überraschung. Ich war einverstanden, bedeutete dies doch wieder einen Schritt weiter hin zu meinem Ziel. Sabrina gab mir für diese Tage frei und ich packte meine Reisetasche. Dann machte ich mich auf den Weg nach Valdemossa. Herzlich wurde ich begrüßt. Hasso war in guter Stimmung und Petra stellte mir ihre neue Garderobe vor. »Schau, ein Pelz! Viele schicke Dessous, und für die Verlobungsfeier ein goldfarbenes, langes Abendkleid.« Oh, ja, tatsächlich, ich freute mich für sie, und sie schenkte mir ein elegantes Oberteil. Hasso charterte ganz für sich privat eine Maschine, um mit einhundertfünfzig Gästen im schönen Schloss Cecilienhof in Potsdam seine Verlobung zu feiern. Bis in die späten Abendstunden wurden noch Vorbereitungen getroffen und sämtliche Fernsehsender machten in seiner Villa Aufnahmen von dem glücklichen Paar! Ich dachte dabei: »Er ist zwar nicht glücklich, aber er hat wieder kostenlose Werbung!« Schon am nächsten Tag in den frühen Morgenstunden ging es los. Hasso sprach gut gelaunt zu mir: »Mein Sabinchen, du fährst mit uns!« Zu seinen Gästen gehörten unter anderen auch sein gesamtes Personal aus der Autovermietung.

Als alle in das Flugzeug einstiegen und mich mit Hasso und Petra vorne in der ersten Reihe sitzen sahen, sagte ein Kollege zu mir: »Warum bekommst du denn einen Sonderplatz?« Anstatt einer Antwort lächelte ich nur, und dachte bei mir, dass ich auf diese Frage alle möglichen Antworten geben könnte – nur wäre keine plausibel. Glücklich gelandet, verließen alle das Flugzeug. Am Ausgang des Flughafengebäudes standen Busse bereit. Hasso sagte: »Du bleibst bei uns!« Hasso, Petra und ich verließen die Sicherheitszone. Was dann geschah, konnte ich kaum fassen! Wir wurden von wahnsinnig vielen Presseleuten empfangen. Fernsehkameras, Fotografen, Blitzlichter, Mikrophone – in diesem Augenblick hatte ich wirklich den Eindruck, ich wäre mit einer berühmten Persönlichkeit unterwegs! Geschickt versteckte ich mich hinter dem glücklichen Paar. Petra war auch sehr aufgeregt und flüsterte mir ins Ohr: »Der Lump, bei dem Presseansturm nutzte er die Gelegenheit um mich richtig abzuknutschen!«

Ich musste lächeln. Vor der Eingangstür stand ein dicker Mercedes mit einem elegant gekleideten Chauffeur bereit. Schnell stiegen wir ein und knallten die Türen hinter uns zu. Die Fotografen umzingelten das Fahrzeug und versuchten noch, ein paar gute Aufnahmen zu erhaschen. Auf der Fahrt zum Hotel konnte sich Hasso nicht mehr halten und sprach voller Freude strahlend: »Das war ja wie bei einem Staatsempfang! So etwas habe selbst ich noch nicht erlebt!«

Ich wusste gar nicht, wie mir geschah. Am Hotel angekommen, bekam ich eines der besten Zimmer zugewiesen. Für die Verlobung waren zwei Festsäle vorbereitet worden, einer für Hassos Firmenangestellten und seinen Bekannten, ein anderer für das Verlobungspaar, engste Familienangehörigen und langjährige Freunde. Und dann kam noch eine Überraschung für mich, ich saß mit Hasso zusammen in einem Raum! Die Tische waren festlich geschmückt, viele Gäste kannten sich untereinander und fragten mich: »Wir haben dich jetzt schon öfters bei Hasso gesehen und heute sitzt du sogar mit uns an einem Tisch! In welcher Beziehung stehst du eigentlich zu ihm?« Ich antwortete schlicht und dabei vielsagend lächelnd: »Er ist nur mein Arbeitgeber!« Und alle wunderten sich, dass ich nicht in dem anderen Festsaal zwischen dem ›Fußvolk‹ platziert wurde. Es wurde ein opulentes Abendessen serviert und für die Musik sorgte eine Liveband. Insgesamt betrachtet war dieses Fest für mich ein besonderes und abwechslungsreiches Erlebnis.

Auf dem Rückflug dachte ich über alles nach. Welche Beziehung hatte ich wirklich zu Hasso? Ich kam aber immer wieder auf das gleiche Ergebnis: Er blieb für mich ein Verrückter, der durch sein Vermögen die Macht besaß, mit Menschen zu spielen, und ich wollte von ihm Gerechtigkeit – mein Recht. Alles was er mir genommen und an Schaden zugefügt hatte, sollte er wiedergutmachen.

Wieder auf Mallorca angekommen, begleitete ich das neue Paar zuerst einmal nach Valdemossa. Ich umarmte Hasso und bedankte mich. Zum Abschied sagte ich wie immer: »Bitte, bleiben Sie gesund«, fügte diesmal aber noch hinzu: »Ich möchte Sie nie verlieren!«

Der Alltag hatte mich nun wieder: Vormittags Autos fahren, nachmittags in Andraxt die Häuser verwalten, Endreinigungen erledigen und nach dem Rechten sehen. Mit meiner neuen Unterkunft war ich nicht zufrieden. Wachte ich morgens auf und wollte ins Bad, war es jedes Mal besetzt, denn die Gäste kamen immer in den frühen Morgenstunden, wenn ich zur Arbeit musste, leicht oder auch stärker angetrunken nach Hause. Die Küche sah aus wie ein Schlachtfeld, und da es Sommer war, schliefen sie auf Matratzen, die nebeneinander auf der Terrasse lagen. Beim Verlassen des Hauses musste ich aufpassen, dass ich nicht auf einen ausgestreckten Arm oder auf ein anderes Körperteil trat.

Ein paar Tage später rief mich Hasso wieder an: »Mein Sabinchen, kannst du morgen kommen und für sieben Tage bei mir schlafen? Petra fliegt nach Deutschland und ich kann nicht allein sein!« Ich überlegte nicht lange: »Natürlich, ich komme!« Am nächsten Morgen in Valdemossa angekommen, geschah fliegender Wechsel. Petra verabschiedete sich und ich begrüßte Hasso. Nun war ich für sieben lange Tage mit diesem Teufel allein in der einsamen Villa von Valdemossa! Ich packte meine Sachen in meinem Zimmer auf der zweiten Etage aus. Jetzt stellte sich die Frage, welche Unterkunft besser war? Eine kleine Wohnung mit fünf Männern zu teilen oder alleine in einer großen Luxusvilla mit Hasso Schützendorf? »Sabine« sagte ich mir, »jetzt hast du die einmalige Chance. Versuche alles zu seiner vollster Zufriedenheit zu erledigen.«

Aber schon nach dem ersten Tag sehnte ich mich nach dem Letzten. Als ich morgens aufwachte, wollte ich mich leise an seiner Zimmertür vorbeischleichen, um in Ruhe frühstücken zu können. Auf halben Wege nach unten hörte ich dann aber: »Sabinchen! Guten Morgen!« Ich klopfte an seine Tür und hörte sein »Herein!« »Guten Morgen!« sagte ich. Als erstes meinte er etwas mürrisch: »Wie siehst du denn aus? Also mit den Sachen, die du trägst, möchte ich nicht morgens begrüßt werden!« Ich schaute an mir hinunter und fragte ihn: »Was ist denn daran so schlimm?« Ich trug eine alte Leggings und ein viel zu großes T-Shirt. Vielleicht hatte er ja auch recht. Also gut, ich zog mich schnell um. Dann betrat ich wieder sein Zimmer. »Kannst du mir bitte einen Orangensaft pressen, die Brötchen auftauen und ein Ei kochen, das Ei aber genau drei Minuten!« ordnete er an. Ich kochte mir zuerst einmal einen Kaffee, brachte ihm dann den Saft und bekam von ihm weitere Anweisungen. Mittags um zwölf kam ich dann endlich dazu, meine Morgentoilette zu erledigen!

Am nächsten Tag fuhren wir mit seinem roten Rolls Royce nach Son Sardina, er wollte dort nach dem Rechten sehen. Das Dach des Wagens war geöffnet und viele Leute die am Straßenrand standen, schauten uns nach. Mir war es irgendwie unangenehm, denn man hätte vermuten können, ich gehörte zu ihm! In Son Sardina angekommen, wollte er gemeinsam mit mir seine Post erledigen. Ich setzte mich auf das Sofa. Plötzlich sagte er: »Riechst du den Gestank hier? Nicht, dass du meinst er käme von mir, unter der Couch liegt eine tote Ratte!« Ich sprang entsetzt auf und rief: »Igitt, und Sie nehmen das einfach so hin?« Ich dachte in diesem Augenblick: »Was ist dieser Mann bloß für ein Mensch?« Er erwiderte trocken: »Die tut einem doch nichts mehr, ich werde sie irgendwann entfernen lassen!« Nach ein paar Stunden fuhren wir wieder nach Valldemossa zurück.

Hasso lebte in seinem Gemach wie ein Scheich, und ich war eindeutig nicht die geeignete Besetzung für seine Vorstellungen von Betreuung! Abends um zehn Uhr verlangte er nach einer Fußmassage. Er lag entspannt auf dem Sofa und ich saß auf einem kleinen Hocker am Ende, nahm eine Salbe und fing an zu massieren. Es war widerlich und abstoßend. Mir kamen folgende Gedanken: ›Normal ist es nicht, was ich hier mache.‹ Aber ich war verbohrt und wollte gehorchen. Ich gab mir die beste Mühe und sprach während der Massage zu ihm: »Wissen Sie was ich mache, wenn ich einmal viel Geld habe?« Er antwortete lachend: »Ja, dann lässt du dir die Füße massieren!« »Nein, dann verteile ich es an die armen Leute, die anderen die Füße massieren müssen!« Nach einer Stunde des Massierens sagte ich: »Fertig!« Er meinte aber: »Nein! Mach' weiter!« Sehr grob setzte ich die Behandlung fort und sagte energisch: »Sie sind vom Teufel besessen!« Er lachte nur.

Nach vier Tagen kam ich endlich dazu, mich schnell zu duschen und mir die

Haare zu waschen. Es war die Hölle mit Hasso! Wie hielten es bloß seine Frauen mit ihm aus! Ich hätte nicht die Nerven dazu gehabt! Ständig, Tag und Nacht, konnte man in diesem Haus das Dröhnen seiner großen Sauerstoffflasche hören, die er ständig brauchte, damit er genug Sauerstoff bekam. Wie oft hatte ich den Wunsch, den Hahn einfach zuzudrehen, damit endlich Ruhe war! Oftmals schimpfte er laut über seine neue Verlobte und meinte, sie sei untauglich. Aber ich wusste von Petra, dass er das Gleiche über mich sagte. Nichts und niemand konnte es Hasso Schützendorf Recht machen!

Eines abends, bevor er ins Bett gehen wollte, sass er wie immer im Bad vor dem Spiegel auf einem Stuhl und erledigte seine Abendtoilette. »Sabine!« rief er mich zu sich, »kannst du mir den Rücken mit einem Waschlappen abreiben?« Ich ging zu ihm ins Bad und tat, was er wollte. Er sah mich im Spiegel hinter sich und richtete seinen Oberkörper auf. »Habe ich nicht immer noch einen schönen, reizvollen Body?« fragte er mich. Ich verkniff mir ein Lachen und sagte, um ihn nicht zu beleidigen: »Ja, aber natürlich, sehr reizvoll.« Unglaublich, dachte ich mir, wie kann jemand, der sich nicht einmal im Stehen waschen kann so eine Aussage machen? Er muss doch seinen alten Körper im Spiegel sehen! »Sabine,« krächzte er plötzlich mit rauer Stimme, die mich erschrecken liess, »ich bin so geil, so geil! Ich will rammeln! Rammeln! Rammeln!« Ich rieb seinen Rücken fester mit dem Waschlappen ab und sagte schnell, um abzulenken: »Na, die paar Tage, bis Petra wieder hier ist, werden Sie ja wohl noch durchhalten können!« Er schwieg bedrückt, und mir schien, dass er wieder klarer im Kopf wurde. »Sabine, soll ich dir einmal was sagen! Ich habe Angst zu sterben! Ich will nie sterben!« »Warum nicht?« fragte ich. »Weil ich noch so viel vorhabe!« antwortete er.

An dem darauf folgenden Morgen verlief alles wie gehabt. Wie eine Krankenschwester bereitete ich ihm seine alltäglichen Medikamente vor. Hasso musste jeden Tag mehrmals verschiedene Pillen zu sich nehmen und fast stündlich inhalieren. Ich musste genau die für ihn bestimmten Mengen zurechtlegen und die Flüssigkeiten abmessen. Aber das war nicht die einzige Tätigkeit, die ich fast schon berufsmässig für ihn ausüben musste. Nein, ich war auch seine Frisöse. Er bat mich darum, ihm seine Haare zu schneiden, und während ich mir die grösste Mühe dabei gab, keifte er mich an: »Mensch, pass doch auf! Du schneidest mir noch ein Ohr ab, so ungeschickt wie du das machst!« So ein Geizhals, dachte ich mir, warum lässt er sich nicht einen Profi kommen? Wo er doch so viele Millionen hat! Nach dem Frühstück sagte er entspannt: »Heute ist so schönes Wetter. Lass' uns spazieren gehen.« Ich bereitete alles vor. Hasso besaß auch eine kleinere Sauerstoffflasche, die man tragen konnte und die ein paar Stunden lang ausreichte. Ich musste ihm vorher noch die Sonnenschutzcreme geben, damit er sich einreiben konnte. Die Sonnenbrille verlangte er noch am Ende und dann konnte es losgehen. Ich hakte mich in seinem Arm ein und wir schlichen los, denn schnell konnte er nicht gehen. Alle fünf Minuten setzte er sich auf einen Stein am Wegrand. Schliesslich erreichten wir einen Aussichtspunkt für Touristen. Dort befanden sich Bänke, von denen aus man eine traumhafte Aussicht hatte. Es umgab uns eine wunderbare Ruhe. Wir setzten uns nieder und Hasso holte tief Luft, denn trotz seiner Sauerstoffzufuhr hatte er Atemnot. Er erzählte mir stockend: »Hier unten waren einmal kleine Kätzchen, die wollte ich groß ziehen, habe sie aber nie fangen können!« Dann sagte er plötzlich nach einer kleinen Pause: »Sabine, ich besitze so viel Geld und ich habe mir überlegt, wenn ich einmal sterbe, dann bekommst du eine Million von mir. Du warst immer für mich da, wenn ich wirklich in Not war.« Ich schluckte und erwiderte innerlich aufgewühlt: »Ach wissen Sie, ich wäre schon glücklich, wenn ich nur das wieder bekommen würde, was man mir hier genommen hat!« Darauf reagierte er aber nicht. Nie hätte ich sagen dürfen: ›Was Sie mir genommen haben!‹ Wir schlichen langsam wieder zurück.

Einen Tag bevor Petra wieder zurückkehrte, meinte Hasso: »Die Woche mit dir war so schön, am liebsten wünschte ich, dass du mich immer pflegst!« »Behalten Sie mich lieber als Freundin, wenn Sie in der Not sind! Auf die Dauer würden wir uns nur streiten.« erwiderte ich, entsetzt von der Vorstellung, er könnte mir ernsthaft ein entsprechendes Angebot machen.

Petra kam zurück und Hasso bezahlte mich. Für jeden Tag, berechnete er eine Arbeitszeit von zehn Stunden. Ich bedankte und verabschiedete mich mit den Worten: »Wenn Sie mich brauchen, rufen Sie mich an! Bleiben Sie gesund!« Drei Tage später erhielt ich Post. Absender: Hasso Schützendorf! Neugierig öffnete ich den Briefumschlag und las: »Hallo, mein Sabinchen! Danke für Deine Hilfe, die Du mir bis jetzt immer gewährst. Es ist schön zu wissen, einen Menschen zu haben! Ich für Dich und Du für mich! Dein Hasso, für mein Sabinchen!« Ich freute mich über diese Zeilen, fragte mich allerdings laut: »Toll! Du für mich? Was tut er denn für mich?« Aber ich glaubte nun immer fester daran, Gerechtigkeit zu erfahren! Am nächsten Tag erhielt ich wieder Post von ihm: »Mein Sabinchen, schöne Grüße für meine Lebensretterin, die Du bist in vielen Stunden. Hoffe Du bist wohl auf im Augenblick und immer mit allem Glück dieser Erde nur für Dich, von Deinem Hasso!« Ich rief ihn an und bedankte mich für seine Briefe.

Sabrina und ich verstanden uns so gut, dass sie meinte: »Ich habe eine große Wohnung, zieh' doch zu mir! Du kannst ein Zimmer mit eigenem Bad bekommen!« Also gut, gesagt, getan, und so zog ich wieder einmal um! Ich lebte auf Mallorca wie eine Zigeunerin und war nur noch von meinem Wahn nach Gerechtigkeit getrieben. Eine Woche später rief Hasso wieder an und fragte mich, ob ich nächsten Tag zu ihm kommen könne, um für ihn ein paar Dinge zu erledigen. Ich sagte daher zu Sabrina: »Morgen kann ich nicht mit zur Arbeit kommen. Ich fahre zu Hasso.« Sie war verständlicher Weise diesmal aber sauer. »Ich würde dir nicht raten, morgen nicht mit mir zu arbeiten! Überleg' es dir gut, denn ich habe mit deiner Hilfe fest gerechnet!« Ich entschied mich aber für Hasso und hoffte, sie würde es verstehen.

In Hassos Villa sollte ich dieses Mal die Küche reinigen und anschliessend für ihn Besorgungen im Dorf erledigen. Er lud mich zum Mittagessen ein, und als wir

Hasso's Villen

1. September

2001

am Tisch saßen, klingelte mein Handy. Es war Sabrina. Sie sagte: »Sabine, bevor du nach Hause willst, musst du mich anrufen!« Ich fragte: »Warum?« Sie erwiderte hart: »Ich habe mein Türschloss ausgewechselt! Du darfst nur noch einmal rein, um deine Sachen abzuholen!« Das schockte mich so sehr, dass ich vor Schreck Nasenbluten bekam und anfing, zu weinen. Daraufhin wurde Hasso sehr ungehalten und rief: »Hör' bitte auf zu heulen! Ich möchte während meines Essens nicht gestört werden!« Mir war natürlich der Appetit vergangen, und ich setzte mich draußen auf die Terrasse, um mich zu beruhigen und meine Gedanken zu fassen. Nun hatte ich wieder einmal meine Arbeit und mein Zuhause verloren!

Zusammen mit Petra machte ich noch den Abwasch und danach verabschiedete ich mich von Hasso und ihr. Ausgerechnet an diesem Tag, kurz nach dem ich den Motor meines Wagens startete, erhielt ich einen Anruf. Es war eine Filmagentur, die mich an diesem Nachmittag zu einem Casting einlud. Da ich dringend Geld benötigte, nahm ich den Termin war.

Ich lebte in einem Teufelskreislauf! Wo sollte ich nun hin? Hasso bot mir ein Apartment über seinem Büro an, das lehnte ich aber dankend ab. Nie wäre ich dort eingezogen, es wäre nicht gut gegangen! Beim Casting angekommen, sollte ich zur Probe eine Rolle vorspielen, die mir nach den letzten Ereignissen überhaupt nicht zusagte. Man verlangte von mir Folgendes: »Stellen Sie sich vor, Sie leben mit Ihrer Tochter auf Mallorca, sitzen im Auto und machen einen Ausflug. Sie singen und sind in bester Stimmung.« Mit Sicherheit konnte ich bei diesen Probeaufnahmen keine glückliche Stimmung rüber bringen, denn während der Drehaufnahmen dachte ich nur eines: ›Ach, wenn ich doch nur meine Tochter bei mir hätte!‹ Es ging gründlich schief. Natürlich hörte ich von der Agentur nichts mehr.

Mein Leben war nach wie vor der reinste Wahnsinn! All meine Probleme, die finanzielle Not und die Abhängigkeit von anderen liessen mich verzweifeln. Oftmals bekam ich sogar einen guten, sicheren Job angeboten. Doch immer wieder sagte ich ab, denn ich wollte meine Freiheit bewahren, um in den Ferien für meine Tochter da sein zu können!

Nun fuhr ich in meiner Not zu Horst auf dessen Finca. Ich erzählte ihm alles. Verzweifelt und noch mit von Blut verschmierten Taschentüchern in der Hand sass ich vor ihm und weinte. Er hatte ein Herz und sagte: »Das tut mir Leid! Du kannst wieder zu mir kommen – aber nicht auf Dauer!« Ich bedankte mich und zog mit meinen Sachen, wieder einmal um! Eines wusste ich aber dennoch zu dem Zeitpunkt! Egal, was ich noch alles auf Mallorca erleben sollte, ich wollte bis zum guten oder bitteren Ende weiterkämpfen! Auf der Finca hatte sich nicht viel verändert, ich fühlte mich dort immer noch zuhause. Die Hunde freuten sich, dass ich wieder da war. Weiterhin arbeitete ich in der Autovermietung und suchte mir private Putzjobs.

Nun stand Hassos 78. Geburtstag an. Er lud mich natürlich ein. Der Tag fiel auf einen Sonntag und ich sollte schon früh am Morgen erscheinen. Zu diesem

Bei dieser Umarmung
fehlt mein Sabinchen
weil sie das Foto
schoss ... Dein am
am ... großzügig ...
10 - November 2001

Anlass lud er sich noch vier weitere Gäste ein und am Nachmittag saßen wir alle bei Kaffee und Kuchen im Garten. Obwohl er schon so reich war, erhielt er viele teure Geschenke. Dieser Tag war relativ schön. Es wurde ein Photo von ihm und von seinem Tisch mit seinen Geschenken gemacht und er sagte: »Halt, es fehlt noch das Geschenk von meinem Sabinchen auf dem Tisch! Das muss mit aufs Foto!« Es war ein kleiner, roter Eierstecher, den ich ihm schenkte, weil er Frühstückseier so sehr liebte. Ich vegetierte immer mehr vor mich hin. Dass meine Tochter wieder während der Ferien zu mir kommen würde, war das einzige was mir in dieser Zeit Kraft gab. Sie kam, doch leider blieb sie nur eine Woche, denn ich musste auf Horst Rücksicht nehmen.

Mein Leben auf Mallorca wurde immer mehr zu einem bösen Psychospiel! Es verging nicht viel Zeit und ich bekam wieder einen Anruf von Hasso. Diesmal verlangte er Folgendes: »Sabine, ich brauche deine Hilfe! Ich gebe dir die Telefonnummer von Anna. Triff' dich mit ihr und versuch' heraus zu bekommen, was sie nun so macht! Verrat' aber nicht, dass ich dich beauftragt habe!« Ich sollte also Spitzeldienste leisten. Aber warum nicht. Wie immer erfüllte ich ihm auch diesen Wunsch. Ich wählte die Nummer, die Hasso mir gegeben hatte und sagte freundlich: »Hallo Anna! Wie geht es Dir? Können wir uns heute in Palma treffen?« Sie fragte erstaunt: »Wo hast du meine Nummer her?« Auf diese Frage war ich nicht gefasst. Ich erwiderte aber schlagfertig: »Die habe ich mir heimlich aus Hassos Buch abgeschrieben!« Sie willigte ein. Wir trafen uns am Nachmittag in einem Café in Palma. Zu Beginn war sie sehr abweisend und erzählte nicht viel. Ich aber sagte ihr Folgendes: »Anna, glaube mir, ich bin auf deiner Seite. Ich wünsche mir, dass du wieder mit Hasso zusammen kommst! Ich will nicht die Millionen von Hasso, ich möchte nur mein Recht! Du weißt, was ich alles durch Hasso verloren habe. Ich möchte nur das wieder zurückhaben, was man mir weggenommen hat!« Sie wurde dann ein wenig offener und erzählte mir, dass es ihr gar nicht gut ginge! Obendrein meinte sie noch: »Ich liebe Hasso!« Ob man ihr das glauben konnte? Ich hatte meine Zweifel. Zum Schluss sagte ich: »Anna, ich bin für Gerechtigkeit und wünsche mir, dass du bis zum Tod von Hasso mit ihm zusammen bist! Jetzt hast du es schon solange mit ihm ausgehalten und ihr braucht euch doch beide.« Wir verabschiedeten uns und ich teilte Hasso alles mit. Er bedankte sich und fragte mich zum Abschied: »Kommst du morgen? Ich habe Anna zu mir eingeladen und ich brauche einen Zeugen, dass sie nur für einen kurzen Besuch hier war!« Schon vor einiger Zeit hatte er nämlich die Scheidung eingereicht und das Trennungsjahr war bald vorbei. »Also gut!« erwiderte ich widerwillig, tat ihm aber den Gefallen. Hasso war aber gar nicht alleine. Petra war zwar wieder in Deutschland aber er hatte im Augenblick ein anderes junges Mädchen in seinem Haus, sie hieß Bettina. Ich dachte mir zu diesem Thema nur eines: ›Hier gibt es immer wieder Überraschungen.‹

Als ich am nächsten Tag bei ihm ankam, sagte Hasso sofort leise zu mir: »Versteck' dich oben und beobachte nur, wann sie kommt und wieder geht. Bettina ist hier unten bei mir Zeuge.« Na dann. Ich erfüllte ihm seinen Wunsch und ging nach oben! Kurz danach fuhr Anna mit einem Taxi vor und läutete. Einige Zeit später verschwand sie dann wieder. Als ich hinunter kam fragte ich: »Wie war es?« Er antwortete wütend: »Ach, die liebt mich nicht! Die will nur mein Geld!« Bettina war gerade nicht anwesend und so fragte ich ihn offen: »Glauben Sie etwa, die jungen Mädchen lieben Sie und wollen etwa nicht nur ihr Geld? Also, ich würde mich an Ihrer Stelle wieder für Anna entscheiden!« Er schaute mich etwas verwirrt an. An diesem Nachmittag ging es Hasso gesundheitlich sehr schlecht. Er hatte große Schwierigkeiten, seine Blase zu entleeren. Sein Zustand wurde immer schlechter und er bekam dazu auch noch Fieber. Ich schlug vor, einen Arzt zu rufen. Als der angekommen war, schrieb er sofort eine Überweisung ins Krankenhaus. Bettina und ich begleiteten Hasso dorthin, wo er gründlich untersucht wurde und einen künstlichen Harnausgang bekam, um Wasser zu lassen. Hasso bat mich: »Kannst du bitte heute Nacht auch hier bleiben, dann fühle ich mich wohler!« Ich blieb.

Mit Bettina verstand ich mich gut. Sie war noch nicht einmal zwanzig Jahre alt, schlank und sehr hübsch. Hasso hatte – wie immer – in diesem Krankenhaus eine Suite. Neben seinem Zimmer befand sich noch ein Wohnraum. Dort saßen wir beide und Hasso schlief schliesslich ein. Plötzlich wurde er wach und rief: »Ich muss zur Toilette!« Wir sprangen auf und schauten nach ihm. Was sich dann abspielte, werde ich nie vergessen! Er saß in seinem Bett und zitterte am ganzen Körper. Das Zittern wurde immer stärker und er schlug mit den Armen um sich. Sein Gesicht veränderte sich zu einer Maske, nein – eher zu einer hässlichen Fratze, er wurde kreideweiß und seine Wangen fielen ein. Seine Pupillen waren fast nicht mehr zu sehen, so verengt waren sie. Wir waren schockiert.

Bettina drückte sofort den Alarmknopf für die Schwester und ich rannte hinaus und schrie über den Gang hinweg: »Bitte, schnell! Hasso hat einen Anfall!« Ich eilte sofort wieder zurück in das Zimmer, und als ich Hasso sah, glaubte ich, er wäre nur noch ein zappelnder Geist! Er trug einen grau gestreiften Seidenpyjama, bei dem die Ärmel hoch und runter rutschten, weil er nur noch wie ein Wahnsinniger um sich schlug. Bettina und ich liefen verwirrt umher. Ich dachte nur: ›Werde ich nun von dem Wahnsinn befreit?‹ Es kam mir vor wie eine Ewigkeit, bis die Schwestern und auch der Arzt zu Hilfe kamen. Doch dann ging alles sehr schnell. Sie fuhren ihn sofort auf die Intensivstation. Ein Arzt fragte mich: »Gehören Sie zu seiner Familie?« Ich antwortete, um keine langen Erklärungen abgeben zu müssen, einfach mit »Ja!« Dann meinte er: »Die Überlebenschance für Hasso sieht ganz schlecht aus! Sein Gehirn war einige Zeit ohne Sauerstoffzufuhr!« Bettina und ich standen unter Schock, so einen schrecklichen Anblick hatten wir noch nicht gesehen. Dieses Gesicht von Hasso werde ich nie vergessen. »So sieht der Teufel aus, der mit dem Tod kämpft!« dachte ich mir. Ich nutzte die Gelegenheit und rief Anna an und fragte, ob sie kommen kann. Schon bald erschien sie und setzte sich im Korridor vor der Intensivstation zu uns. Noch konnte uns keiner etwas über Hassos Befinden sagen. Bettina fragte mich ständig: »Glaubst du, dass er überlebt?« Dann gingen wir in Hassos Zimmer zurück. Als wir dort waren, holte sie aus einer Tasche einen Umschlag mit viel Geld, und in einer anderen Tasche war der gesamte wertvolle Schmuck von Hasso. Sie sagte eiskalt: »So, diese Dinge werde ich mir jetzt zur Seite legen, denn wenn er nicht überlebt, möchte ich auch etwas von seinem Reichtum haben!« Mir war es egal, ich glaubte nicht an seinen Tod. Anna verbrachte die gesamte Nacht sitzend vor der Intensivstation. Wir schliefen auch nicht. Am frühen Morgen, bat mich Bettina, sie nach Valdemossa zu fahren, sie müsse abreisen, weil Petra heute wieder zurückkommen würde. Sie musste noch packen und wollte natürlich ihre Sachen, so auch den Schmuck und das Geld, mitnehmen. Mich ging das nichts an. Noch immer gab es keine Information über Hassos Zustand. Bettina nahm also die Tasche mit dem Geld und den Wertgegenständen mit. In Valdemossa angekommen, setzte ich mich auf die Terrasse und wartete, bis sie mit dem Packen fertig war. Eine Stunde später kam sie zu mir und sagte: »Können wir fahren?« Wir verstauten den Koffer in meinem Wagen und sie bat mich seltsamerweise, diesen doch auf dem Weg zur Klinik in der Werkstatt des Anwesens in Son Sardina abzustellen. Auf halbem Weg dorthin klingelte ihr Mobiltelefon. Sie ging dran. Bis an mein Ohr drang eine schreiende, wütende Männerstimme. »Wer war das?« fragte ich, als sie das Gespräch beendet hatte. Mit blassem Gesicht antwortete sie: »Hasso!« Ich stoppte sofort den Wagen. Bettina sagte fast tonlos: »Er will, das wir umgehend in das Krankenhaus kommen.«

Gesagt, getan. In Son Sardina angekommen, empfing uns ein Mechaniker aus der Werkstatt. Er sagte mir: »Hasso hat gerade angerufen. Er will nicht, dass hier etwas abgestellt wird!« Ich fasste es nicht! Konnte er denn Gedanken lesen? Also fuhren wir mit dem Koffer in das Krankenhaus. Wir betraten seine Krankensuite. Hasso saß aufrecht in seinem Bett und sah aus wie das blühende Leben! Anna war anwesend, ihr Bruder und eine langjährige Bürokraft auch. Kaum waren wir im Raum brüllte Hasso sofort los: »Wo ist mein Geld und mein wertvoller Schmuck?« Dann sagte er zu Bettina gewandt, ohne eine Antwort abzuwarten: »Ich will, dass du sofort deinen Koffer bringst und ihn hier vor mir öffnest!« Nachdem Bettina seiner Anordnung Folge geleistet hatte, wurden wir alle aus dem Raum geschickt, nur der Bruder von Anna sollte dort bleiben. Ich setzte mich zuerst einmal hin und glaubte, in einem wahnsinnigen Film mitzuwirken! Immer wieder sah ich Hassos Gesicht vor mir, wie es an dem Vorabend aussah. Und jetzt, nur ein paar Stunden später ... ich konnte mir es nicht erklären. Dieser Mann musste der leibhaftige Teufel sein!

Hasso hatte Recht mit seinen Vermutungen. In dem Koffer befanden sich sämtliche Wertgegenstände aus seiner Villa. Er betätigte den Knopf, damit eine Krankenschwester erschien und bestand darauf, dass man die Polizei benachrichtigte. Er schrie: » Es fehlt ein Umschlag mit einer Millionen Pesetas!« Dies entsprach damals einer heutigen Summe von etwa 6.000 Euro. »Glaube mir Hasso, ich habe zwar geklaut, aber dieses Geld habe ich nicht!« beteuerte Bettina. Hasso bestand daher darauf, dass die gesamte Suite durchsucht wurde, jede Ecke, alles und jeder. Da immer noch jeder tat, was Hasso anordnete, begann der Bruder bei jeder anwesenden Personen eine Leibesvisite durchzuführen! Die langjährige Bürokraft suchte unter jedem Kissen, in seinem Waschraum und an sonstigen Stellen nach dem angeblich verschwundenen Geld.

Ich saß auf dem Sofa und schaute mir das ganze Spektakel an. Dann klopfte es an der Tür. Es erschienen die offizielle Verlobte, Petra, mit Vater und Mutter! Sie hielt einen großen Blumenstrauß in der Hand und fragte: »Was ist denn hier los?« ›Jetzt ist das Schauspiel perfekt‹, dachte ich mir. Es war kein Krankenhaus mehr, es war ein Irrenhaus! Bevor der Bruder anfing, mich zu durchsuchen stand ich auf und sagte. »Jetzt reicht es! Seid ihr alle verrückt?« Ich setzte mich auf das Bett zu Hasso und sagte zu ihm so laut, damit es alle hörten: »Hasso, ich habe gestern Abend miterlebt, was mit Ihnen passiert ist! Es grenzt an ein Wunder, dass Sie noch leben! Vergessen Sie ihr Geld! Schauen Sie lieber aus dem Fenster und danken Gott, dass Sie noch am Leben sind!« Ich hatte dass Gefühl, dass er mich verstanden hatte. Er wurde etwas ruhiger und sagte zu Annas Bruder: »Begleite Bettina, diese Diebin, bis zum Flughafen, damit sie nicht die Gelegenheit hat, noch irgendwo den Umschlag abzuholen!« Alle wurden nach Hause geschickt, nur Petra blieb. Ich verabschiedete mich ebenfalls und sagte: »Bitte kommen Sie wieder gesund hier raus! Ich möchte Sie nicht verlieren.« fügte aber noch hinzu: »Anna ist die Richtige für Sie, sie hat die ganze Nacht auf dem Flur gesessen!«

Anschliessend fuhr ich zur Finca und fiel erschöpft in mein Bett! Zwei Tage später machte ich mich auf den Weg in die Klinik. Hasso lag wieder auf der Intensivstation. Petra war anscheinend von Hasso fortgejagt worden. Er hatte sich für Anna entschieden! Ich fragte sie freundlich: »Darf ich kurz mit Hasso sprechen?« Sie bejahte und ließ mich zu ihm rein. Ihm ging es den Umständen entsprechend. Ich hielt seine Hand und sagte: »Versprechen Sie mir, nun mit Anna zusammen zu bleiben?« Er nickte. Ich verabschiedete mich und bemerkte zum Abschied: »Werden Sie wieder gesund!«

Im Anschluss an den Krankenhausbesuch fuhr ich direkt zur Playa de Palma und setzte mich ans Meer, dorthin, wo ich schon so oft gesessen und nachgedacht habe. Ich wünschte mir, dass für mich dieser ›Fluch‹ bald ein Ende nahm. Ich glaubte immer noch fest an das Happy-End meiner Geschichte und sehnte mich danach. Alles was ich tat, tat ich nur für meine Tochter und für ihren Vater! Aber ich fragte mich immer wieder: »Wann? Wann endlich gewinne ich diesen Kampf?« Mallorca, die Sonneninsel! Aber nicht für mich.

Für mich begann nun eine Zeit, die unbeschreiblich ist. Ich fühlte mich ausgebrannt. Ich wusste nicht mehr, über was ich mich eigentlich noch freuen sollte! Wie viele Jahre lebte ich nun schon in diesem Wahnsinnsfilm? Jeden Morgen stand ich sehr früh auf und fuhr in Hassos Büro und begann mit meinem Job, die Mietwagen hin und her zu fahren. Ich wusste aber eines, ich konnte nur dann einen glücklichen Eindruck auf Menschen machen, wenn ich selbst glücklich erschien. Und das ging nur wiederum, wenn ich mir das positive Ende aus meinem Roman vorstellte, also dachte ich nur daran. Mein Leben mit Horst war kein Zuckerschlecken mehr, denn auch er nutzte meine Abhängigkeit aus. Wenn ich mich nicht so verhielt, wie er wollte, brauchte er nur zu drohen: »Dann fliegst du raus!« Also musste ich mich streng an seine Hausordnung und Anordnungen halten. Ich wunderte mich, dass er sich so sehr verändert hatte, aber ich hatte keine Chance darauf Einfluss zu nehmen.

Nach allem, was ich in den vergangenen Jahren erlebt hatte, wurde meine Abneigung zu Menschen, die sehr vermögend waren, immer größer. Ich dachte tatsächlich nur eines: ›Was Geld aus einem Menschen machen kann!‹ Immer wieder wurde mir das auch von verschiedenen anderen Personen bestätigt, welche die gleichen Erfahrungen gemacht hatten.

Auf Mallorca war man durch das ständig milde Klima oftmals nur leicht bekleidet. So trug ich meistens einen Minirock und ein lockeres Oberteil. Meine Haut war mittlerweile braun gebrannt, und meine langen dunklen Haare passten gut dazu. Viele bestätigten es mir und meinten dies auch ehrlich, wenn sie sagten: »Du bist eine hübsche Frau!« Während der gesamten Zeit, lernte ich viele Männer kennen. Wir trafen uns immer zunächst auf einen Kaffee. Oft wurde ich danach zum Essen eingeladen und dann erzählte ich von meiner ganzen Not. Die meisten meinten dazu: »Das tut mir leid für dich! Aber es ist alles kein Problem, mach' dir keine Sorgen mehr. Ich besitze eine Villa, eine Yacht und vieles mehr! Wenn wir ein Paar werden, dann hast du alles!« ›Tja‹ dachte ich jedes Mal, wenn ich diese Worte vernahm, ›und wenn nicht, gibt er sein Geld in einer Nachtbar aus, wo die Flasche Sekt ein halbes Vermögen kostet.‹ Ich lief lieber bettelarm herum, als dass ich mein Leben finanzieller Vorteile wegen mit jemanden teilen würde, den ich nicht mochte! Eines Tages lernte ich zum Beispiel einen sehr reichen Mann kennen. Er behauptete von sich, Multimillionär zu sein. Dies wurde mir dann bei einem Besuch auf seinem Anwesen auch bestätigt. Er besaß ein Haus, in dem es an nichts fehlte. Überall lief Hauspersonal herum. Menschen, die so vermögend sind, kennen es nicht anders. Wenn sie etwas schön finden, kaufen sie es sich einfach! Sie wollen es besitzen und können es sich auch leisten! Damit üben sie auch zugleich auf viele Menschen Macht aus. Dieser Mann – er hieß Ralf – war bis über beide Ohren in mich verliebt. Mir aber gefiel er überhaupt nicht. Er lud mich zu sich nach Hause zum Essen ein. Er begrüsste mich und er bot mir etwas zu Trinken an, dann klingelte er, und seine Köchin erschien. Es war wie in einem Restaurant. Ich sollte mir ein Gericht nach meiner Wahl aussuchen und entschied mich dann für frischen Lachs. Nach dem Essen fragte er mich: »Könntest du dir vorstellen, hier mit mir zu leben?« Ich gab sehr direkt zur Antwort: »Ich bin ganz ehrlich, aber wir passen nicht zusammen. Du gefällst mir nicht!« Daraufhin blieb er zwar erstaunlicherweise ruhig, aber wollte sich nicht damit abfinden. Wahrscheinlich verstand er nicht, dass es tatsächlich noch Frauen gab, die nicht käuflich waren, auch wenn sie sich in größter Not befanden! Er wollte nichts unversucht lassen, um mir näher zu kommen. Er fragte mich gewollt scherzhaft aber durchaus ernst gemeint: »Bist du schon einmal hypnotisiert worden?« »Nein.« erwiderte ich überrascht und fragte mich: ›Welche Nummer kommt denn jetzt?‹ Ich sollte mich gerade hinstellen und er begann sein Spiel, das Spiel eines Versuchs der Hypnose. »Du bist ganz entspannt…« und so weiter, sprach er mit beschwörender Stimme. »Wenn ich jetzt mit meinem Finger schnippe, dann wirst du wach und siehst Richard Gere vor dir!« Ich war natürlich alles andere als in Trance, wollte aber den Spaß mitmachen. So wie er wusste auch ich, dass dieser Schauspieler von fast jeder Frau angehimmelt wurde. Er erhoffte sich natürlich, dass ich ihn sofort anfalle, doch ich sagte mit Absicht: »Ja toll, wer ist den Richard Gere?« Wütend stand er auf und meinte: »Seltsam! Du bist die erste Frau, die diesen Mann nicht kennt! Hast du keinen Fernseher?« Ich lachte müde auf. Na ja, nach kurzer Zeit verließ ich dann seine Villa und verabschiedete mich von ihm.

Nach diesem Treffen schlenderte ich in Palma die Hafenpromenade entlang. Ich träumte wieder vor mich hin und dachte: ›Es gibt so viele Menschen in Not. Warum können nicht alle gleich wohlhabend sein?‹ Auf Mallorca gibt es tatsächlich sehr viel Armut, was nur sehr wenige Touristen mitbekommen. Ich konnte mich an eine Begebenheit erinnern, als ich selbst nur noch ein paar Cents in meiner Tasche hatte und ein Bettler mich fragte: »Por favor! Ayúdame!« Bitte hilf mir! Ich gab ihm dennoch mein letztes Geld. Mir machte es viel Freude, von diesem Menschen ein dankbares Lächeln zu bekommen und das Gefühl zu haben, ihm vielleicht etwas Hoffnung gegeben zu haben.

Etwas später geschah Folgendes. Nachts um halb eins läutete mein Telefon. Es war Hasso und er sagte mit leichtem Vorwurf in seiner Stimme: »Mein Engelchen, warum meldest du dich nicht mehr?« Ich erwiderte: »Sie haben doch jetzt Ihre Anna wieder!« Er meinte daraufhin zu meinem Erstaunen: »Ich weiß, dass ich bald sterbe und ich brauche deine Adresse! Ich habe etwas für dich!« »Sie werden nicht bald sterben!« beruhigte ich ihn, und wir verblieben so, dass ich mich am nächsten Tag bei ihm melden würde.

Am Tag darauf also rief ich ihn an und erklärte ihm: »Ich habe keine Anschrift, da ich auf einer Finca lebe und man dort keine Post erhalten kann! Zur Not ist meine Adresse Ihr Mietwagenbüro!« Ich sagte ihm noch, dass ich nun einen gut bezahlten Aushilfsjob und weniger Zeit für ihn hätte, verblieb aber mit ihm so, dass ich mich melden würde.

Ich war müde. Müde, diesen Wahnsinn fortzusetzen. Von nun an ließ ich zunächst einmal Hasso „Hasso" sein. Ich bekam die ihn betreffenden Neuigkeiten aus seinem Büro zugetragen und er rief mich auch nicht mehr an. Eines Tages wurde er wieder in die Klinik eingewiesen, und ich erfuhr, dass ihn niemand mehr besuchen durfte. Nachdem jedoch längere Zeit vergangen war, versuchte ich ihn zu besuchen. Anna wehrte mich jedoch ab: »Hasso schläft!«
Das geschah jedes Mal, auch in der Folgezeit, wenn ich einen neuen Anlauf machte,

ihn zu sehen. Wählte ich die Nummer im Krankenhaus, teilte man mir mit: »Hasso, will mit niemandem sprechen!« An einem Nachmittag dann allerdings reichte es mir. Ich fuhr wieder einmal in das Krankenhaus und betrat einfach das Krankenzimmer. Hasso saß allein auf einem Stuhl und blätterte in der Zeitung. Er freute sich, mich zu sehen. Anna war nicht da. Ich fragte knapp: »Geht es Ihnen gut?« Er nickte und bat mich aber wieder zu gehen und wünschte mir alles Gute. Drei Tage später wollte ich ihn wieder besuchen, doch nun hatte Anna einen Kolumbianer als Leibwächter an die Türe gestellt, damit niemand mehr ohne ihre ausdrückliche Zustimmung das Zimmer betreten konnte. Ich fragte eine Krankenschwester: »Wie geht es Hasso? Warum kann man ihn nicht besuchen oder telefonisch erreichen?« Ich bekam zur Antwort: »Wir wissen es nicht. Seine Frau hat ihm sein Telefon weggenommen und will nicht, dass irgendjemand mit ihm spricht.« Sie fügte noch hinzu: »Aber es ist ja auch schließlich seine Ehefrau!«

Es war Herbst – Sina hatte mich in ihren Sommerferien besucht. Für die Herbstferien fehlte mir das Geld, um sie kommen zu lassen. Mir fiel ein, dass Hasso im November Geburtstag hatte, ich wusste nur nicht mehr den genauen Tag. Also wollte ich ihn danach fragen. In der Klinik sagte Anna mir wieder: »Hasso schläft!« Ich fragte sie daher: »Wann hat Hasso Geburtstag?« Sie nannte mir den vierten November als Geburtsdatum und ich verblieb mit ihr dahingehend, an seinem Geburtstag vorbeizukommen. Auf der Finca schaute ich noch einmal in meinen Unterlagen nach und sah in einem Buch von mir eigenhändig eingetragen: ›Hasso, Geburtstag, dritter November.‹ Ich war wütend auf Anna. Ich wusste somit definitiv, dass sie nicht wollte, dass ich Hasso an diesem Tag besuchte – überhaupt wäre es ihr wahrscheinlich am liebsten gewesen, wenn sie mich nie wieder zu Gesicht bekommen hätte.

An seinem Geburtstag fuhr ich dennoch sehr früh morgens in die Klinik. Das Frühstück war noch nicht ausgeteilt. Ich ging zur Rezeption und sagte bestimmt: »So, heute hat Hasso Geburtstag. Er wird neunundsiebzig Jahre und ich verlasse das Krankenhaus nicht, wenn ich ihm nicht gratuliert habe! Bitte gehen Sie in das Zimmer und sagen ihm persönlich, dass Sabine gratulieren möchte!« Die Schwester klopfte an die Tür seiner Suite und betrat den Raum. Anschließend bat sie mich einen Moment zu warten. Plötzlich erschien Anna und sagte mit grimmigen Gesicht: »Komm rein!« Ich freute mich und sah Hasso. Er lag in seinem Bett. Ich begrüßte ihn und sagte: »Herzlichen Glückwunsch zu Ihrem Geburtstag!« »Danke Dir!« erwiderte er erfreut. Anna stand wie ein Wachhund daneben und schmierte ihm gerade ein Brötchen mit Marmelade. Mit grimmiger Stimme fuhr sie ihn an: »Nicht soviel Marmelade!« Es herrschte eine seltsame Atmosphäre. Ich sagte zu ihm: »Hasso, wissen Sie eigentlich, wie oft ich schon hier war? Und immer bekam ich gesagt, dass sie schlafen und nicht gestört werden dürfen.« Er putzte sich den Mund ab und mit einem zynischem Lächeln gab er zur Antwort: »Ja, sagt man.« Daraufhin mischte sich Anna ein und sagte zu ihm: »Das stimmt nicht, ich teilte dir immer mit, wenn jemand zu dir wollte!« Ich konnte oder traute mich nicht, noch weiter zu fragen. Ich hatte Angst, dass Anna mich dann nie wieder zu ihm ließ. Also fragte ich nur noch: »Soll ich jetzt öfter kommen, vielleicht brauchen Sie wieder meine Hilfe?« »Ja, mache das!« sagte er. Ich einigte mich mit ihm darauf, eine Woche später wieder zu kommen und verabschiedete mich von ihm. Natürlich konnte ich ihn eine Woche später nicht sprechen. Er schlief mal wieder. Wie so oft saß ich auch heute allein auf der Terrasse. Ich nahm mein Manuskript zur Hand und las es nach langer Zeit zum ersten Mal wieder in einem Zug durch – und nicht nur das Ende. Ich fragte mich im Stillen: »Das alles hast du bereits vor fast vier Jahren geschrieben. Wie viel Not hast du danach noch erlebt? Nein, ich will und kann nicht mehr!« Am nächsten Tag fuhr ich ins Krankenhaus und fragte nach Hasso. Anna wollte mich nicht hineinlassen, doch ich sprach zu ihr mit Nachdruck: »Bitte, du hast es mir zu verdanken, dass du überhaupt wieder mit Hasso zusammen gekommen bist!« Daraufhin ließ sie mich zu ihm. Ich trat ins Krankenzimmer, begrüßte ihn und nach einer kleinen Minute betretenen Schweigens fasste ich mir ein Herz und sagte: »Hasso, ich habe Sie nie um Geld gebeten, aber bitte können Sie mir jetzt helfen! Ich möchte nach Deutschland zu meiner Tochter und dazu brauche ich Geld!« Er lag sehr geschwächt in seinem Bett und meinte: »Wenn ich dir Geld gebe, verliere ich meine beste Freundin. Du kannst aber nach Düsseldorf. Dort habe ich eine Mietwohnung. Da hat meine Mutter schon gelebt und du brauchst keine Miete zu zahlen.« Nach kurzer Überlegung willigte ich ein. Ich hatte das Gefühl, als freute er sich über diese Entscheidung. Er setzte sich aufrecht in sein Bett und bat Anna, ihm Papier und Stift zu geben. »Wir haben hier nichts zu schreiben.« sagte sie trocken und ablehnend. Ich wunderte mich darüber, denn Hasso hatte sonst immer alles da. Also besorgte ich im Krankenhaus die notwendigen Dinge. Er schrieb sodann eine Vollmacht für den Hausmeister des Wohnblocks, der auch einen Schlüssel für die Wohnung besaß, und erklärte darin weiter, dass ich dort vorläufig wohnen dürfte. Ich fragte nach der Telefonnummer des Hausmeisters und er bat Anna um sein Adressbuch. Doch auch dieses war angeblich nicht mehr da. Daraus schloss ich, dass Hasso, außer in seinem Bett zu liegen, wirklich mit nichts mehr tun durfte. Anna blockierte sämtliche Handlungsmöglichkeiten ihres Mannes.

An diesem Tag, es war der siebte Dezember des Jahres zweitausendzwei, drückte ich ihn und bedankte mich. Anna wünschte mir alles Gute in Deutschland. Jedoch musste ich sie enttäuschen und sagte distanziert: »Ich komme noch einmal wieder, wenn ich meinen Flug habe!« Als ich an diesem Tag mit dem Schreiben in der Hand das Krankenzimmer verließ drückte ich den Briefumschlag an meine Brust und war überglücklich! Es war für mich wie eine Befreiung! Es schien mir das Ende von einem schlimmen, schrecklichen ›Fluch‹, weil ich gemäss meinem Manuskript, dessen Ende ich vor vier Jahren erfunden hatte, mit Hasso bis zu seinem Tod in Verbindung stand! Ich hatte aber nicht mehr die Kraft, um auf Mallorca weiter zu leben und wusste nur eines genau: Hassos Tage in diesem Leben waren gezählt!

Und bis dahin war ich in seiner Wohnung! Direkt im Anschluss fuhr ich dort hin, wo ich vor fast sieben Jahren zum letzten Mal Mutter sein durfte: in die Kirchengemeinde an der Playa de Palma. Ich klingelte und eine fremde Frau öffnete die Tür: »Guten Tag!« sagte sie freundlich. Ich fragte sie: »Entschuldigung, haben Sie Zeit für mich?« Sie erwiderte freundlich: »Ja, kommen Sie doch herein!« Und ich fing an zu erzählen: »Vor langer, sehr langer Zeit durfte ich hier zuletzt Mutter sein!« Sie schaute mich fragend an und meinte: »Setzen Sie sich zuerst einmal!« Sodann erzählte ich ihr grob meine ganze Geschichte und bat darum, die Kapelle betreten zu dürfen. Sie erlaubte es mir. Als ich sie betrat, schaute ich zu Jesus, der am Kreuz hinter dem Altar hing und fing fürchterlich an zu weinen! Aber nicht aus Kummer, sondern aus Freude! Mir schossen die aufgestauten Tränen der gesamten sieben Jahre Not und Elend durch meinen Kopf und ich sagte laut in den Raum: »Danke, danke!« Die Frau stand verlegen neben mir und wusste nicht, was sie sagen sollte. Sie bat mich schliesslich darum, etwas in das Buch zu schreiben, welches neben dem Altar auf einem Ständer lag. Schweigend nahm ich den dort liegenden Stift und schrieb: »Danke, lieber Gott!« Die Frau gab mir, bevor ich die Kirche verliess, noch den folgenden Rat: »Wenn Sie Geld für den Heimflug benötigen, dann gehen Sie zum deutschen Konsulat! Die bezahlen das Ticket!« Ich verabschiedete mich, und sie nahm mich anteilnehmend in den Arm und sagte zum Abschied: »Seien Sie mir nicht Böse und verstehen Sie es bitte nicht falsch! Es ist nicht persönlich gemeint, aber ich möchte Sie hier auf Mallorca nicht mehr sehen!«

Auf der Finca angekommen, erzählte ich Horst, dass ich endgültig nach Deutschland zurückkehren würde. Er freute sich für mich. Ich hatte fast kein Geld mehr und machte mich schweren Herzens auf den Weg zum Deutschen Konsulat. Dort musste ich in einem Vorraum zunächst einen Antrag ausfüllen. Eine der Fragen lautete: »Aus welchem Grund sind Sie in diese Situation geraten?« Ich schrieb: ›Soll ich hier jetzt die Erlebnisse von sieben Jahre niederschreiben?‹ Ich erhielt das Geld für meinen Flug nach Deutschland. Am zweiundzwanzigsten Dezember Zweitausendzwei sollte ich die Insel Mallorca verlassen! Es war für mich das Ticket aus der Hölle.

Ich merkte nun langsam, dass ich aus meinen Träumen erwacht war. Mir war es jedoch absolut gleichgültig geworden, warum und wie ich Mallorca verließ. Hauptsache war, ich konnte die Insel lebend verlassen!

Am einundzwanzigsten Dezember Zweitausendzwei sprach ich zum letzten Mal mit Hasso Schützendorf. Ich war bei ihm im Krankenhaus und setzte mich auf sein Bett. Sein Zustand war erbärmlich. Er lag in einem verdunkelten Raum und starrte unbeweglich zur Decke. Ich bedankte mich und sagte ein letztes Mal zu ihm: »Bitte werden Sie gesund!« Beim Hinausgehen fügte ich noch hinzu: »Hasso – wir sehen uns wieder!« Ich hatte allerdings das untrügliche Gefühl, dass es nicht so sein würde.

Kapitel 12

Die letzte Verbindung mit Hasso

Wieder einmal stand das Weihnachtsfest vor der Tür. Ich lagerte meine Kartons zuerst einmal bei einer Möbelspedition ein. Mein Flug nach Deutschland ging mittags. Trotzdem verabschiedete ich mich von Horst schon sehr früh am Morgen. Ich wollte noch einmal zum Meer an die Stelle fahren, wo ich so oft verweilt und geträumt hatte.

Ich setzte mich dort hin und fühlte mich leer. Die gesamte Vergangenheit war für mich ein Alptraum, ein einziger Wahnsinn! Ich war einerseits glücklich von hier fort zu gehen, aber was erwartete mich andererseits in Deutschland? Dann war es endlich soweit. Die Maschine hob ab und ich ließ die Insel hinter mir zurück. Nach knapp zwei Flugstunden landete ich in Deutschland.

Andreas wollte gerade einen Kurzurlaub verbringen und erlaubte mir, die Festtage mit Sina in seiner Wohnung zu verbringen. Ich musste ihm allerdings wieder eine Miete bezahlen, die ich zum Glück mit dem bisschen Geld bezahlen konnte, das Horst mir auf Mallorca noch für meinen neuen Start in Deutschland mitgegeben hatte. Für mich waren es wunderschöne Feiertage und Sina war so glücklich, dass ich nun für immer in ihrer Nähe bleiben sollte. Die Silvesternacht verbrachten wir zu Hause, und kurz vor Mitternacht gingen wir auf die Strasse, um das Feuerwerk zu erleben. Punkt zwölf Uhr drückte ich Sina fest und sagte: »Dieses Jahr wird alles wieder gut.«

Als Andreas am Neujahrstag erschien, bat er mich die Wohnung wieder zu verlassen. Sina hatte zum Glück noch Ferien, und so machten wir uns gemeinsam auf dem Weg nach Düsseldorf zu Hassos Wohnung. Vorher telefonierte ich noch mit dem Hausmeisterehepaar, um einen Termin für die Schlüsselübergabe zu vereinbaren.

Voller Neugierde erreichten wir die Strasse, in der sich die Wohnung befand. Das Namensschild an der Klingel von Hasso Schützendorf war unübersehbar. Ich läutete beim Hausmeister. Eine junge Frau öffnete uns die Tür. Zunächst bat sie uns freundlich zu sich in die Wohnung, wo ich ihr sozusagen in Schlagzeilen meine Geschichte erzählte. Sie selbst kannte Hasso nur vom Telefon und sollte während der letzten Jahre in seiner Wohnung ab und zu nach dem Rechten sehen. Bevor sie uns eine Etage höher führte, meinte sie: »Bekommen Sie aber keinen Schrecken. Die Wohnung ist schon seit über fünfunddreißig Jahren nicht mehr renoviert worden. Dort lebte früher Hassos Mutter und er will sie und die Wohnung bis zu seinem Tod in dem Zustand in Erinnerung behalten, wie sie er verlassen hat.« Ich schluckte nur. Was erwartete uns jetzt? Sie schloss die Türe auf und verabschiedete sich sogleich. Wir betraten die Diele und stellten unser Gepäck ab. Als ich mich umschaute, fragte ich mich: ›Wie mag der Rest der Wohnung aussehen?‹ Vom Flur geradeaus blickte man auf einen einfachen Kleiderschrank, rechts daneben ein abgenutztes, dunkelblaues Sofa. Die Tapete war mit Sicherheit vierzig Jahre alt, teilweise bereits abgerissen und mit Schimmel belegt. Schon musste ich niesen. »Gesundheit, Mama.« sagte Sina sofort. »Ich habe keinen Schnupfen, das kommt von dem Dreck hier!« erwiderte ich angeekelt. Sie lachte. Es war für sie ein Abenteuer. Nun gingen wir an diesem Neujahrsnachmittag auf Entdeckungsreise, einer kostenlosen Besichtigung einer alten, verdreckten Bruchbude. Links von der Diele führte ein kleiner Flur in das ›königliche Gemach‹ von Hasso Schützendorf. Dort standen zwei verschiedenen Betten dicht nebeneinander, mit Kopfkissen und Bettdecken. Diese sahen aus wie frisch bezogen. Zumindest hatte ich diesen Eindruck. Es war wohl das Ehebett. Der froschgrüne Teppich war teilweise schon vermodert und war rundherum mit dicken Eisennägeln auf dem Holzbodenboden befestigt, der bei jedem Schritt knarrte. Unter dem Fenster des Raumes stand ein Schreibtisch, der schon fast auseinander fiel. Auf der Ablage lag ein grosses Foto, eingerahmt in einer weißen Mappe. Mir war dieses Kind auf dem Bild unbekannt. Ich öffnete einige Schubladen und schloss sie dann geschwind wieder. Überall, verteilt auf alten Papieren, sah man kleine schwarze Kügelchen. Mäusekot! Vor diesem Tisch stand ein alter Schreibtischstuhl, auf dem ein Sitzkissen lag, das von einer schmutzigen Fettschicht glänzte.

Neben dem Schlafraum befand sich ein Wohnraum. Dieser war genauso mit alten und verkommen Möbelstücken ausgestattet. Die Fensterbank zierte ein Blumentopf, in dem man eine ganz besondere Pflanze fand. Die Blumenerde und die langen, gelben und ausgetrockneten Stiele brauchte man nicht mehr mit Wasser zu versorgen. Der Wuchs dieser Pflanze hatte wahrscheinlich schon vor vielen Jahren aufgehört. Plötzlich schrie Sina: »Igitt, Mama!« Ich rannte zu ihr. Rechts von der Diele aus führte ein langer Flur zu einem weiteren Wohnraum. Dort stöberte meine Tochter in einer alten Vitrine herum und fand in einer Schublade auf einem Teller abgelegt, ein Gebiss. Es musste wohl noch von Hassos Mutter stammen. Ich schaute meine Hände an. Sie waren ganz schwarz, wahrscheinlich hatte ich schon zu viel angefasst. Also suchte ich sofort das Badezimmer auf. Es war ein kleiner Raum, rechts stand eine Badewanne und links hing ein Waschbecken an der Wand. Ich betätigte den Wasserhahn, aber ohne Erfolg. So versuchte ich es mit dem Wasserhahn über der Wanne. Dort lief zwar Wasser heraus, aber zunächst kam nur eine braune Brühe. Die Hausmeisterin hatte mich ja gewarnt, dass sich schon mehrere Jahre dort keiner mehr aufgehalten hatte. Kein Wunder! Die Toilette befand sich in einem separaten Raum, direkt gegenüber dem Kücheneingang. Das Licht funktionierte nicht, also stellten wir eine Taschenlampe hinein.

Zum Schluss begutachtete ich die Küche. Ich fand dort zwei alte Küchenschränke, einen Kühlschrank, einen Herd und in der Mitte des Raumes einen kleinen Tisch mit Stühlen vor. Die Spüle war ein uraltes Steinbecken, darüber befand sich ein Nagel, an dem eine Wärmflasche hing. Der Wasserhahn der Spüle, der nur mit einem Kaltwasseranschluss versehen war, funktionierte zum Glück.

Wir setzten uns zuerst einmal hin. Scherzhaft sagte ich: »Sina, ich schaue jetzt in die Schränke, um zu sehen, was wir uns heute kochen können.« Ein Wandschrank war bis obenhin gefüllt mit Lebensmitteln aller Art. Dort standen Konserven, Gläser und verschiedene Verpackungen, sogar die guten Pfanniknödel. »Hmm, lecker, Mama!« Kannst du mir die kochen?« fragte Sina. Ich suchte nach dem Verfallsdatum. »Guten Appetit!« meinte ich, als ich es gelesen hatte. »Mindestens haltbar bis … Juni 1980!« Über zwanzig Jahre standen diese Sachen nun also in dem Küchenschrank, und auch die gesamten anderen Lebensmittel in den Gläsern und Konserven waren aus diesen alten Tagen! Geschirr, Töpfe, Putzmittel und Tücher gab es zum Glück genug. Ich reinigte zunächst alles, soweit es möglich war.

Die letzten Ferientage gemeinsam mit Sina verbrachte ich dort so wenig wie möglich. Wir spazierten viel am schönen Rheinufer entlang und bummelten durch die Stadt. Dann verabschiedeten wir uns, aber dieses Mal nur für eine Woche, denn sie wollte am Wochenende wieder bei mir sein. Die erste Nacht, in der ich mich danach allein in der Wohnung aufhielt, machte ich so gut wie kein Auge zu. Es war mir irgendwie unheimlich dort. Ich schlief in Hassos Bett und trug die Erinnerung der gesamten letzten sieben Jahre in mir. Auch wenn ich tagsüber durch die Räume ging, fühlte ich mich nicht wohl. Alles roch alt und vermodert. Die Küche hatte einen kleinen Balkon. Öffnete man die Tür, um hinaus zu gehen, bröckelte jedes Mal der Putz aus den Zargen. Dort stand auch eine große Holzkiste und viel Gerümpel. Ich begann damit, jeden Tag auf der Balkonbrüstung kleine Brotreste zu verteilen und mit der Zeit kamen immer mehr Vögel und pickten sie auf. Für mich waren die Tiere jeden Tag ein kleiner Lichtblick in der schrecklichen, kalten Umgebung. Ich fühlte mich wirklich zwanzig Jahre zurückversetzt, selbst der Kalender an der Wand zeigte das Jahr von damals an. Ich dachte: Was bewegt einen Menschen dazu, die Wohnung der verstorbenen Mutter jahrelang in dem Zustand zu belassen, wie sie verlassen wurde? Angeblich hasste seine Mutter ihn. Kam er ab und zu vielleicht sogar hierher, um sich seine schreckliche Jugend und nähe zu seiner Mutter in Erinnerung zu bringen? Saß ich in der Küche und schaute auf den Balkon, stellte ich mir die Szene vor, wie Hassos Mutter ihn dort bei eisiger Kälte ausgesetzt haben soll, und es lief mir kalt den Rücken hinunter.

Eines Tages bekam ich Besuch von einer Bekannten. Sie sagte zu mir bereits nach einer Stunde entschuldigend: »Bitte sei mir nicht böse, aber lass' uns lieber in ein Café gehen. Ich fühle mich hier einfach nicht wohl.« Freitags erschien immer die Putzfrau für das gesamte Treppenhaus. Zufällig verließ ich die Wohnung, als sie heute gerade damit beschäftigt war, dieselbe Etage zu reinigen, auf der sich die Wohnung befand. Sie schaute mich vorwurfsvoll an und sagte: »Hier vor Ihrer Türe liegt immer der meiste Dreck! Sind Sie eines der jungen Dinger, die Hasso sich hält?« Ich erwiderte lächelnd: »Nein. Da muss ich Sie enttäuschen!« Ich erklärte ihr kurz meine Situation, und von da an grüßte sie mich stets sehr freundlich.

Zweimal versuchte ich von Deutschland aus, Hasso in der Klinik auf Mallorca zu sprechen. Ohne Erfolg. Vier Wochen nach meinem Einzug in Hassos Wohnung in Düsseldorf machte ich einmal wieder einen ausführlichen Spaziergang am Rheinufer entlang. Es war ein Dienstag. Fast an jeder Telefonzelle blieb ich stehen und wollte Hasso im Krankenhaus anrufen, kurz davor drehte ich jedoch immer wieder ab und dachte: »Ach, lieber nicht.«

Als ich dann wieder in die Wohnung zurückkehrte, setzte ich mich an seinen Schreibtisch und schaute mir noch einmal die gesamten Photos an, auf denen ich mit Hasso zu sehen war, und ich sah wieder die schreckliche Vergangenheit vor mir. Plötzlich hatte ich ein merkwürdiges Gefühl und wusste, dass ich in der Klinik anrufen musste. Sogleich eilte ich die Treppen hinunter und lief zur nächsten Telefonzelle, wählte die Nummer der Klinik und fragte: »Könnte ich bitte Hasso Schützendorf sprechen?« Ich bekam von einer Schwester zur Antwort: »Es tut mir leid, er ist vor einigen Stunden verstorben.« Erschrocken und ungläubig fragte ich nach: »Wirklich? Ist er wirklich tot?« Diese Frau musste wohl glauben, ich sei verwirrt, denn ich wollte es einfach nicht wahr haben, das Hasso gestorben sein sollte! Zweimal noch fragte ich nach, dann legte ich den Hörer auf.

Hasso starb am vierten Februar zweitausenddrei!

In dieser Nacht schlief ich ungewöhnlich ruhig. Nun war der Fluch für mich endgültig vorbei. Ich fragte mich: »So ein Wahnsinn! Wo ist die Zeit geblieben? In welcher Welt hast du gelebt? Gibt es so was wie einen Fluch? Es ist doch nicht normal, dass man so verbohrt einer verrückten Sache nachgeht, wie du es getan hast!« Ich konnte mir die letzten vergangenen sieben Jahre nicht erklären, sie kamen mir im Rückblick vor wie ein einziger Horrorfilm, und nun war ich glücklich, dass mich die ganz normale Welt wieder hatte. Am nächsten Morgen kaufte ich sofort sämtliche erhältlichen Tageszeitungen, und auf jeder Titelseite sah ich es schwarz auf weiß. »HASSO SCHÜTZENDORF GESTORBEN.« Er war an seinem Lungenleiden verstorben und Anna war dabei an seiner Seite zu sehen. Ich bekam eine Gänsehaut und mir lief ein kalter Schauer den Rücken hinunter, denn mir fiel mein erfundenes Ende der Geschichte ein! In der Wohnung nahm ich wieder einmal mein Manuskript in die Hand, das ich vor vier Jahren geschrieben hatte. In meinem Ende starb Hasso im März an seinem Lungenleiden, befand sich im Krankenhaus und Anna war an seiner Seite! ›Gut‹ dachte ich mir, ›der Monat stimmte zwar nicht ganz, aber jetzt fehlt nur noch der Anruf aus Palma, dass er mir die Schulden bezahlt, die er noch offen hatte.‹

Am nächsten Tag spazierte ich wieder an der Rheinpromenade entlang und war ganz in Gedanken versunken. An einer Straßenecke erblickte ich eine Kirche. Wie magisch von ihr angezogen, ging ich auf das Portal zu und öffnete es. Niemand war zu sehen. Ich setzte mich auf eine der hölzernen Bänke. Ganz allein war ich in diesem Gotteshaus, und plötzlich schossen mir die Tränen in die Augen. Ich weinte bitterlich und schluchzte: »Gott, bitte gib mir Gerechtigkeit! Für meine Tochter und für Andreas! Schließlich steht sie mir doch zu!« Ich fühlte mich in diesem Augenblick allein, arm und elend. Was würde nun passieren? Ob die ersehnte

Nachricht kommen würde? Eine lange Zeit blieb ich einfach nur ruhig sitzen, dann verließ ich die Kirche wieder und ging. Draußen wischte ich mir die Tränen aus dem Gesicht und atmete tief durch. Irgendwie glaubte ich an ›mein gutes Ende‹! Fast jeden Tag fand man einen Artikel über Hasso in der Tagespresse. Alle wollten nun wissen: Was war der letzte Wille Hasso Schützendorfs? Schließlich verfügte er über Millionen.

Auch in Deutschland hatte ich natürlich meine Schwierigkeiten. Lange Zeit hatte ich im Ausland gelebt, in dem es für Fremde keine Hilfe, keine öffentlichen Mittel gab, oder besser gesagt, kein soziales Netz existierte. Direkt nach meiner Ankunft in Hassos Wohnung hatte ich mich dort beim Einwohnermeldeamt angemeldet und mich auf dem Weg ins zuständige Amt begeben, um eine finanzielle Unterstützung zu erfragen. Als der Beamte jedoch erfuhr, dass ich in der Wohnung von Hasso Schützendorf lebte, von Mallorca komme und meine Tochter bei Ihrem Vater ist, sagte er lediglich ablehnend: »Tut mir Leid, sehen sie zu, dass sie zu dem zuständigen Amt gehen. Das ist in dem Ort, wo Ihre Tochter lebt. Wir sind nicht für sie zuständig.« Hasso war eben durch die Presse bekannt. So hatte ich keine Chance, mit Hilfe des Amtes aus dieser schrecklichen, muffigen Wohnung heraus zu kommen.

Meine Tochter besuchte mich jedes Wochenende, und egal in welchem Zustand mein derzeitiges Zuhause war, wir machten das Beste daraus. Um zu überleben, begann ich damit, die alten Möbel aus der Wohnung zu verkaufen. Hasso hatte sie mir schließlich geschenkt, genauso wie ich ihm vor Jahren meine Möbel geschenkt hatte…

Während dieser Zeit führte Sina schon über einige Wochen zusammen mit ihrer Schulklasse ein Musical auf. Sie sang sogar zwei Lieder jeweils vor einem großem Publikum. Einmal brachte sie die Musikkassette mit und ich hörte mir ihre Lieder an. So saßen wir gemeinsam in Hassos Bruchbude. Eines der Lieder, das meine Tochter sang, machte mich wieder unsagbar traurig. Es wurde von ruhiger Hintergrundmusik begleitet und ging wie folgt:

›Was tu' ich hier bloß, wie komm' ich hier hin,
und wo bitte sag' mir, liegt darin der Sinn?
Was hab' ich getan, ich kann' s nicht versteh'n!
Hat Gott mich verlassen, wie soll's von hier unten noch weiter gehen?
Wie komm' ich von hier denn bloß wieder fort,
wer rettet mich hier aus dem finsteren Ort?
Wie konnte das alles hier nur geschehen?
Hat Gott mich verlassen, wann werde ich wieder die Sonne seh'n?‹

Als ich diesen Text vernahm, hatte ich mit den Tränen zu kämpfen. Regelmäßig besorgte ich mir die Tageszeitungen, um mich auf dem laufenden zu halten. Eines Tages entdeckte ich einen großen Artikel. Hassos Testament wurde eröffnet. Anna war Alleinerbin. Eigentlich war ich froh darüber, denn nun hatte Anna ihr Recht erhalten, denn sie hatte das Leben mit Hasso über viele Jahre hinweg mit ihm geteilt und das war alles andere als einfach, das konnte ich beurteilen! Ich rief einen Bekannten auf Mallorca an, er war ein sehr naher Freund von Hasso, und fragte ihn: »Hast du gehört, Anna hatte Glück! Wann werden denn die anderen, an die Hasso gedacht hat, benachrichtigt?« »Wieso?« bekam ich zur Antwort, »nur Anna erhält seinen Nachlass, noch nicht einmal seine Söhne bekommen etwas!«

Nun war ich sehr enttäuscht und auch wütend auf Hasso. Ich machte mir viele Gedanken und konnte es mir einfach nicht vorstellen! Bei mir tauchten nun die Fragen auf, warum Hasso noch nicht einmal an seine engsten Freunde gedacht hat? Er hatte mir so oft erzählt, wem er etwas vererben wollte! Warum hatte er mir nichts hinterlassen, wo er es doch ausdrücklich erwähnt hatte? Ich hatte immer fest daran geglaubt!

Gut, ich wollte mich damit abfinden und war zumindest darüber glücklich, dass der Wahnsinn von Mallorca jetzt ein Ende genommen hatte. Ich telefonierte mit einem von Hassos Söhnen. Er sagte mir, dass sie nun weitere Schritte gegen das Testament unternehmen wollten, denn ihr Vater wollte sie sogar um ihren Pflichtanteil bringen. Ich erzählte ihm bei dieser Gelegenheit, dass ich in der Wohnung von Hasso lebte. Das Gespräch zwischen mir und seinem Sohn sprach sich schnell auf der Insel herum, und zwei Tage später erhielt ich einen Anruf. Es meldete sich eine Frauenstimme, die in gepflegten hochdeutsch sagte: »Guten Tag, ich sitze hier mit Anna, Hassos Frau, zusammen und bin ihre Rechtsanwältin. Ich möchte Ihnen im Auftrage Annas einiges mitteilen.« Ich reagierte sofort und fragte sie: »Könnte ich bitte mit Anna persönlich sprechen?« Sie erwiderte kalt: »Nein, Anna weigert sich, mit Ihnen zu reden.« Da wurde ich sehr wütend und sagte: »Ich dachte, Anna wäre meine Freundin, denn sie hat mir einiges zu verdanken!« Ohne darauf zu antworten, erklärte mir die Rechtsanwältin sodann folgendes: »Ich soll Ihnen in Annas Auftrag mitteilen, dass, wenn Sie noch einmal mit den Söhnen oder anderen Familienangehörigen Kontakt aufnehmen, oder wenn sie irgendwelche Fotos und Dokumente aus Hassos Wohnung herausgeben, Sie sofort die Wohnung verlassen müssen!« Ich bekam sodann noch den Auftrag, niemandem die Türe zu öffnen. Zum Schluss erwähnte die Rechtsanwältin drohend: »Also, Sie brauchen nur dass zu tun, was Anna Ihnen aufträgt, dann passiert Ihnen nichts!«

Nach diesem Gespräch zitterte ich am ganzen Körper – vor Wut! Ich kochte innerlich und dachte: »Diese falsche Anna!« Sie wendete nun die gleichen Methoden an, die ihr verstorbener Mann stets gegenüber anderen Menschen anwandte. Hatte das große Geld der Erbschaft sie so schnell und gründlich verändert um nicht zu sagen: verdorben? Damit konnte und wollte ich mich aber nicht abfinden. Ich musste einen Weg finden, um mit Anna selbst sprechen zu können. Also wählte ich die Handynummer von Annas Bruder, der schon seit langer Zeit die Autovermietung leitete. »Ich muss sofort mit Anna sprechen«, sagte ich wütend, »sage Ihr, dass wichtige Papiere in meinem Besitz sind!« Das zeigte sofort Wirkung, denn noch am gleichen Abend meldete Anna sich persönlich bei mir: »Sollte ich merken, dass du nicht auf meiner Seite stehst, werde ich nie wieder mit dir reden!« sagte sie barsch. Ich wollte es mir mit Ihr nicht verscherzen und ging scheinbar freundlich auf sie ein. Ich machte mir über sie und ihren Charakter jedoch keine Illusionen. »Bitte, wenn ich in den nächsten Tagen nach Mallorca fliege, hast du dann Zeit für mich?« fragte ich sie. »Ja, melde dich bei meinem Bruder, wenn du hier bist,« antwortete sie einlenkend.

Mir kam Annas Verhalten sehr merkwürdig und geradezu verdächtig vor. Ich musste nun genau überlegen, wie ich weiter vorgehen sollte. Um nicht mehr abhängig von Hassos Wohnung zu sein, lieh ich mir von einer wohlhabenden Bekannten das notwendige Geld für eine andere Wohnung, die ganz in der Nähe meiner Tochter lag. Ich regelte meinen Umzug, denn zwischenzeitlich wurden auch schon meine letzten mir verbliebenen Sachen aus Mallorca angeliefert. Mit einer kleinen Reisetasche und dem Schlüssel der Düsseldorfer Wohnung flog ich dann wieder einmal nach Mallorca – in der Hoffnung, dass sich nun ›mein gutes Ende‹ erfüllen würde. Dass ich so schnell wieder die Insel aufsuchte, war zwar nicht eingeplant, aber ich musste dorthin, denn ich wollte persönlich mit Anna sprechen. Irgendwie wurde ich das Gefühl nicht los, dass sie etwas zu verbergen hatte!

Auf Mallorca gelandet, holte mich Horst freundlicherweise ab, den ich vorher informiert hatte und er liess mich auch auf seiner Finca übernachten. Direkt am nächsten Morgen meldete ich mich sogleich bei Annas Bruder. »Hallo, Anna kann sich heute nicht um dich kümmern, sie hat sehr viel zu tun. Sie wird sich morgen bei dir melden.« teilte er mir kalt mit. Die Wut in mir wuchs immer mehr. Sechs Jahre und länger kämpfte ich für das, was mir zustand, und was diese kleine Kolumbianerin, die mir das Erbe mitverdankte, nun abzog, war eine Frechheit! Tags darauf meldete ich mich telefonisch wieder bei Ihrem Bruder: »Kann ich jetzt endlich mit Anna sprechen?« Er antwortete jedoch wieder ablehnend: »Nein, sie ist unterwegs!« Wütend erwiderte ich: »Es ist aber sehr wichtig, dass ich mich mit ihr treffe und spreche!« Arrogant erwiderte er: »Für dich vielleicht, aber nicht für uns!« Da platzte mir der Kragen und ich schrie: »Hör' mir jetzt gut zu! Ich habe ein Schreiben von Hasso, welches er schrieb, als er im Krankenhaus lag!« Das wirkte sofort. Er sagte: »Einen Moment, einen Moment! Anna ist hier, ich gebe sie dir.« Ich hörte, wie er ihr nervös mitteilte: »Sie hat ein Schreiben von Hasso!« Endlich war Anna in der Leitung und nannte mir ein Lokal, um sich sofort dort mit mir zu treffen. Am nächsten Morgen um neun Uhr im Café gegenüber des Autovermietungsbüros waren wir verabredet. Mir erschien die ganze Geschichte nun erst recht verdächtig. Warum hatte sie so einen großen Respekt, um nicht zu sagen, grosse Angst, vor einem Schreiben von Hasso aus dem Krankenhaus?

Am nächsten Morgen, pünktlich um die vereinbarte Zeit, wartete ich an einem Tisch in besagtem Café. Als sie nicht sofort erschien, wurde ich immer nervöser. Ich dachte: ›Diese Frau könnte auch etwas gegen mich aushecken.‹ Ich traute den Kolumbianern alles zu. Als ich zum Fenster hinaussah, erkannte ich ihren Bruder,

der auf der gegenüber liegenden Straßenseite stand und mich zu sich winkte. ›Oh‹ dachte ich mir nun, ›in welchem Krimi spiele ich denn nun mit?‹ Ich stand auf, verließ das Café und überquerte die Straße. Dann stand ich vor ihm. »Komm' mit.« befahl er kurz und bündig. Wir liefen ein Stück die Straße hinunter bis zu seinem Wagen. Sofort stieg Anna aus. Sie sah ganz verändert aus. Nun war sie eine reiche Dame, bekleidet mit einem eleganten Kostüm. Ihre Haare waren aufwändig frisiert und sie trug wertvollen Schmuck. Entgegen der freundlichen Begrüßung, die ich erwartete, umarmte sie mich nur widerwillig und eiskalt. Sie forderte mich auf, mich in ihren Wagen zu setzen. Dann fuhren wir los. Mir erschien die gesamte Situation fast schon kriminell, und ich bekam es ein wenig mit der Angst zu tun. Eigentlich wollte ich doch nur versuchen, dass Anna mir – als mein gutes Recht – die Summe auszahlte, die Hasso mir schuldete. Doch in dieser Situation wollte ich zuerst einmal abwarten, wie sie reagierte. Nach einigen Minuten hielten wir vor einem Café, stiegen aus und setzten uns an einen Tisch. Jetzt erst fragte Anna kalt: »Was willst du?« »Anna, du weißt, was ich durch Hasso alles verloren habe. Dass er mit dazu beigetragen hatte, dass ich nicht mehr Mutter sein durfte, ist allein schon nicht wieder gutzumachen, aber das Geld, welches Hasso mir schuldete, möchte ich haben. Ich benötige es dringend!« sagte ich. Frech antwortete sie: »Hasso schuldet dir nichts!« Ich schaute sie schweigend an. »Oder?« fragte sie nun Ihren Bruder. Er schüttelte verneinend den Kopf. Nun wusste ich, mit wem ich es zu tun hatte. Es war eben so und ich wusste es schon lange: Geld verändert die Menschen und verdirbt den Charakter. Anna war schon immer eiskalt und abgebrüht. Ich hätte es wissen müssen. Wie sollte ich mich nun verhalten?

Nach bewährter Methode stellte ich mich scheinbar auf ihre Seite und sagte: »Anna, ich bin so glücklich, das Hasso an dich gedacht hat. Mein Herz war schon immer für euch Kolumbianer. Du hast dein Recht bekommen, ich jedoch nicht! Ich mochte Hassos Söhne noch nie! Bitte, kannst du mir wenigstens eine kleine Summe zurückzahlen, damit ich aus der Wohnung in Düsseldorf herauskommen kann? Ich brauche das Geld für die erste Miete und Kaution einer anderen Wohnung, die in der Nähe meiner kleinen Tochter ist!« Böse blickte sie mich an und fragte: »Was ist, wenn du danach noch mehr forderst?« »Ich will doch nur das, was mir zusteht, und jetzt schon einmal eine Abschlagszahlung darauf!« beharrte ich. Sie ließ sich darauf ein. Einen sehr kleinen Betrag zahlte sie mir sofort, und den Rest der Abschlagszahlung wollte sie mir auf mein Konto überweisen, nachdem ich ihr die notwendige Summe per Fax mitgeteilt haben würde. Ich tat so, als wäre ich überglücklich, bedankte mich, und wir verließen gemeinsam das Café.

Mit den Nerven am Ende lief ich die Straße entlang. Ich wusste nun genau, irgend etwas stimmte nicht an der ganzen Geschichte. Und mir war auch bewusst, dass Anna nur deshalb nachgegeben hatte, weil sie mich aus der Wohnung haben wollte. Nie hätte ich sonst von dieser Frau freiwillig auch nur einen Cent erhalten!Mit dem nächstmöglichen Flug verließ ich Mallorca wieder in Richtung Heimat. Kurze Zeit später wurde meinem Konto der Betrag gutgeschrieben, den ich Anna per Fax mitgeteilt hatte. Den Schlüssel der Düsseldorfer Wohnung sollte ich in den Briefkasten werfen.

Ich zog in meine neue Wohnung ein, die auch über ein separates Kinderzimmer verfügte. Sina hatte den Wunsch, nun bei mir zu leben. Sie war mittlerweile fast zwölf Jahre alt und über drei Monate verbrachte sie jedes freie Wochenende mit mir zusammen. Als wir gemeinsam zu Andreas gingen und ihm sagten, dass Sina nun ganz zu mir ziehen möchte, stand er nur fassungslos da und meinte bestimmend: ›Hat der Mohr jetzt seine Schuldigkeit getan? Niemals, werde ich zu lassen, dass Sina bei dir lebt!‹ Für Sina begann wieder das alte Spiel. Sie stand zwischen zwei Stühlen. Bei einem Gespräch mit dem zuständigen Beamten des Jugendamtes bekam ich gesagt: »Lernen sie erst einmal Mutter zu sein! Was ihre Tochter möchte, zählt nicht. Sie kann erst mit vierzehn Jahren allein entscheiden! Sie haben sich so viele Jahre auf Mallorca amüsiert und sich nie um ihr Kind gekümmert!« Mein Stand in dem kleinen Ort in dem Andreas und Sina lebten war erschreckend.

Mir wurde sogar nachgesagt, ich wäre eine Prostituierte von Mallorca und die Tochter wäre mir egal.

Ich liebe meine Tochter und ich bin stolz auf ihren Vater!

Für Sina blieb ich immer noch eine ›Ferienmama‹ und das Leben ging weiter seinen Lauf!

Alles, was ich in diesen sieben Jahren erlebt hatte, kann ich nicht so schnell vergessen. Es war meine eigene Entscheidung, den Weg so zu gehen, wie ich ihn gegangen bin. Trotzdem nenne ich diesen Weg meinen »Fluch von Mallorca«.

Gerechtigkeit – was ist das in dieser Welt? Gibt es Gerechtigkeit? Ich habe soviel Ungerechtigkeit in den letzten Jahren erlebt und habe versucht, mir mein Recht zu erkämpfen. Ich habe es von Hasso Schützendorf nicht bekommen. Ausser Versprechungen war nichts gewesen. War sein letzter Wille wirklich sein tatsächlicher Wille?

Wie dem auch sei – ich glaube immer noch an das Gute in jedem Menschen. Auch im Fall Hasso Schützendorf! Viele Menschen werden zu dem, was sie sind, von anderen Menschen gemacht.

Mallorca – dies ist und bleibt für mich einer der schönsten Flecke der Welt! Inzwischen habe ich begriffen: Was kann die Insel dafür, dass die Menschen so sind? Was kann die Welt dafür? Und wenn ich heute nach Mallorca fliege, bin ich überglücklich, dass es Hasso nicht mehr gibt! Er soll in Frieden ruhen!

Ein Wunsch ist mir jedoch geblieben: In den sieben Jahren auf Mallorca habe ich Reichtum und Armut der Menschen hautnah kennengelernt. Die Reichen sollten nicht egoistisch denken und zum Beispiel sagen: »Na und! Sollen die Armen doch zusehen, wie sie klar kommen! Ich musste für mein Geld auch schwer arbeiten!«

Sie sollten an die Menschen denken, die weniger Glück und Erfolg in ihrem Leben haben! Für mich persönlich zählt nach wie vor kein Reichtum. Denn ich habe durch Egoismus und Reichtum anderer, alles, was für mich je von Bedeutung war, verloren.

Mich macht es dagegen nach wie vor glücklich, auch wenn ich nicht viel habe, anderen zu helfen! Wenn ich mein Recht von Hasso und seinen Erben auch nicht bekommen habe – eine Gerechtigkeit gibt es auf der Welt, nämlich den Tod! Hier sind alle Menschen gleich, denn bekanntlich hat das letzte Hemd keine Taschen! Auch Hasso Schützendorf konnte nichts mit in sein Grab nehmen und Anna wird es nicht können! Vielleicht muss sie dieses Buch lesen, um es zu begreifen.

Bei allem, was auch passiert ist, denke ich dennoch oft an Hasso und seinen Trinkspruch: »Ein Prost auf die Liebe!«

Für alle, die es brauchen.